CALEBASSE
ricerche

Roberto Tobia Maffione

Teorie e poetiche
delle avanguardie storiche

CALEBASSE

ISBN 978-88-940593-3-5

PREFAZIONE

Questo testo nasce dalla rielaborazione delle dispense scritte per il corso di Storia dell'arte contemporanea che ho tenuto negli scorsi anni presso la Facoltà di Architettura dell'Università della Basilicata, a Matera.

E' un libro di idee più che di storia. Il suo scopo è ricostruire ed esporre le principali teorie e poetiche delle avanguardie storiche, cercando di cogliere, per ciascuna, un punto di vista, un modo possibile di pensare e fare arte, evidenziando allo stesso tempo quel pluralismo che pare connaturato al fenomeno dell'arte contemporanea.

Per ogni movimento ho considerato l'artista o gli artisti più rappresentativi e per ciascuno mi sono concentrato su una fase della loro attività, quella in cui mi è parso che arrivi a esprimersi in modo più maturo e compiuto una certa idea di arte. Ho cercato di volta in volta di "ricostruire" tale idea facendo riferimento a una selezione di enunciazioni teoriche e di opere, lasciando parlare, dove possibile, i protagonisti.

Il compito di delineare il contesto problematico comune è affidato a tre testimonianze che risalgono agli anni di incubazione e nascita della avanguardie. Il filo che le lega è la crisi dell'idea di arte di tradizione classicista e l'indicazione di nuove strade dal punto di vista della teoria dell'arte (Fiedler), di un nuova geografia del fenomeno artistico (Worringer) e della modernità come mutazione "genetica" della civiltà occidentale (Simmel). L'appendice propone una sintetica esposizione delle tesi di un noto testo di Walter Benjamin, nel quale si analizza il mutamento della natura e del ruolo dell'arte nella società contemporanea, scritto quando l'esperienza delle avanguardie storiche si era ormai in gran parte compiuta.

La scelta di esporre il mio oggetto, se così si può dire, *iuxta propria principia*, (anche a scapito di una circostanziata definizione storica e filologica dei contesti), mi è parsa funzionale alla finalità di questo lavoro. Mi auguro che esso possa fornire un contributo utile, per quanto parziale, alla comprensione dei fenomeni studiati.

Un'ultima osservazione a proposito delle illustrazioni. Le ho limitate a semplici riferimenti in bianco e nero, tenendo conto del fatto che con Internet e il supporto degli elenchi che ho inserito alla fine di ogni capitolo, non sarà un problema reperire riproduzioni delle opere citate nel testo.

Potenza, agosto 2015

PRIMA PARTE

Konrad Fiedler e la "pura visibilità"

In senso stretto, la teoria della "pura visibilità" (*Sichtbarkeit*) si identifica con la filosofia dell'arte di Konrad Fiedler (1841-95), sulla quale si innestano i contributi teorici dello scultore Adolf von Hildebrand e del pittore Hans von Marées.

Renato De Fusco ritiene che, come la teoria dell'*Einfühlung* è alla base di quella che definisce *linea dell'espressione* dell'arte d'avanguardia (dall'Art Nouveau, all'Espressionismo, al Futurismo), così la teoria della "pura visibilità" possa associarsi alla *linea della formatività* (da Cezanne, al Cubismo alle varie correnti dell'astrattismo "geometrico")[1], ma con una differenza rilevante. La teoria dell'*Einfühlung* è elaborata contemporaneamente al nascere del primo dei movimenti della *linea dell'espressione* (l'Art Nouveau), anche con il contributo di alcuni artisti (si pensi, tra gli altri, a Henry Van de Velde e Walter Crane). Invece gli scritti di Fiedler precedono di alcuni decenni la nascita del primo movimento della *linea della formatività* (il Cubismo); di conseguenza gli artisti d'avanguardia sarebbero giunti autonomamente a confermarne gli assunti teorici.

Tuttavia tale autonomia è relativa. Non si può trascurare il fatto che nei primi decenni del XX secolo la teoria della "pura visibilità" stesse esercitando un'ampia e profonda influenza sulla cultura artistica, orientando la metodologia della storia dell'arte, da Wickhoff, a Wölfflin, a Riegl verso la fondazione di una critica d'arte come "scienza dell'arte", non più confusa con la teoria della bellezza o con il giudizio di gusto. Lo testimonia, tra l'altro, la forte componente puro-visibilista del fortunato testo di Worringer *Empatia e Astrazione*, pubblicato per la prima volta nel 1908.

Tenendo conto di questi sviluppi, con "pura visibilità" si possono intendere, in senso più ampio, tutte quelle teorie e tendenze delle arti figurative che, *"se pur diverse negli atteggiamenti, convergono tuttavia in un punto: nell'assumere in un modo o nell'altro i simboli visivi a canoni esclusivi o preminenti del giudizio sull'opera d'arte"* [2].

1. *Arte e conoscenza*

La filosofia dell'arte di Fiedler si inscrive nel neokantismo della seconda metà del XIX secolo. Ciò che la rende un passaggio cruciale nel rinnovamento della concezione dell'arte fra XIX e XX secolo è proprio il fatto che in essa, per la prima volta, si cerca di pensare il fenomeno artistico a partire da quella cesura epocale per il pensiero occidentale che è l'epistemologia kantiana. Questa ridefinisce il rapporto fra uomo e mondo e, come scrive Fiedler nel 1887, *"solo risalendo al rapporto dell'uomo con il mondo esterno e riesaminandone la concezione corrente"*[3] si può sperare di comprendere l'essenza dell'arte.

La concezione "corrente" dell'arte ai tempi di Fiedler rifletteva secondo lui un'idea ormai superata di tale rapporto e dunque essa era *"un frammento ancora in piedi di un edificio in rovina, che si oppone come un ostacolo estraneo alle ondate incalzanti del criticismo e che è destinato a venire distrutto"*[4]. Il debito di tale concezione nei riguardi di un'epistemologia "fuori corso" era evidente nella classica definizione dell'arte come "imitazione della natura"; come nota Fiedler con velata ironia, *"affinché sia possibile imitare qualcosa, occorre anzitutto che ciò che ha da essere imitato esista"*[5]. Questa teoria della conoscenza ormai superata è per Fiedler il cosiddetto "realismo ingenuo" (pre-critico), il quale sostiene che la realtà preesiste già formata al nostro atto conoscitivo, ma dopo Kant sappiamo, dice Fiedler, che *"anche il più umile di noi deve fabbricarsi il proprio mondo anche nella sua forma visibile, perché di nessuna cosa possiamo dire che esista prima che sia entrata nella nostra coscienza conoscitiva"*[6].

Per Fiedler, comprendere fino in fondo la lezione di Kant e superare il "realismo ingenuo" è il presupposto necessario per fondare una nuova concezione dell'arte. Ma per farlo non basta ammettere che conosciamo le cose esclusivamente tramite gli effetti che producono in noi attraverso i sensi, ma occorre rendersi conto che le cose stesse (in quanto entità individuate in una certa "forma") non sono che il prodotto di un nostro particolare modo di organizzare il continuo e indistinto flusso delle sensazioni. Significa, in altri termini, comprendere che la coscienza non è un semplice "specchio" della realtà (come vorrebbe il realismo ingenuo), ma nemmeno un passivo "filtro": la coscienza ha una funzione attiva e formativa. Tutto ciò che chiamiamo realtà, scrive Fiedler, "*tutto il nostro possesso della realtà non solo poggia su processi a noi interni, ma è anche identico con le forme nelle quali questi processi si presentano*"[7].

Fuori dalla terminologia kantiana, possiamo dire che il mondo, così come lo conosciamo, è il risultato del nostro modo, specificamente "umano", di dare forma al materiale della sensazione. Ogni specie vivente "costruisce un mondo"; lo percepisce e organizza in un certo modo particolare, che dipende dalla sua particolare struttura sensoriale e cerebrale, direttamente legata, per effetto dei meccanismi della selezione naturale, a ciò che nel suo ambiente è rilevante ai fini della sopravvivenza.

Ogni atto di conoscenza è un atto costruttivo che conferisce al mondo una "forma" che non esisteva prima di esso. La conoscenza è un processo di elaborazione che va dalla confusione alla chiarezza, nel quale il passaggio chiave è l'oggettivazione in un certo linguaggio del flusso indifferenziato delle sensazioni. Dunque il linguaggio non è una sorta di "calco" di una realtà già formata, ma è invece lo "stampo" grazie al quale conferiamo forma e solidità a una materia altrimenti fluida e continuamente sfuggente, e giungiamo a possedere una "rappresentazione" del mondo. Scrive Fiedler "*un risultato spirituale e la sua espressione percepibile non possono essere due cose distinte, i risultati spirituali possono raggiungere forma definita soltanto in strutture sensibili, possiamo allora considerare il linguaggio come la forma nella quale nasce per noi un patrimonio di realtà*"[8].

A partire da questa ridefinizione kantiana della conoscenza e dalla centralità riconosciuta al linguaggio, Fiedler ripensa l'essenza dell'arte, (che per lui è per definizione "figurativa").

Se non c'è conoscenza o rappresentazione del mondo che non

sia "costruzione" (atto formativo che si concretizza in un linguaggio), ciò deve valere anche per l'arte in quanto rappresentazione visiva della realtà: l'arte *"non elabora forme preesistenti alla propria attività e indipendenti da essa; principio e fine della sua attività è la creazione di forme che solo per lei raggiungono l'esistenza"*[9].

Proprio come ogni altro linguaggio, l'arte figurativa, rappresentando la realtà non la riproduce passivamente ma le dà forma: l'arte figurativa è in sostanza a tutti gli effetti, un atto conoscitivo. Qui, e non nella ricerca della "bellezza" e del conseguente piacere estetico, risiede il suo vero fine. *"Potrà comprendere appieno l'arte solo chi non le imporrà una finalità estetica né simbolica, perché essa è assai più che un oggetto di eccitazione estetica e, più che illustrazione, è linguaggio al servizio della conoscenza"*[10].

Questa è la tesi fondamentale di Fiedler, con la quale egli intende sottrarre l'arte al campo dell'estetica, sottoposto a quello che Kant chiamava il "giudizio di gusto".

2. Critica della conoscenza discorsiva

Resta da vedere quale sia il contributo specifico che l'arte fornisce alla nostra conoscenza del mondo. Si tratta di un punto teoricamente decisivo, sia ai fini della legittimazione dello statuto riconosciuto all'arte come forma di conoscenza, che per le sue conseguenze sulla comprensione del fenomeno artistico.

A questo scopo Fiedler analizza i meccanismi della conoscenza razionale, basata sul linguaggio verbale (che chiama "conoscenza discorsiva") evidenziandone i limiti. In effetti la cultura tardo-romantica andava già da tempo imputando al pensiero razionale l'incapacità di soddisfare pienamente i bisogni spirituali dell'uomo, ma lo faceva avventurandosi *"nelle oscure regioni della metafisica, della teologia, del misticismo"*[11], con esiti che Fiedler non esita a definire *"traviamenti della speculazione"*. Egli invece intende mantenersi sul piano di una rigorosa teoria della conoscenza e arriva a indicare una prospettiva in un certo senso opposta: il limite della conoscenza razionale risiede, prima di tutto, nel suo essere fortemente riduttiva rispetto alla ricchezza della nostra esperienza sensibile del mondo.

Per Fiedler il problema dei limiti della conoscenza razionale è tutt'uno con quello della natura e dei limiti del linguaggio verbale. Essendo ogni conoscenza la chiarificazione del materiale confuso della sensazione, ottenuta a partire dalla sua oggettivazione in gesti, segni, parole, simboli (cioè in un certo "linguaggio"), non ci può essere pensiero senza linguaggio e quindi *"Il problema della legittimità di concepire la conoscenza speculativa come un'attività che abbia come oggetto l'essere, la realtà, viene a coincidere con l'altro problema della capacità del linguaggio a designare l'essere"*[12].

L'essere di cui qui si parla non è ovviamente un mondo già ordinato e strutturato in cose, che si tratterebbe solo di riconoscere e nominare, ma un universo sensibile, caotico e fluido, nel quale ciascun individuo è immerso, *"un essere infinito che gli si addensa continuamente dintorno per continuamente sfuggirgli"*[13]. E' la realtà stessa come divenire. Di essa lo stesso Fiedler ci fornisce una sorta di descrizione "fenomenologica" nel saggio *Sull'origine dell'attività artistica. "Lo sguardo dell'interna officina nella quale si fabbricano gli elementi dell'immagine del mondo destinati a acquisire per noi un valore d'esistenza, non ci rivela una serie di figure già pronte, bensì un divenire e sparire senza posa, un'infinità di processi nei quali gli elementi di ogni essere fanno le più diverse apparizioni nei più diversi stadi della loro elaborazione, un materiale fluido e perennemente rinnovato che non si cristallizza mai in forme solide e immutabili; è un andare e venire, un sorgere e tramontare, un formarsi e dissolversi di sensazioni, di sentimenti, di immagini; un continuo lavorio che non giunge mai a uno stato permanente, ma si forma e si trasforma senza posa. Non abbiamo davvero bisogno di cercare fuori di noi l'eterno fluire delle cose; esso è in noi: ma è una corrente torbida che appena lambisce le soglie della coscienza; con incerti contorni le forme si staccano dalle forme per ripiombare un momento dopo nel buio"*[14].

Questo è *"il contenuto del mondo come dato immediato"* che il pensiero fissa in parole e concetti, grazie al linguaggio verbale: *"il grande strumento con cui foggiare in una costruzione ordinata e articolata la realtà affiorante alla luce della conoscenza"*[15]. Il linguaggio verbale aiuta *"l'uomo ad acquistare dominio spirituale sull'esistente (mentre la coscienza animale appare in preda al mutevole gioco delle sensazioni e delle immagini)"; esso, "rendendo a sua volta oggetto della propria attività spirituale le impressioni a cui è sottoposto"*, soddisfa quel bisogno di libertà che è alla base di ogni atto di conoscenza.

Ma per questa libertà c'è un prezzo da pagare proprio in termini di conoscenza. Già sappiamo che il linguaggio non rispecchia semplicemente, ma costruisce un mondo di "forme" che non preesistono ad esso[16]. Ma nel linguaggio verbale avviene anche che il contenuto dell'esperienza, con tutta la sua ricchezza sensibile, subisca una trasformazione di materia. Esso si trasforma in "parola", l'unica materia che il nostro pensiero concettuale sappia maneggiare. Nota Fiedler: *"non possiamo impadronirci immediatamente delle cose e abbiamo bisogno della denominazione ... non c'è conoscenza esatta o speculativa, che possa disporre di un materiale di realtà diverso da quello contenuto nella forma di sviluppo della parola o del segno"*[17].

Ma la parola, in cui si oggettivizza la conoscenza discorsiva del mondo, non è la cristallizzazione sensibile di un contenuto sensibile della coscienza, portato a un grado ulteriore di chiarezza e di elaborazione; essa è una realtà estrinseca che lascia in se stesso inalterato il contenuto di esperienza che denota[18].

"Per esempio" nota Fiedler, *"una sensazione di colore non ha come tale la minima affinità con la sua designazione linguistica. Quando do un nome ad una sensazione io ho due cose diverse nella mia coscienza: la designazione che si inserisce nella materia del pensiero e del sapere come cosa solida e formata, e la sensazione stessa che di per sé non è tocca dal fatto di aver ricevuto una designazione. Benché la sensazione divenga attraverso la designazione linguistica oggetto di conoscenza, essa resta quanto alla propria materia ciò che era prima di ogni designazione"*[19]. Quindi il linguaggio non ci aiuta a penetrare nell'esperienza sensibile, a elaborarla, a portarla a maggiore chiarezza, a conoscerla realmente in se stessa, ma solo a nominarla e organizzarla, al fine di padroneggiarla. E' questo il prezzo che il linguaggio verbale paga per il suo grande potere di astrazione: nel momento stesso in cui *"l'uomo crede di impadronirsi nella forma linguistica di quella realtà che egli possedeva* [nel primo affacciarsi della coscienza del mondo nell'infanzia] *in quegli stati di coscienza ricchi ma fuggevoli, indefiniti e incompiuti, ciò che vorrebbe afferrare gli sfugge di mano"* nella sua concretezza sensibile.

Occorre essere consapevoli di tali limiti intrinseci alla conoscenza discorsiva e rinunciare all'illusione coltivata dai "metafisici", ma anche degli scienziati votati allo studio empirico della realtà, che *"l'intera consistenza della realtà in quanto suscettibile di essere da noi conosciuta, possa trovare espressione nel linguaggio del pensiero discorsivo".*[20] Proprio lo scienziato empirico quando crede *"di aver ordinato e fissato esattamente coi propri mezzi l'intuizione sensibile, l'artista si avvedrà come egli in questo modo l'abbia perduta, e solo uno schema di formule sia rimasto al suo posto"*. Bisogna essere consapevoli del fatto che *"è del tutto fuori delle possibilità del linguaggio, elevare nella loro stessa materia a chiaro e definito contenuto di coscienza quelle apparenze sensibili cui dobbiamo la nostra coscienza della realtà"[21]*.

Questa consapevolezza è tanto più necessaria per il fatto che la forma di conoscenza fondata sul linguaggio verbale o matematico, grazie alla sua indubitabile efficacia e utilità pratica, tende a imporsi come l'unica possibile e legittima, lasciando che la nostra capacità di conoscere il mondo sensibile in termini sensibili, venga svalutata, languendo e atrofizzandosi. Così succede che *"mentre si credeva che il pensiero configuratosi nell'espressione linguistica rivelasse la più segreta sostanza delle apparenze, si riconosce ora che ogni pensiero e ogni conoscenza somiglia ad una pesante coperta intessuta di parole e di simboli concettuali sotto la quale continua a pulsare la vita della realtà senza riuscire a districarsene e ad emergere alla luce del giorno."[22]*

Fiedler ci ricorda come ciascun individuo nel corso della sua evoluzione mentale, dall'infanzia all'età adulta, sperimenti nel proprio rapporto con il mondo il guadagno e la perdita che porta con sé la conquista del pensiero discorsivo. La prima coscienza che abbiamo del mondo, da bambini, quando non siamo ancora in grado di formulare concetti o riconoscere leggi di causa ed effetto, è quella di un universo caotico, ma multisensoriale e stimolante. Allorché comincia a formarsi in noi una "coscienza discorsiva", abbiamo la gratificante impressione di impadronirci per la prima volta del mondo nella sua sostanza e quella coscienza iniziale del mondo sensibile si affievolisce. Ma purtroppo quello che avviene non è il passaggio da una forma confusa e primitiva di conoscenza ad un grado più elevato di chierzza e consapevolezza; piuttosto un modo di conoscere verbale e concettuale prende il sopravvento su di un altro basato sulla sensibilità. Così l'uomo *"nel ridurre in sua potestà il mondo come concetto, crede di possederlo, e lascia che appassisca quella sua prima coscienza; e mentre è intento a portare a sempre più ricca e più chiara coscienza il mondo dei concetti, lascia gramo e oscuro il mondo della visione. Non ascende da una condizione bassa e inconscia a uno stato più alto e consapevole, sacrifica bensì all'una l'altra coscienza. E perde il mondo nell'atto di conquistarlo."[23]*

Il rischio è quello di perdere la capacità di fare concretamente esperienza del mondo, di restare "analfabeti" nel campo della conoscenza sensibile nella sua infinita ricchezza e varietà; un uomo educato a conoscere il mondo solo attraverso parole e concetti *"non crea il mondo che si conquista col pensiero, ma lo impara"*.

La conclusione di questa sorta di "critica della ragione discorsiva" è che tutta una dimensione della realtà, la realtà come fenomeno sensibile (visivo, uditivo, tattile, ecc.) ci sfugge nella misura in cui ci limitiamo all'elaborazione del pensiero concettuale basato sul linguaggio verbale, sia nella nostra relazione quotidiana con il mondo, che nelle forme più evolute della metafisica e della scienza.

Riassumendo. Per Fiedler l'origine del limite della coscienza discorsiva risiede nel fatto che essa, per rendere oggetto di conoscenza la fluida realtà dell'esperienza, la trasforma in un'altra materia, creando accanto al mondo sensibile, una sorta di "mondo parallelo", fatto di parole e concetti; in tal modo si denotano le cose, descrivendone relazioni di causa ed effetto, ma a prezzo di lasciare immutata la nostra consapevolezza intuitiva della loro realtà sensibile.

3. *La conoscenza "puramente visiva" del mondo*

Tuttavia in un campo particolare dell'esperienza sensibile, quello del visibile, l'uomo ha, secondo Fiedler, la straordinaria capacità di realizzare l'oggettivazione (senza la quale non c'è conoscenza) e di costruire una rappresentazione de mondo, senza uscire dal piano della sensibilità, cioè senza operare quella trasformazione di "materia" a cui è costretto il linguaggio verbale. Già nei primi infantili tentativi di rappresentazione figurativa si manifesta *"un'attività che sola può darci il modo di svolgere dalle immagini percettive dell'occhio, figure capaci di divenire elementi realizzati e presenti in forma sensibile nella nostra coscienza"*[24]. Ciò è possibile grazie al fatto che le qualità visive al contrario ad esempio, di quelle tattili, possono essere estratte, isolate dalle altre qualità sensibili e oggettivate in una immagine, cioè una rappresentazione che non usa un linguaggio verbale, ma un linguaggio visivo.

Questo significa che nel campo del visibile disponiamo della possibilità straordinaria di portare a chiarezza, la nostra coscienza sensibile del mondo. Infatti le forme in cui nell'arte oggettiviamo il mondo, in quanto ancora visive, al contrario di quanto avviene con le parole, non lasciano inalterata la nostra coscienza sensibile, ma la elaborano, ne sono una cristallizzazione ad un livello più alto; grazie all'arte possiamo estendere il campo della conoscenza "al di qua" e non "al di là" del pensiero razionale, cioè dal lato della sensibilità, recuperando alla conoscenza una dimensione trascurata dell'esperienza. Come dice Fiedler, l'artista "*lungi dall'annunciare un nuovo mondo ultra ed extrasensibile, penetra proprio nelle radici della percezione dei sensi, là dove una intuizione ancora sottoposta ai fini della conoscenza concettuale non può arrivare*"[25].

Quindi il contributo specifico di conoscenza che l'arte ci offre, riguardando il visibile in quanto tale, si traduce in un'accresciuta nostra "competenza" nel campo del visibile; i valori formali sono il suo vero contenuto e da qui il nome di "pura visibilità" alla teoria di Fiedler.

Proviamo a sviluppare l'esempio di Fiedler, citato in precedenza. Quando nominiamo un colore, associamo semplicemente una sorta di etichetta a una certa esperienza sensibile, senza che questo di per sé nulla aggiunga alla nostra conoscenza della natura intrinseca, della qualità visiva di quel colore. Invece un artista usando un certo colore in una sua opera ci fa conoscere qualcosa di esso, delle sue qualità espressive, del suo potenziale dinamico, del suo valore rispetto agli altri colori, delle sue possibilità infinite di variazione, della sua relazione con le qualità formali o spaziali dell'immagine, ecc. E' questo il modo in cui la nostra competenza sensibile del colore può formarsi e svilupparsi. Riferendosi alla rappresentazione figurativa in generale, basta notare che essa è sempre e necessariamente una sorta opera di selezione e ricostruzione della realtà visiva e che di quella realtà coglie una struttura, un certo andamento delle forme, certe relazioni essenziali, che (grazie a questa sorta di "ricostruzione visiva") può riconoscere anche chi osserva l'opera d'arte.

Se è vero che l'arte figurativa ci fornisce una conoscenza puramente visiva che possiamo acquisire solo attraverso di essa, allora è una forma di conoscenza insostituibile, che va a completare quella discorsiva. Senza di essa tutta una dimensione della realtà finisce per sfuggirci. "*Se la natura umana non fosse stata dotata dell'inclinazione artistica*" scrive Fiedler, "*il mondo sarebbe perduto per l'uomo in tutto un suo lato infinito. Nell'artista agisce una spinta possente a intensificare, estendere, sviluppare e portare a sempre maggiore chiarezza quell'angusta e oscura coscienza mediante la quale si era impadronito del mondo al primo destarsi del suo spirito. Non è che l'artista ha bisogno della natura, ma la natura ha bisogno dell'artista*"[26].

La portata di questa critica alla conoscenza discorsiva oltrepassa il compito di fondazione di una "filosofia dell'arte", e rientra in una complessiva critica della cultura. Per Fiedler bisogna estendere il concetto corrente di conoscenza e riconsiderare di conseguenza, *"la posizione dell'attività artistica nell'ambito della vita spirituale"*. Accanto a quella legata alla "conoscenza discorsiva" (che si esprime nel linguaggio verbale o matematico e trova nella scienza la sua più rigorosa espressione), bisogna riconoscere una forma di conoscenza basata sull'intuizione e la sensibilità, ad essa complementare e che si esprime al suo più alto livello nell'arte[27].

Entrambe le forme di conoscenza nascono dall'impulso dell'uomo *"ad appropriarsi del mondo entro il quale si trova, a svolgere a chiarezza e a ricchezza quell'angusta, meschina e confusa coscienza dell'essere nella quale egli si vede dapprima circoscritto"*. Ma questo compito si esplica su due piani diversi, in una su quello del linguaggio verbale e del concetto e nell'altra su quello dell'intuizione e della sensibilità[28], rivelandoci ciascuna un lato della realtà[29] che all'altra sfugge. *"L'artista"*, dice Fiedler *"afferra un lato del mondo che può essere colto soltanto coi suoi mezzi, e egli giunge ad una coscienza della realtà cui il pensiero non potrebbe mai pervenire"*. E' riaffermato così su nuove basi, non più estetiche, ma gnoseologiche, il valore dell'autonomia dell'arte contro ogni concezione eteronoma che tenda a ridurla a strumento di finalità ad essa estranee, contro chi sostiene *"che l'attività dell'artista sia inutile e superflua finché non sappia annettere alla pura visibilità delle sue produzioni un valore di sentimento o di significato"*[30].

Fiedler sintetizza più volte tutto ciò in modo incisivo: *"La formula che esprime l'essenza dell'arte è fondamentalmente semplice: elevazione della coscienza intuitiva da uno stadio oscuro e confuso alla sua forma di chiarezza e di determinazione concreta"*[31]; *"L'arte … ha il grande compito di contribuire dal suo lato all'obbiettivazione del mondo; questo soltanto è il suo fine"*[32].

4. *La ridefinizione del fenomeno artistico*

Fiedler inaugura un nuovo modo di pensare l'arte. Come scrive Elio Franzini *"il maggior risultato teorico del discorso di Fiedler è la forte convinzione, essenziale per una ridefinizione scientifica della teoria dell'arte, che "la trattazione dell'arte dal punto di vista estetico è ormai sorpassata":* è invece necessario cogliere l'arte come una forma conoscitiva complessa, che guarda alla dinamicità delle sue intrinseche strutture conoscitive"[33]. A partire dalla definizione dell'arte come forma di conoscenza tutti gli aspetti del fenomeno artistico appaiono sotto una nuova luce e vengono poste questioni cruciali per l'arte contemporanea.

Cambia, come abbiamo visto, il fine dell'arte. L'arte per Fiedler è uno dei modi in cui si manifesta quell'attività costruttiva, con cui la coscienza umana conosce e insieme crea il suo mondo. Scopo della creazione artistica non sono la bellezza e il piacere che ne deriva, e nemmeno l'espressione del sentimento soggettivo, ma quel grado ulteriore di consapevolezza che si attinge quando la nostra rappresentazione visiva ha raggiunto perfetta chiarezza e necessità; *"come il pensiero non si appaga",* scrive Fiedler, *"finché non abbia ridotto ad una forma definita il materiale di realtà ad esso accessibile, così anche l'attività figurativa non potrà illudersi di esser giunta a un qualche termine del suo lavoro finché non abbia prodotto valori di forma ben definita".*[34] Pertanto il lavoro dell'artista ha valore solo se egli, *"indifferente verso tutto il resto, non lascia la visione finché essa non sia divenuta in tutte le sue parti una chiara intuizione del proprio spirito, finché essa non sia giunta a piena e necessaria esistenza. E' questo il grado più alto cui egli può spingere la sua conoscenza produttiva. Coincidono allora necessità e perfetta chiarezza"*[35].

L'arte è intesa come un processo di elaborazione e chiarificazione rigoroso, non basato sul calcolo o sulla logica concettuale, ma su una logica visiva altrettanto stringente. Scrive Fiedler *"Chi non guarda il mondo con l'interesse dell'artista, tenderà, se pur ne senta il bisogno – a riconoscere nella sua necessità l'apparenza delle cose non altrimenti che indagando le condizioni dell'origine [ovvero le relazioni di causa ed effetto fra le cose]; ma difficilmente comprenderà che l'apparenza come tale reca in sé stessa una necessità che è del tutto indipendente dal riconoscimento del rapporto di origine. "Un uomo nato e cresciuto alle cosiddette scienze esatte"* diremo con Goethe, *"giunto alla pienezza della sua ragione intellettiva, non comprenderà facilmente che si possa dare anche un'esatta fantasia dei sensi".*[36]

Se c'è una qualità formale che Fiedler considera un indice del valore dell'opera d'arte, questa è la regolarità. *"Dovunque l'attività artistica resta fedele a sé stessa, essa non si appaga finché non abbia ridotto le sue raffigura-*

zioni ad una forma che sia veramente regolare.[37] Qui il concetto di regolarità va inteso nel senso di logica interna alla forma in quanto tale; non come banale e costrittiva rispondenza alle leggi della simmetria o euritmia classiche, ma come "regola" che ogni artista scopre e si dà nel corso del processo creativo.

La bellezza, esclusa come fine dell'arte, ritorna come indice della qualità formale dell'opera, in termini di "regolarità", ossia di chiarezza e coerenza formale, dunque di capacità dell'atto conoscitivo di portare l'elaborazione del dato sensibile fino a reggiungere chiarezza e coerenza visiva. Essa è intesa come la manifestazione di un criterio tutto interno al processo creativo e non più di canoni assoluti. Ciò rende possibile perfino riconoscere "bellezza", ossia qualità artistica, anche a qualcosa che non procuri alcun piacere estetico, o che risulti "brutto" secondo i canoni estetici tradizionali.

Cambia il rapporto dell'artista con la Natura, grazie al passaggio dal concetto di *arte-imitazione* a quello di *arte-produzione*. Come sappiamo dalla teoria kantiana della conoscenza, non esiste un mondo "già fatto" che l'uomo non dovrebbe fare altro che riprodurre con parole o immagini; il mondo come dato immediato è un caos che la coscienza cerca di ricondurre a ordine e chiarezza. Se per un momento guardiamo al mondo come pura visibilità, come puro spettacolo visivo, osserva Fiedler, *"ci troviamo di fronte a un caos di apparenze che vanno e vengono, che emergono e scompaiono, di forme che si compongono per dissolversi nell'attimo seguente, di frammenti che si staccano e si uniscono in una continua ed arbitraria alternanza"* [38]. Al contrario degli altri uomini, l'artista non accetta di vivere in un mondo visivo caotico, ma sente il bisogno di perfezionare le proprie immagini fino a che queste abbiano raggiunto il carattere della necessità. Dunque l'arte non è imitazione di una Natura già ordinata, già costruita dalla nostra "coscienza discorsiva", ma produzione di forma a partire da un mondo "molecolare", privo di forma. Essa è ogni volta una vera e propria "creazione del mondo". Si tratta di un concetto centrale per l'arte moderna che forse trova la sua più alta e consapevole incarnazione in Paul Klee. E' il riflesso della condizione dell'uomo moderno: all'interno di un modo che appare ormai come un caos privo di un ordine oggettivo e riferimenti assoluti, ciò che egli può fare è produrre ipotesi provvisorie di ordine a partire dal disordine. E' il contrario del punto di vista classico, e per il quale vi è un ordine oggettivo e armonico del mondo, che l'arte deve "analogicamente rispecchiare nelle sue produzioni. In quest'ultimo caso la verità e la bellezza sono qualcosa di dato che si tratta di ritrovare al dilà del dato empirico dell'esperienza; nell'altro si tratta di una verità e una belleza da costruire e ricostruire continuamente, senza pretese di oggettività.

Il processo generativo della forma artistica sarà tanto più rigoroso e autentico come atto di conoscenza, quanto più riuscirà ad essere la cristallizzazione in termini puramente visivi della nostra esperienza immediata del mondo, rinunciando a qualsiasi pregiudizio visivo imposto dalla tradizione, o inavvertitamente assimilato attraverso l'abitudine. Scrive Fiedler *"Così la materia non è qualcosa che sia già divenuto in qualche modo patrimonio spirituale dell'uomo: anzi è perduto per essa tutto ciò che ha già subito un qualsiasi processo spirituale; poiché è essa stessa un processo attraverso il quale l'uomo arricchisce il proprio patrimonio spirituale; quel che non è ancora tocco dallo spirito umano è ciò che muove la sua attività; è a ciò che ancora non esiste in alcun modo per lo spirito umano che essa dà forma ed esistenza. Non parte dal pensiero, dal prodotto dello spirito per scendere alla forma e alla figura, ma ascende al contrario dall'informe e dal non-figurato alla forma, alla figura: e nel compimento di questo percorso è tutto il suo significato spirituale"*[39].

Ogni volta è come se l'artista ricomincia da capo, sia il primo a guardare il mondo: *"l'artista, a qualunque popolo, a qualunque età appartenga, si troverà sempre da solo di fronte alla natura, e dovrà mettersi all'opera come se egli fosse il primo e l'ultimo a chiedere alla natura il segreto della sua apparenza visiva"*[40]. La teoria di Fiedler pone un'esigenza che sarà poi centrale per l'arte di avanguardia: stabilire un rapporto più diretto e autentico con la natura (intesa come esperienza immediata del mondo). Questo per le avanguardie equivale a superare la concezione tradizionale dell'arte come imitazione, concezione cha appare ormai il simbolo di un rapporto superficiale e convenzionale con il reale. Proprio la presunta oggettività della rappresentazione come "mimesi", con il suo repertorio di modi di vedere e di formule precostituite, per tanti versi assoggettate al dominio della coscienza discorsiva, funziona come una sorta di pregiudizio, impedendo di aderire all'esperienza vissuta come dato immediato della coscienza.

Il passaggio dall'arte "imitazione" della realtà all'arte "produzione" di realtà induce inoltre una rivalutazione della dimensione oggettuale dell'opera. L'opera d'arte è una realtà in sé stessa, che si aggiunge al mondo dell'esperienza arricchendolo; non è una realtà parassitaria. Scrive Fiedler *"Ciò che essa crea non è un secondo mondo accanto a un primo già esistente: essa al contrario crea il mondo per e attraverso la coscienza artistica"*[41].

Cambia il rapporto fra *forma* e *contenuto*. In un'epoca in cui l'ipertrofia della dimensione "letteraria" e in generale delle componenti extra-artistiche, rischiava di ridurre l'arte figurativa a mera "illustrazione", Fiedler propone per la prima volta in termini teorici un tema che resterà centrale per l'arte contemporanea: quello della specificità dell'arte e dei suoi mezzi linguistici. Ogni conoscenza è creazione della forma a partire dal caos. Nell'arte questo avviene sul piano della pura visibilità. La conseguenza per la teoria dell'arte è apparentemente paradossale: la forma è il vero contenuto dell'opera d'arte. L'arte non è illustrazione, ma ricerca formale e linguistica svolta nel campo del visibile: *"sorge la coscienza artistica nell'atto in cui tutto ciò che rende interessante all'uomo l'apparenza cede il luogo a ciò che è atto a fare una concezione visiva pura e perseguita per sé stessa"*[42].

Il contenuto di un'opera d'arte in quanto tale (il vero contributo alla conoscenza che solo essa ci può dare), non sta in ciò che rappresenta (che potrebbe anche essere descritto a parole), ma nei suoi valori formali, in quello che ci fa capire del mondo visivo, nel contributo di chiarificazione della nostra visione, in quanto percezione ancora confusa del mondo. L'arte ci insegna a guardare il mondo, a scoprire nel mondo visibile qualità che esso possiede, ma che non riusciamo a cogliere prima che un artista non le abbia estratte per noi, rendendole oggetto della sua ricerca formale.

Con riferimento alla concezione tradizionale dell'arte Fiedler afferma: *"ciò che vien definito ... come contenuto è cosa del tutto secondaria; quanto alla funzione che si attribuisce alla forma, essa è avvilente. Nell'opera d'arte è la forma stessa che si crea il soggetto in nome del quale l'opera esiste. Questa forma, che è insieme contenuto, non ha da esprimere che sé stessa; il resto che essa esprime, nella sua qualità di linguaggio illustrativo, giace al di là dei confini dell'arte"*[43]. Ciò che veramente interessa all'artista è la forma, scoprire una logica della forma. Il suo scopo non è veicolare un certo contenuto, ma trovare un senso, un ordine, nel mondo visivo e oggettivarlo in una rappresentazione: *"fin dal principio il processo spirituale dell'artista non si occupa d'altra materia da quella che forma l'apparenza visibile dell'opera d'arte. Nell'opera d'arte l'attività formativa trova la sua conclusione esterna, il contenuto dell'opera d'arte non è altro che lo stesso formare.*"[44]

Poiché il nostro modo ordinario di guardare alla realtà è dominato dal pensiero discorsivo, per accedere alla dimensione puramente visiva dell'arte è necessario affrancarsi da tale dominio e dalle sue pretese di esaustività. L'artista non denomina, descrive, misura o ordina il fenomeno in una catena di cause ed effetti: "*l'occhio dell'artista non segue che se stesso, trascurando tutte le considerazioni che si presentano come necessarie al conoscere discorsivo, e proprio nello svincolarsi da esse vede aprirsi al suo sguardo il mondo della realtà, finalmente rivelato; e mentre egli lo contempla, e cerca di determinarlo alle proprie esigenze, fissarne le direzioni, renderlo per immagini, ecco che gli si spiega davanti una realtà che significa risoluzione e liberazione al suo slancio intuitivo, e per il quale tutte le leggi del pensiero concettuale hanno perduto senso e significazione [...] Il mondo che l'artista forma vedendo e vede formando, non è di fatto quello che lasciava inquadrare in concetti e connettere nelle relazioni causali i propri elementi costitutivi: esso si emancipa da tutte le leggi proprie al conoscere discorsivo e si ordina e si conforma secondo leggi affatto differenti*".[45]

Una volta affermato il principio che la forma è il vero contenuto di un'opera d'arte, si apre la strada all'astrattismo. Il contenuto rappresentativo si riduce per l'artista d'avanguardia, concentrato nella sua ricerca formale, a mero pretesto, finché non è eliminato del tutto in quanto residuo ingombrante. L'astrattismo resta però fuori dall'orizzonte di Fiedler, per il quale la dimensione figurativa è imprescindibile dall'arte intesa come forma di conoscenza della realtà.

Cambia il modo di intendere l'atto della creazione artistica in se stesso. Fiedler lo intende come un processo produttivo continuo, al quale partecipano insieme l'occhio, la mente e la mano, nel quale le vecchie dicotomie fra soggetto e oggetto, fra immagine interiore e tecnica, fra ispirazione e esecuzione, fra sensibilità e logica perdono di senso[46]. La creazione artistica consiste in "*un unico processo che comincia con sensazioni e percezioni per concludersi in movimenti espressivi. Bisogna infatti liberarsi della concezione che abbiamo luogo due processi diversi, l'uno concludentesi con lo sviluppo di immagini visive l'altro iniziantesi col tentativo di riprodurre all'esterno le immagini interne*"[47].

Ciò che distingue l'artista dall'uomo comune è proprio la capacità di stabilire questa continuità del processo che va dalla vaghezza confusa della sensazione alla finale chiarezza dell'espressione, sotto la spinta della volontà di conoscere, cioè di padroneggiare il visibile in se stesso. In lui la facoltà visiva, da ricettiva e passiva si fa attiva e produttiva. Artista è colui il quale, nel campo del visibile, è in grado di compiere quel passaggio chiave per ogni atto conoscitivo che è l'oggettivazione. *"L'artista non si distingue per una particolare capacità visiva, non per il fatto che egli sia capace di vedere di più e più intensamente, o ch'egli possegga nei suoi occhi un peculiare dono di selezione, di sintesi, di trasfigurazione, di nobilitazione, di chiarificazione, sì da rivelare nelle sue produzioni soltanto le conquiste del suo vedere: si distingue piuttosto per il fatto che la peculiare facoltà della sua natura lo mette in grado di passare immediatamente dalla percezione all'espressione visiva: il suo rapporto con la natura non è un rapporto visivo* (passivo), *ma di espressione* (attivo) [...] *Ciò che distingue l'artista è il fatto ch'egli non si abbandona passivamente alla natura e agli stati d'animo che in lui si producono mentre contempla, ma si sforza invece di appropriarsi attivamente di ciò che si offre ai suoi occhi"*[48].

L'arte, come ogni conoscere, viene concepita da Fiedler come un "fare", un produrre nel quale il momento dell'espressione, e per esso la dimensione della tecnica, non sono il mero mezzo attraverso cui verrebbe alla luce un "contenuto" interiore; è un processo attraverso cui si produce una realtà, che è la concreta opera realizzata. Scrive Fiedler in una nota su Winckelmann: *"Esiste qui un equivoco relativo all'essenza della produzione di un artista figurativo, e che accomuna la maggior parte dei non artisti i quali vedono nella cosiddetta tecnica un mezzo subordinato e suscettibile di apprendimento per l'espressione di idee non prevedibili ...l'individualità geniale veramente dotata da un punto di vista artistico, si manifesta in quello che la gente chiama tecnica"*[49].

Non solo, ma se la tecnica non è un semplice strumento con il quale portare alla luce un qualche contenuto, ma il medium nel quale si compie l'elaborazione dell'esperienza visiva, essa non si può possedere una volta per tutte. Nella tecnica occorre continuamente ricercare, evolversi e sperimentare; paradossalmente il vero artista è colui che non possiede mai completamente la tecnica, perchè non la riduce mai a ricetta o "maniera". *"... i veri artisti vedono nella cosiddetta componente tecnica il mezzo che non va appreso fino in fondo per poter così estorcere alla natura il suo segreto, eternamente nuovo; ma dove l'elemento tecnico viene adoperato come qualcosa di appreso, già entra al maniera al posto dell'arte, e solo dove esso appare come qualcosa di continuamente cercato, c'è vera arte"*[50].

Si ripropone ancora una volta l'idea di un'arte che stabilisce da sè, nel corso del suo farsi, le proprie regole. Tali regole sono scoperte nel processo sempre rinnovato di solidificazione della sensazione e quindi non possono pretendere di avere una validità assoluta, al di fuori del processo da cui sono emerse. Di conseguenza per Fiedler il fare artistico è processo aperto e virtualmente infinito, non solo per la sua origine nell'infinita variabilità dell'esperienza, ma anche per i suoi esiti. *"Si comprenderà anche"*, egli nota, *" che ci troviamo di fronte a processi infiniti, solo che si abbia presente quel contenuto della nostra vita spirituale che sorge immediatamente dall'esistenza del senso visivo: si riconosce come gli inizi di ogni percepire ed immagine di cose visibili emergono da una vita spirituale che si trova al di qua di ogni coscienza, così la conclusione di questa attività immaginativa si cela nelle imprevedibili possibilità dell'attività rappresentativa"*[51].

Anche su questo tema vediamo aprirsi una prospettiva sull'arte che connoterà le avanguardie[52]: l'arte come ricerca inesauribile sempre aperta a nuove acquisizioni; la tecnica come campo aperto di sperimentazione.

Ma Fiedler non si contrappone solo a ogni canone assoluto, ma anche a ogni evoluzionismo storicistico, contestando l'opinione corrente che *"la capacità di produzione artistica dell'uomo si svolga secondo una grande linea di sviluppo dal più basso al più alto, dall'imperfetto al perfetto"*[53]. Con una radicalità che sembra mettere in dubbio la possibilità stessa di costruire discorsi generali sulla storia dell'arte, Fiedler afferma la singolarità irriducibile di ogni esperienza autenticamente artistica: *"L'operosità artistica è destinata a restar sempre frammentaria. Essa si configura come un tentativo continuamente ripetuto e conducente ai più diversi gradi di successo, di penetrare nel regno dell'essere visibile e di assicurarlo alla coscienza in forma foggiata. Può invece condurre a malintesi il considerarla come un movimento progrediente verso una meta rispetto al cui raggiungimento tutti i risultati artistici sarebbero da considerarsi come altrettanti gradini. Il compito dell'arte, se di compito si vuol parlare, è sempre lo stesso, insoluto e insolvibile nella sua totalità, e sarà sempre lo stesso finché ci saranno uomini"*[54].

5. *Il giudizio sull'opera d'arte e il rapporto con il fruitore*

La nuova concezione del fare artistico implica una diversa concezione del giudizio sull'opera d'arte e più in generale della sua fruizione. Il giudizio sull'opera d'arte deve essere un giudizio di conoscenza il cui scopo sia valutare il contributo conoscitivo che l'opera fornisce, cioè *"se e in che grado la comprensione dell'essenza visiva del mondo sia stata chiarita attraverso l'opera d'arte"*[55], e se lo abbia fatto in termini specificamente visivi, cioè scoprendo *"qualcosa che non è accessibile a nessun'altra capacità dell'anima"*. Quest'ultimo punto di per sé vale come criterio per distinguere la vera arte, ossia quella che non tradisce il suo compito specifico: *"Tutto il segreto di distinguere l'arte pura da quella falsa consiste nel saper vedere se il fatto artistico si sia prodotto in seguito allo sforzo di modellare il fenomeno ai puri fini della visione, Nelle percezioni immediate, come nelle immagini rappresentate, l'interesse della visibilità è frammisto a molti altri interessi, ed un'abilità artistica che si preoccupi solo di raffigurare fedelmente il dato della visione reale o il dato dell'immagine e povera e priva di vera artisticità"*[56].

Il giudizio sull'opera d'arte richiede un atteggiamento che non è quello dell'esteta che cerca nell'arte una fonte di piacere e nemmeno quello del giudice che ne valuta la corrispondenza con canoni prefissati, ma l'atteggiamento dell'uomo di conoscenza aperto alla comprensione: *"Comprensione è la prima condizione per la gioia più alata che un'opera d'arte possa offrire"*[57].

Questa comprensione per Fiedler presuppone un atteggiamento di apertura verso gli infiniti possibili sviluppi dell'arte *"... il giudizio deve assolutamente evitare di costituirsi un codice di leggi prefisse alle quali i fenomeni artistici debbano assoggettarsi. La comprensione segue sempre e mai può precedere l'opera dell'artista e non può sapere in anticipo quale sarà il compito che le imporrà la futura attività artistica degli uomini"*. Per comprendere un'opera d'arte occorre ricostruire la singolarità del processo da cui è nata e dunque la logica che ha reso necessarie certe soluzioni formali. Ogni artista creando un mondo, crea il linguaggio con il quale esprimerlo: *"Gli artisti parlano un linguaggio che nessuno può intendere al di fuori di essi, perché solo essi sono in grado di parlarlo"*[58].

La premessa necessaria è che il critico, oltre ad avere un occhio educato capace di cogliere quei valori formali (o "puramente visivi") che sono il vero contenuto dell'arte figurativa, senta in sé lo stesso bisogno di conoscenza , ossia *"il bisogno di veder realizzate per l'occhio in una forma le percezioni dell'occhio"*[60].

E' un compito difficile e dai risultati per forza di cose incerti e approssimativi, perché richiede una sorta di immedesimazione nell'esperienza altrui, mai realizzabile fino in fondo. Scrive Fiedler: *"la più alta ed esauriente comprensione di un'opera d'arte è riservata a quello stesso che la produce .... Non resta forse un esclusivo segreto ciò che egli ha raggiunto là dove le sue capacità si sono sviluppate alla più alta attività' ... Quel tanto di comprensione che gli possa toccare si fonderà sempre sulla capacità degli altri di rivivere quella particolare evoluzione della sua coscienza che si compie nella sua attività. E sarà sempre approssimativa poiché quel processo evolutivo poteva compiersi fin a quell'altezza unicamente in quell'individuo"*[59].

Questa concezione introduce la figura del critico "compagno di strada" per l'artista, in grado di comprendere dall'interno e tradurre in termini discorsivi il senso di una ricerca puramente visiva. Apollinaire è la prima celebre incarnazione di questa figura di critico che diventerà parte integrante del panorama dell'arte contemporanea.

Si modifica anche il rapporto con il fruitore, non più in passiva contemplazione, ma chiamato a partecipare all'opera come processo. Lo spettatore che vuole comprendere veramente l'arte *"non avrà più di fronte alle opere d'arte un atteggiamento contemplativo, nel senso in cui si assume un atteggiamento contemplativo di fronte alle cose visibili, ma si sentirà trascinare dall'immagine dell'attività dalla quale quelle opere sono sorte"*[61]. Anche questo tema ricorrerà continuamente nelle avanguardie storiche.

Il valore educativo dell'arte, non consisterà ovviamente nel trasmettere dei contenuti, (morali, religiosi, politici, ecc.), ma nel contribuire alla nostra coscienza visiva del mondo; a coltivare e sviluppare la nostra sensibilità, rendendola più fine e allo stesso tempo più esigente e più critica. Quindi lo studio dell'arte non è questione di erudizione e nemmeno di consolazione o abbellimento dell'esistenza, ma è una questione di formazione della coscienza, di sviluppo integrale dell'uomo: *"essa consiste nello sviluppare a chiarezza di visione, a contatto con la produzione artistica, l'oscuro e confuso impulso della propria natura e a penetrare in quella peculiare coscienza del mondo che perviene ad esistenza nelle opere d'arte .... Ci poniamo anche noi, con l'artista, direttamente di fronte alla natura, e ci lasciamo trasportare da quella forza che rielabora la materia visibile delle apparenze, quale si presenta anche alla nostra coscienza ... E se dallo sforzo di penetrare sempre più a fondo nella ricchezza e nella molteplicità dell'arte ci attendiamo un'elevazione, questa non potrà essere altro che l'elevazione da uno stato di insicurezza e di confusione spirituale alle vette della chiarezza spirituale e del dominio dell'essere, alla meta di ogni seria aspirazione dello spirito"*[62].

NOTE

[1]   R. De Fusco, *Storia dell'arte contemporanea*, Laterza, Bari 2010, p. 86.

[2]   R. Salvini, *La critica d'arte della pura visibilità e del formalismo*, Garzanti, Milano 1977, p. 9.

[3]   K. Fiedler, *Uber den Ursprung der kü nstlerischen Tatigkeit*, 1887, tr. it. *Sull'origine dell'attività artistica*, in R. Salvini, *La critica d'arte della pura visibilità e del formalismo*, Garzanti, Milano 1977, p. 73.

[4]   K. Fiedler. *Schriften über Kunst, 1914*, tr. it. *Aforismi sull'arte*, a cura di A Banfi, Milano 1945, in R. Salvini, *La critica d'arte della pura visibilità e del formalismo*, Garzanti, Milano 1977, p.110.

[5]   K. Fiedler, *Uber die Beurteilung von Werken der bildenden Kunst*, tr. it. *Del giudizio sulle opere d'arte figurativa*, in R. Salvini, *La critica d'arte della pura visibilità e del formalismo*, Garzanti, Milano, 1977, p.63

[6]   K. Fiedler, *Del giudizio sulle opere d'arte figurativa*, in R. Salvini, op. cit., p. 63.

[7]   K. Fiedler, *Sull'origine dell'attività artistica*, in R. Salvini, op. cit., p. 74.

[8]   K. Fiedler, *Del giudizio sulle opere d'arte figurativa*, in R. Salvini, op. cit., p. 78.

[9]   Ivi, p. 64

[10]   K. Fiedler, *Aforismi sull'arte*, in R. Salvini, op. cit., p. *112*.

[11]   *Ibidem*

[12]   K. Fiedler, *Sull'origine dell'attività artistica*, in R. Salvini, op. cit., p. 75.

[13]   *Ivi*, p. 80.

[14]   *Ivi*, p. 79.

[15]   *Ivi*, p. 80.

[16]   Il linguaggio non è un *"mezzo per designare e incamerare nel nostro patrimonio spirituale una realtà che non è linguaggio e per così dire esiste al di fuori della sfera del linguaggio .... Il linguaggio è la forma nella quale nasce per noi un patrimonio di realtà"*.

K. Fiedler, *Sull'origine dell'attività artistica*, in R. Salvini, op. cit., p. 80.

[17] K. Fiedler, *Sull'origine dell'attività artistica*, in R. Salvini, op. cit., p. 83.

[18] *"Questa costrizione consiste nella necessità di trasformare in parola e in concetto il calore del sentimento, la pienezza e dovizia del presago contemplare, delle immagini continuamente insorgenti e dissolventisi, per portare chiarezza, ordine e nesso là dove era bensì calore e ricchezza, ma anche oscurità e confusione."* In K. Fiedler, *Sull'origine dell'attività artistica*, in R. Salvini, op. cit., p. 85.

[19] K. Fiedler, *Sull'origine dell'attività artistica*, in R. Salvini, op. cit., p. 82.

[20] Fiedler sintetizza così la questione. *"Il valore di una parola non consiste in ciò che si è soliti spacciare per il suo contenuto, ossia nei processi appartenenti alla sfera dei nostri sensi, dai quali si sviluppa e dai quali è più o meno vivamente accompagnato per associazione: il suo valore consiste invece nel fatto che la realtà, che consisteva dapprima solo in quei vaghi processi sensibili, si arricchisce nella parola di un nuovo elemento, di una nuova materia nella quale sola si attua la sorprendente possibilità di una ben definita e articolata costruzione della realtà. In base a questa concezione si renderà giustizia all'incalcolabile valore del linguaggio, ma si scorgeranno i limiti posti allo sviluppo dello spirito umano che si svolge nel linguaggio e a mezzo del linguaggio ...* [La conoscenza] *"essendo vincolata alla forma del linguaggio e dei segni, non potrà mai riuscire ad impadronirsi di tutto quel ricco divenire nel quale la realtà si presenta dapprima alla nostra presaga coscienza, ed a svilupparlo ad un essere definito".* In K. Fiedler, *Sull'origine dell'attività artistica*, in R. Salvini, op. cit., p. 84.

[21] K. Fiedler, *Sull'origine dell'attività artistica*, in R. Salvini, op. cit., pp. 81-82.

[22] *Ivi*, p. 86.

[23] K. Fiedler, *Del giudizio sulle opere d'arte figurativa*, in R. Salvini, op. cit., p. 65-66

[24] K. Fiedler, *Sull'origine dell'attività artistica*, in R. Salvini, op. cit., p. 92.

[25] K. Fiedler, *Aforismi sull'arte*, in R. Salvini, op.cit., p. 121.

[26] K. Fiedler, *Del giudizio sulle opere d'arte figurativa*, in R. Salvini, op. cit., p. 66.

[27] *"Scienza è sviluppo ed elaborazione della coscienza discorsiva; arte è elaborazione e sviluppo della coscienza intuitiva".* In K. Fiedler, *Aforismi sull'arte*, in R. Salvini, op.cit., p. 113.

[28] La scienza nasce dal bisogno di *"portare il mondo ad un'esistenza concepibile e concepita"*, mentre l'arte nasce dal bisogno di elevare il mondo visibile *"ad un'esistenza complessa e formata"*. In K. Fiedler, *Del giudizio sulle opere d'arte figurativa*, in R. Salvini, op. cit., p. 64.

[29] *"La scienza ci fa conoscere il mondo da un lato, l'arte dall'altro; nessuna delle due esaurisce interamente il contenuto del mondo, ambedue restando nella propria sfera".* In K.

Fiedler, *Aforismi sull'arte",* in R. Salvini, op. cit., p.114.

[30] K. Fiedler, *Sull'origine dell'attività artistica,* in R. Salvini, op. cit., p. 96.

[31] K. Fiedler, *Aforismi sull'arte,* in R. Salvini, op. cit., p. 117.

[32] *Ivi,* p. 114.

[33] E. Franzini, M. Mazzocut-Mis, Breve storia dell'estetica, Bruno Mondadori, Milano 2003, p. 60.

[34] Scienziato e artista conoscono *"Come in generale lo spirito umano non si appaga nella sua aspirazione alla conoscenza finché non gli si dischiuda la convinzione della necessità, così anche l'artista è costretto a intensificare la sua visione finché questa acquisti di fronte al suo spirito i caratteri di un'assoluta necessità "*

[35] K. Fiedler, *Del giudizio sulle opere d'arte figurativa,* in R. Salvini, op. cit., p. 70.

[36] *Ivi,* pp. 69-70.

[37] K. Fiedler, *Sull'origine dell'attività artistica,* in R. Salvini, op. cit., p. 101.

[38] K. Fiedler, *Uber den Ursprung der künstlerischen Tatigkeit,* 1887, tr. it. *Sull'origine dell'attività artistica,* in R. Salvini, *La critica d'arte della pura visibilità e del formalismo,* Garzanti, Milano, 1977, p.86; vedi anche il brano seguente : *"Questa natura visibile altro non è in realtà che quel variopinto e immenso brulicare di percezioni e di immagini che, in continuo scorrere e tramontare, trascorrono ora dinanzi al nostro occhio esterno, ora dinanzi al nostro occhio interno, e che realmente si affollano attorno a noi eppure scompaiono senza lasciare traccia non appena ci illudiamo di averle fatte nostre nel calore della sensazione o nella chiarezza della conoscenza concettuale. Essa è quell'immenso regno della luce nel quale l'infinita serie delle cose si offre al nostro occhio in infinite combinazioni, che noi ci illudiamo di possedere senza fatica in tutta la loro compiutezza e perfezione, ma che tuttavia ci svela al primo tentativo di riprova tutta la sua incertezza, indefinitezza e vacuità. Questa visibilità e simile a un dono gratuito che riceviamo senza alcun nostro attivo intervento"* . in K. Fiedler, *Sull'origine dell'attività artistica,* in R. Salvini, *op. cit.,* p. 97.

[39] K. Fiedler, *Del giudizio sulle opere d'arte figurativa,* in R. Salvini, op. cit., p. 65.

[40] K. Fiedler, *Aforismi sull'arte,* in R. Salvini, op. cit., p. 103.

[41] K. Fiedler, *Del giudizio sulle opere d'arte figurativa,* in R. Salvini, op. cit., p. 64.

[42] *Ivi,* p. 69.

[43] K. Fiedler, *Aforismi sull'arte,* in R. Salvini, op. cit., p. 116.

[44] K. Fiedler, *Del giudizio sulle opere d'arte figurativa,* in R. Salvini, op. cit., p. 69.

[45] K. Fiedler, *Aforismi sull'arte,* in R. Salvini, op. cit., p. 121.

[46] L'arte per Fiedler è un processo nel quale *"l'accadimento interno della nostra coscienza delle cose visibili si estende per così dire agli organi dell'espressione e produce a sua volta qualcosa che a sua volta non può essere percepita che dal senso visivo".*

[47] K. Fiedler, *Sull'origine dell'attività artistica,* in R. Salvini, op. cit., p. 90.

[48] *Ivi*, p. 93.

[49] K. Fiedler, *Zur neueren Kunsttheorie*, (manoscritto postumo), tr. it. in M.R. De Rosa, *Estetica e critica d'arte in Konrad Fiedler*, in Aesthetica Preprint, Palermo, Agosto 2006, p.63.

[50] K. Fiedler, *Zur neueren Kunsttheorie*, p. 63.

[51] K. Fiedler, *Sull'origine dell'attività artistica*, in R. Salvini, op. cit., p. 92.

[52] "*L'oscura coscienza del mondo che forma il contenuto della sua esistenza si solleva in momenti felici ad una chiara visione…. L'attività è cosa infinita: è un continuo ininterrotto lavorio dello spirito per dare nella coscienza al mondo delle apparenze uno sviluppo sempre più ricco, una forma sempre più compiuta…. Mentre l'uomo trae su nella propria coscienza forma su forma dalla massa informe, questa massa rimane inesausta … solo per essa l'uomo conosce il mondo, e ignora quante e quali regioni gli restino ancora oscure e occulte finché l'attività artistica le abbia conquistate alla sua coscienza*". In K. Fiedler, *Del giudizio sulle opere d'arte figurativa*, in R. Salvini, op. cit., p. 67.

[53] K. Fiedler, *Sull'origine dell'attività artistica*, in R. Salvini, op. cit., p. 103.

[54] *Ivi*, p. 103.

[55] K. Fiedler, *Zur neueren Kunsttheorie*, p.72.

[56] K. Fiedler, *Aforismi sull'arte*, in R. Salvini, op. cit., p. 122.

[57] *Ivi*, p. 111.

[58] K. Fiedler, *Del giudizio sulle opere d'arte figurativa*, in R. Salvini, op. cit., p. 72.

[59] K. Fiedler, *Sull'origine dell'attività artistica*, in R. Salvini, op. cit., p. 105.

[60] *Ibidem*.

[61] K. Fiedler, *Sull'origine dell'attività artistica*, in R. Salvini, op. cit., p. 106.

[62] *Ivi*, p. 107.

Worringer: "Astrazione e Empatia"

1. *La fortuna di un testo*

Wilhelm Worringer scrive nel 1906 la sua tesi di dottorato dal titolo *Astrazione ed Empatia: un contributo alla psicologia dello stile* e ne stampa a proprie spese alcune copie, per gli adempimenti istituzionali e da inviare a studiosi di riferimento nel campo della storia dell'arte. Il lavoro suscita un immediato e vivo interesse che si diffonde a macchia d'olio, rendendo necessaria una prima edizione ufficiale, che esce riveduta e ampliata, nel 1908, presso l'editore Piper di Monaco. Nel 1910 siamo già alla terza edizione, alla quale seguiranno molte altre, accompagnate da molte traduzioni. Nella premessa all'edizione del 1948, Worringer ricostruisce la costellazione di fortunate coincidenze che avevano accompagnato la nascita di questo suo ormai "storico" lavoro giovanile, il quale, come poteva ormai affermare senza falsa modestia, aveva esercitato un influsso determinante *"sul destino di non poche persone e sulla vita intellettuale di un'intera epoca, superando ogni barriera professionale e nazionale"* [1].

Fra queste coincidenze, decisiva era stata la convergenza tra i suoi personali interessi di studioso, rivolti essenzialmente alla teoria estetica e alla storia dell'arte, e le ricerche degli artisi d'avanguardia, sui cui sviluppi il giovane Worringer non pare fosse aggiornato. Una convergenza spiegata successivamente dall'autore alla luce di quello *Zeitgeist* che imponeva all'inizio del secolo, nei diversi campi della cultura europea, le stesse fondamentali questioni, nodali e inaggirabili.

La condizione della cultura artistica di inizio secolo viene descritta da Worringer nel 1908 come uno stato di totale confusione e incertezza teorica e concettuale prima ancora che stilistica. *"Oggi l'arte è diventata un fenomeno confuso e complesso, un prodotto composito di componenti eterogenee delle cui differenze più nessuno si rende conto"* [2].

Worringer nel 1948, alla luce degli sviluppi successivi, riconoscerà in questa condizione il sintomo di un momento di *"radicale revisione dei criteri di valutazione estetica"* [3]. Quella "confusione" era in effetti un'instabilità feconda, il clima in cui proliferarono le avanguardie "storiche" alla ricerca di nuove strade, oltre la tradizione della pittura accademica e del realismo ottocentesco, sulla scia delle esperienze impressioniste e post-impressioniste.

Ma già in quel momento di incertezza una cosa era chiara e condivisa: la necessità di andare oltre *"il carattere unilaterale e il pregiudizio classicista ed eurocentrico della concezione storica dell'arte e della sua valutazione"* [4]. Esattamente su questo tema cruciale, di impellente attualità, le tesi di Worringer intercettano i bisogni dell'arte contemporanea.

2. *Un nuovo punto di vista e una nuova geografia dell'arte*

Astrazione ed Empatia vuole essere una chiave per accedere a un nuovo punto di vista sull'arte o, come dice Worringer, *"un "Apriti Sesamo" per un intero complesso di questioni fondamentali del nostro tempo"* [6].

Il giovane studioso tedesco non si vede come un "legislatore" ma, più modestamente, come "un cartografo" il cui compito non è *"di formulare valutazioni, ma di stabilire confini"* [7]. Ciò che egli intende fare relativamente alla storia dell'arte, è quanto cominciava a fare Max Weber in quegli stessi anni: inquadrare la moderna civiltà occidentale in una prospettiva "storico-mondiale" e in tal modo metterne in luce i presupposti, la specificità e, di conseguenza, anche i limiti.

Scrive Worringer: *"La nostra conoscenza dei fenomeni è completa solo quando raggiunge il punto in cui ciò che sembrava limite diventa transizione e ci rendiamo improvvisamente conto della relatività del tutto"* [8]. Una volta conquistato questo punto di osservazione più elevato, la scoperta "clamorosa" sarà che l'arte occidentale di tradizione classico-rinascimentale non è che una regione, di fatto piuttosto limitata, nel più vasto territorio della storia delle espressioni artistiche dell'umanità. I suoi confini non coincidono affatto con i confini dell'arte stessa, come voleva la dominante estetica "eurocentrica"⁹. Oltre la nostra tradizionale idea di arte come "imitazione della natura" (in tutto e per tutto debitrice nei riguardi della tradizione classica), ci sono altre possibilità, altri criteri formali, un altro senso per l'opera d'arte. Sono possibilità che l'umanità ha in parte già sperimentato in culture da noi lontane nel tempo o nello spazio, e che solo il dominio incontrastato del nostro punto di vista eurocentrico ci ha impedito di riconoscere nel loro valore artistico.

Worringer cerca il nuovo e più elevato punto di osservazione in una ridefinizione del concetto di arte che sia capace di spiegare il fenomeno artistico nella totalità delle sue manifestazioni storiche. Effetto importante sul piano disciplinare sarà, si augura, la ricomposizione della divaricazione allora in atto fra il campo della teoria estetica, ancora legata al paradigma classico, e quello degli studi di storia dell'arte, già aperti a tradizioni artistiche a esso non riconducibili.

Il sincretismo teorico con cui perviene alla identificazione di questo punto di vista non è probabilmente estraneo all'immediato successo del testo di Worringer. In *Astrazione ed Empatia* si intrecciano, in una sintesi funzionale ai bisogni del momento, tutta una serie di suggestioni teoriche che erano nell'aria: la psicologia dell'*Einfühlung* attraverso Lipps, la *pura visibilità* attraverso Hildebrand, Wölfflin e Riegl, l'anti-positivismo del *kunstwollen* di Riegl, il riferimento alle culture orientali filtrato attraverso la filosofia di Schopenhauer, la crescente attenzione per l'arte dei popoli primitivi.

Il punto di partenza per questa ridefinizione del concetto di arte è la teoria dell'Empatia (*Einfühlung*), che per Worringer coincide con "l'estetica moderna" e rappresenta il punto più avanzato, fino a quel momento, nel cammino di emancipazione dalla vecchia estetica oggettivistica basata sul dogma dell'imitazione della natura. Essa ha il merito di aver riconosciuto l'origine dell'arte in un bisogno psichico del soggetto, e non più in un non meglio definito "istinto mimetico" volto a riprodurre una bellezza oggettiva.

In base alle premesse neokantiane dell'estetica dell'empatia, Worringer distingue in ogni nostra appercezione di una realtà sensibile una componente oggettiva e una soggettiva. Io ricevo la sensazione dall'oggetto, ma per afferrarla e comprenderla percettivamente devo compiere un'attività psichica. Ogni forma, per essere appercepita, richiede un'attività da parte del soggetto. A rigore, la forma di un oggetto in se stessa non esiste; quella che io chiamo forma dell'oggetto sensibile è il prodotto della mia attività psichica svolta a partire dal dato della sensazione.

Su questa impostazione neokantiana si innesta il contributo dell'*Einfühlung*. Un'opera d'arte soddisfa il bisogno di empatia quando l'attività psichica che viene richiesta per afferrarne e ricostruirne interiormente la forma è sentita dal soggetto come lo spontaneo fluire della sua stessa energia vitale, senza blocchi o impedimenti. E' nella forma "organica" che il soggetto gode della sua stessa energia vitale, oggettivata in una realtà esterna, e in tal modo liberata dai limiti precari della propria esistenza individuale. Di qui la definizione del piacere estetico secondo l'empatia come "godimento di sé oggettivato".

Il limite della teoria dell'empatia sta, per Worringer, nell'aver fatto coincidere questo particolare bisogno psichico, con la totalità del fenomeno artistico, mentre in realtà esso ne rappresenta solo uno dei due poli: l'altro polo è il bisogno psichico di astrazione. Scrive Worringer: "*Intento fondamentale del mio saggio è dimostrare come l'estetica moderna, fondata su concetto di empatia, non sia applicabile a vasti settori della storia dell'arte. Il suo punto focale si situa a uno soltanto dei poli della sensibilità artistica dell'uomo. Potrà assurgere al ruolo di sistema estetico universale solo quando si integrerà con le linee che si dipartono dal polo opposto. Quale polo opposto consideriamo un'estetica che, anziché partire dall'impulso di empatia dell'uomo, parta dal suo impulso di astrazione*"[10].

Un'opera d'arte soddisfa il bisogno di astrazione quando, con le sue forme puramente geometriche e astratte, mette in contatto il soggetto non con la sua energia vitale individuale, ma direttamente con le leggi universali e necessarie della Natura. Il piacere estetico, in questo caso, non si definisce in termini di proiezione dell'energia vitale del soggetto nell'opera d'arte, ma piuttosto di "riposo", di "astrazione" dal flusso incessante della vita e dalla propria stessa individualità. In questo caso l'impulso artistico nasce dal "*bisogno di creare – di fronte allo sconvolgente e inquietante mutare dei fenomeni del mondo esterno - dei punti di quiete, delle occasioni di riposo, delle necessità nella cui contemplazione potesse sostare lo spirito esausto dall'arbitrarietà delle proiezioni*"[11]. Infatti il soggetto può accedere a una dimensione assoluta e necessaria "*solo nel vasto mondo che sta al di là della vita, cioè nella sfera dell'inorganico* ... *Le forme astratte sono le sole e le più alte cui l'uomo possa trovare rifugio dal caotico panorama del mondo che lo circonda*" [12].

Alla luce della metafisica di Schopenhauer, Worringer riconosce nel bisogno di empatia e in quello di astrazione due modi diversi di manifestarsi dello stesso bisogno fondamentale di autoalienazione. Il "mondo della rappresentazione", è una realtà proteiforme e incerta, il "velo di Maya" che nasconde la cosa in sé, la Volontà. La volontà nell'individuo aspira a liberarsi dal mondo delle forme limitate e relative nel quale è confinata in condizioni di permanente incertezza e insoddisfazione. L'ipotesi di Worringer è che ogni godimento estetico e "*forse ogni felicità umana*" derivino da un impulso di autoalienazione (proprio nel senso di liberazione dalla catena delle cause ed effetti in cui la volontà individuale è confinata) e che i due poli dell'esperienza estetica, il bisogno di empatia e quello di astrazione, siano manifestazioni diverse di questo bisogno fondamentale. Nell'empatia è vero che io godo della mia stessa energia vitale, ma questa è proiettata nell'oggetto e in tal modo liberata dalla dimensione incerta in cui la sperimento nel corso della mia esistenza individuale, negata in quanto volontà individuale. Nell'astrazione io non mi libero solo di me stesso in quanto individuo, ma della casualità e arbitrarietà dell'esistenza, della vita organica in generale, attraverso la contemplazione di forme necessarie e irrefutabili.

Per Worringer nel bisogno di astrazione e in quello di empatia si esprimono le due fondamentali modalità della relazione fra uomo e mondo. Nel bisogno di empatia si manifesta un rapporto di fiducia. E' la felice condizione dell'uomo Greco in armonia con la Natura, ma anche quella della nostra modernità post-rinascimentale razionalisticamente convinta di poter conoscere e controllare il mondo. Nel bisogno di astrazione invece si manifesta un sentimento di "diffidenza" nei riguardi del mondo. Tale diffidenza è vera e propria paura nell'uomo primitivo gettato in un mondo di fenomeni per lui incomprensibili e incontrollabili, ma in civiltà evolute come quelle orientali si manifesta nei termini di saggezza alimentata della superiore consapevolezza che la verità delle cose sta oltre il "velo" ingannevole delle apparenze. Grazie a una sorta di "generalizzazione" del punto di vista introdotto dall'*Einfühlung*, Worringer risale così a una definizione più inclusiva di arte, in grado di comprendere i due poli dell'Astrazione e dell'Empatia: l'arte è una delle forme culturali attraverso cui ogni civiltà definisce la sua specifica relazione con il mondo, grazie alla capacità che le forme hanno di soddisfare bisogni psichici fondamentali dell'uomo. Questo decisivo spostamento della tematica dell'arte sul piano della cultura e della psicologia , consente di svincolarsi dalle visioni estetizzanti o edonistiche, ma anche materialistiche e positivistiche, e allo stesso tempo costituisce il presupposto per una relativizzazione dei criteri di valutazione estetica.

E' questa visione dell'arte, il punto di vista più elevato da cui bisogna guardare, in una prospettiva storico-mondiale, alla storia dell'arte: essa ci apparirà come " *conflitto millenario fra quei due poli*" [13] dell'empatia e dell'astrazione. E' un punto di vista, scrive Worringer, "*che abbraccia l'arte in tutta la sua estensione, sottraendosi ad ogni interpretazione materialistica, si manifesta in tutti i generi di attività artistica, dalle sculture in legno dei Maori a uno qualsiasi dei tanti rilievi assiri. Questa concezione metafisica nasce quando si comprende che ogni produzione artistica non è altro che una registrazione ininterrotta del grande confronto dialettico di cui l'uomo e il mondo sono protagonisti sin dall'inizio della creazione e per tutta l'eternità. Così l'arte è semplicemente un'altra forma di espressione di quelle energie psichiche che, sottoposte ad un identico processo, determinano il fenomeno della religione e delle diverse concezioni del mondo*" [14] .

La visione dell'arte come fenomeno storico-culturale e lo schema bipolare proposto implicano non solo il riconoscimento della molteplicità delle manifestazioni artistiche, ma il principio della relatività dei criteri estetici. Qui il concetto di "bisogno psichico" di Worringer intercetta quello di *kunstwollen* di Alois Riegl. Worringer riconosce esplicitamente il suo debito nei riguardi dello studioso austriaco rimandando direttamente alle sue opere principali, *Stilfragen* del 1893 e *Spätrömische Kunst-Industrie* del 1901 [15]. Riegl aveva affermato la necessità di studiare e valutare l'arte di ogni epoca in senso relativo e non assoluto, come frutto di una particolare intenzione o *volontà artistica*. Si trattava di un relativismo antipositivista che si contrapponeva al materialismo degli epigoni di Semper i quali riducevano ogni forma d'arte al prodotto delle circostanze (il materiale, la funzione e la tecnica). La scelta di campo di Worringer è netta: quel punto di vista materialista, egli afferma, che "*ebbe larga eco in tutti gli ambienti e che per decenni, sino ai nostri giorni, ha costituito il presupposto implicito della maggior parte degli studi di storia dell'arte, rappresenta oggi per noi un cardine dell'antiprogressismo e della pigrizia mentale. Ogni tentativo di penetrare più profondamente l'essenza interiore dell'opera d'arte è frustrato dal valore eccessivo che viene attribuito ad elementi secondari*" [16]. La polemica contro il positivismo, visto come piatta e ingenua "vulgata" del materialismo filosofico, a sua volta incarnazione dell'ottusa fiducia nei "fatti" tipica della borghesia trionfante del XIX secolo, è uno dei grandi temi trasversali che legano tra loro le avanguardie storiche dei più diversi orientamenti.

La radice di ogni opera d'arte è, per Riegl, in una particolare volontà artistica, una *volontà di forma*. Ogni epoca artistica si crea il proprio fine e i propri criteri di valutazione. Scrive Worringer: "*Ogni fase stilistica rappresenta, per l'umanità che l'ha creata in base alle proprie esigenze psichiche, il fine ultimo della propria volontà, e dunque il più alto grado di perfezione. Quanto oggi ci pare una strana ed esasperata deformazione, non è frutto di insufficiente capacità, ma di una volontà diversamente orientata. Non si poteva fare altrimenti perché non si voleva fare altrimenti. Da questa premessa deve partire ogni tentativo di psicologia dello stile*" [17].

In definitiva la totalità dell'arte come fenomeno storico viene paragonata da Worringer a una sfera con due poli opposti: il polo dell'empatia e il polo dell'astrazione. Sulla superficie di questa sfera vanno localizzate regioni, linee di confine, vie di comunicazione, insomma va ricostruita la geografia dell'arte.

Visto dalla prospettiva attuale, lo sforzo di Worringer di uscire dal punto di vista unilaterale classico-rinascimentale ci appare almeno in parte vanificato dal suo tentativo di definire subito, attraverso lo schema bipolare Astrazione-Empatia, un nuovo quadro generale di riferimento. Questo (per forza di cose ancora costruito con gli strumenti concettuali della cultura occidentale) appare rigido e costrittivo rispetto al pluralismo delle manifestazioni artistiche riconosciuto sul piano teorico sulla scia di Riegl. Ma va tuttavia osservato che forse proprio una certa rigidità schematica del quadro proposto, insieme al già citato riferimento a una costellazione di concetti e teorie che in quel momento erano "nell'aria" nel più avanzato dibattito europeo sui temi dell'arte, furono con ogni probabilità fattori di forza del suo testo, aumentando la capacità di incidenza immediata delle sue tesi.

3. *Naturalismo e Stile*

Una volta individuati i due bisogni psichici fondamentali alla base del fenomeno artistico, per arrivare a elaborare una teoria dell'arte è necessario un criterio per indentificare ciò che qualifca l'opera arte come fenomeno concreto nella sua specificità rispetto alle altre produzioni umane. Ciò che è specifico dell'opera d'arte plastica (pittura, scultura, architettura) non è infatti il bisogno psichico in se stesso, ma il fatto che esso, in questo caso, si concretizza in una forma, si traduce in certe relazioni formali. Ai due bisogni fondamentali dell'Empatia e dell'Astrazione devono dunque corrispondere distinti modi di intendere la forma nell'opera d'arte.

La concezione dell'arte di Worringer si viene così a precisare grazie al riferimento alla teoria della pura visibilità. Lo specifico contenuto comunicativo dell'opera non sta in ciò che rappresenta, ma nelle sue qualità formali, o meglio, nella particolare attività psichica che la sua configurazione formale induce nel soggetto che cerca di afferrarla e comprenderla. In questo senso l'arte plastica è una forma di comunicazione "universale" che si fonda direttamente ed essenzialmente sulla costituzione psicofisica dell'uomo. Afferma Worringer: "... *la discussione deve essere sempre limitata ad una estetica della forma, e possiamo parlare di effetto estetico solo dove una esperienza interiore si muove all'interno di categorie estetiche generali ... L'oggetto artistico infatti assumerà carattere di necessità e di rispondenza a una legge interna solo in quanto si richiami a queste categorie, a questi elementari tipi di sensibilità estetica, che, anche se in diversa misura sono comuni a tutti gli uomini; ed è soltanto quel carattere a darci il diritto di fare dell'opera d'arte l'oggetto di analisi estetico-scientifiche*"[18]. La psicologia dell'arte è dunque intesa da Worringer come psicologia della forma.

Così il testo di Worringer, dopo l'estensione dell'orizzonte dell'arte oltre i limiti della tradizione classico-rinascimentale, incrocia un'altra questione topica per le avanguardie di primo Novecento, e cioè quella dell'autonomia dell'opera d'arte, con tutte le tematiche a essa connesse: la specificità dei mezzi artistici, lo spostamento dell'attenzione dal contenuto alla forma in quanto tale, l'opera d'arte come realtà-oggetto, ecc. Afferma Worringer: *"Le nostre indagini partono dal presupposto che l'opera d'arte, come organismo autonomo, si ponga dinanzi alla natura in posizione paritetica e, nella sua essenza più profonda e più intima, rifugga da ogni implicazione con essa, ove con natura si intenda la superficie visibile delle cose"[19]*. Conseguenza immediata è che le leggi della costruzione estetica riguardano relazioni formali interne all'opera nella sua autonomia: *"non è questione di analizzare le condizioni nelle quali un paesaggio reale appare bello, ma di analizzare le condizioni nelle quali la rappresentazione di quel paesaggio divenga un'opera d'arte"[20]*.

Il contenuto "narrativo" dell'opera è del tutto secondario nella considerazione estetica. Il limite dell'arte nordica in generale e dell'arte europea del XIX secolo è stato, per Worringer, proprio una ipertrofia della dimensione "letteraria"; l'arte ha perso di vista il proprio compito specificamente formale mettendosi al servizio del contenuto. *"Questo atteggiamento nei confronti del significato estetico della forma, errato sin dalle origini, ha predestinato i popoli nordici a tutta una serie di confusioni e di equivoci nelle questioni artistiche, e ha impresso a tutti i loro studi teorici il marchio dell'oscurità. La principale conseguenza sta appunto nel confondere un'emozione letteraria- che può essere suscitata tanto dalle arti figurative che dalle parole – con un effetto estetico. L'emozione letteraria si accende soltanto alla fiamma dell'argomento, ed è quindi arbitraria, mutevole e soggettiva; può essere raggiunta anche attraverso la pura e semplice imitazione della vita reale, che è sempre "interessante". L'effetto estetico invece può discendere soltanto da quello stato superiore della materia che chiamiamo forma, la cui essenza interiore risiede nella rispondenza a leggi precise, siano esse semplici e facilmente dominabili oppure differenziate come quelle che governano l'organico, delle quali possediamo solo una vaga nozione"[21]*.

Alla polarità Empatia-Astrazione sul piano dei bisogni psichici, corrisponde quella Naturalismo-Stile sul piano del linguaggio formale.

Worringer afferma che l'arte europea di tradizione classico-rina-scimentale, sotto il cui "incantesimo" è ancora l'estetica moderna, è tutta nel segno dell'Empatia. Ma, dalla sua ottica puro-visibilista, egli stabilisce all'interno di questa tradizione, una demarcazione netta fra quello che chiama "naturalismo" (che considera l'autentica incarna-zione artistica del bisogno di empatia) e una sorta di sua degenerazio-ne, quel realismo mimetico che, per mancanza di autentica sensibilità "estetica" arriva a equivocare il senso dell'arte, confondendola con la banale "imitazione della natura" la quale subordina alla fedeltà al mo-dello naturale i valori autonomi della forma.

Naturalismo non significa passiva imitazione della forma empirica nelle sue apparenze esteriori, ma tentativo di cogliere la natura come vita organica. Il suo scopo non sta *nell'imitare le cose del mondo esterno o nel riprodurre le loro parvenze, ma piuttosto nel proiettare all'esterno, in una in-dipendenza e perfezione ideali, le linee e le forme della vita organica, l'armonia del suo ritmo e tutta la sua essenza interiore, per fare di ogni creazione, per così dire, un palcoscenico alla libera attivazione del senso vitale"* [22]. Per il naturalismo l'i-mitazione della natura non è il fine dell'arte, ma il mezzo per arrivare a una certa idea di forma, la *forma organica*. L'apice di questo naturalismo è stato raggiunto nell'arte greca e nell'arte italiana del Cinquecento.

Worringer, in questo non diversamente dalla tradizione accade-mica, vede l'autentico spirito del classicismo nell'andare oltre la mera "imitazione della natura" intesa come dato empirico, ma con una dif-ferenza sostanziale. Quatremere de Quincy lo leggeva in chiave idea-li-stica, come ricerca di approssimazione al "tipo" concepito come una sorta di idea platonica. Worringer lo legge, in chiave psico-fisica, come uno sforzo di antropomorfizzare la natura, di creare forme plastiche che siano, con le loro linee, i loro volumi, l'incarnazione della vitalità organica, escludendo ogni elemento accessorio, puramente empirico/descrittivo o "letterario", e quindi di fatto "extra-artistico". Per lui l'o-biettivo del naturalismo classico-rinascimentale non è la pura *forma ideale*, come per il neoclassicismo, accademico ma la pura *forma organica*.

Il Naturalismo (ossia l'arte che nasce dall'Empatia) si manifesta nelle culture in cui, per certe circostanze storiche favorevoli, il rap-porto originario di paura verso il mondo esteriore lascia il posto a un rapporto di fiducia. La cultura greca dell'età classica e la cultura italiana del rinascimento maturo, con il loro razionalismo orientato verso l'immanenza, sono le grandi epoche dell'arte naturalistica. In esse la conoscenza razionale del mondo si occupa di dissipare i terrori primitivi presentando il mondo come *"universo comprensibile"*. Viene meno in tal modo il bisogno di astrazione, ossia il bisogno di portare, attraverso l'arte, ordine e chiarezza in un mondo minaccioso e incomprensibile. Osserva Worringer "*... acquisita e placata la sua volontà trascendentale nell'aspirazione alla conoscenza scientifica, il regno dell'arte si separa dal regno della scienza. E l'arte nuova che nasce è l'arte classica. Essa non è più, come la precedente, priva di gioia. E' diventata un'attività di lusso della psiche, un'attività di energie interiori sino ad allora inibite, emancipata da qualsiasi costrizione e finalità, dispensatrice di felicità. Il godimento che procura non consiste più nella rigida regolarità dell'astratto, ma nella piacevole armonia dell'esistenza organica*" [23].

Dunque per Worringer il Naturalismo rinascimentale, per quanto non possa più essere concepito come identico con l'arte stessa, ma solo come la manifestazione di uno dei suoi due poli (quello dell'empatia), è tuttavia fedele alla specificità dell'arte plastica in quanto fenomeno di natura essenzialmente formale, nel quale la dimensione del contenuto svolge un ruolo del tutto secondario.

Ma l'arte occidentale non è riuscita a mantenersi a questa altezza; il naturalismo si è ridotto a "realismo", l'arte come proiezione nella natura del senso della vita organica del soggetto, è stata confusa con la passiva imitazione della natura come dato oggettivo. Scrive Worringer: "*Si continuava infatti a sentire vagamente la potenza e la nobiltà di quell'arte, e poiché essa si era servita della realtà come di un mezzo artistico, nel senso più elevato del termine, i secoli seguenti, con il loro istinto artistico impoverito, furono inevitabilmente portati a vedere nel reale il criterio dell'arte, e via via a identificare quest'ultima con la riproduzione fedele della natura*" [24].

Il vero obiettivo della critica di Worringer, non è dunque l'arte classica in se stessa, ma il realismo ottocentesco come degenerazione del classicismo, figlio di un'epoca in cui il rapporto di fiducia fra uomo e mondo si trasforma in dominio dell'uomo sul mondo. La riflessione sull'arte come forma culturale diventa in modo naturale e necessario *Kukturkritik* (critica storica del rapporto fra civilizzazione e cultura). Al crescere dell'arroganza dell'uomo europeo, si accompagna un affievolirsi del senso estetico, una preponderanza del contenuto oggettivo sulla forma; si arriva così ad equivocare la natura dell'arte, al punto da pensarla come attività puramente imitativa. Ritroviamo qui un assioma per tutte le avanguardie storiche: l'arte non è "imitazione della natura" nel senso del realismo ottocentesco. Scrive Worringer "*Abbiamo dunque cercato di dimostrare che l'obliterazione della differenza fondamentale fra pura imitazione della natura e naturalismo artistico è conseguenza della errata o unilaterale interpretazione data dai posteri dei grandi periodi dell'antichità e del Rinascimento. Come genere artistico, solo il naturalismo- che culminò appunto nel Rinascimento e nell'antichità- rientra nella sfera dell'arte pura, ed è quindi accessibile alla valutazione estetica*"[25].

Se Worringer non critica il classicismo in quanto forma di arte, lo fa però in quanto teoria estetica. Il classicismo, con le sue pretese di universalità basate su un'estetica oggettivistica, ha coltivato il pregiudizio secondo cui l'arte classica incarnerebbe l'essenza universale dell'arte. Worringer esprime questo concetto in forma efficacemente aforistica: "*la nostra estetica non è nulla più che una psicologia del modo classico di sentire l'arte. Né più, né meno.* [...] *Alla fine tutte le nostre definizioni di arte, sono, in ultima analisi, definizioni dell'arte classica*"[26].

L'analisi di Worringer consente di districare due linee che si intrecciano confusamente in quel punto di vista unilaterale sull'arte che tanti, nei primi anni del XX secolo, sentivano il bisogno di superare: un pregiudizio teorico secondo cui i valori dell'arte classica sono valori assoluti; un equivoco sulla natura dell'arte, ridotta a mera imitazione della natura. Liberarsi da questa unilateralità significa uscire da questo duplice errore: recuperare in primo luogo una concezione dell'arte come fatto specificamente formale, uscendo dall'equivoco del realismo, ma poi comprendere che in questa nuova prospettiva, quella percorsa dal Naturalismo classico, basato sull'Empatia, è solo una delle strade possibili.

Il nome che Worringer attribuisce all'altra strada è "Stile". Il termine è da lui usato per indicare un modo di intendere la forma opposto rispetto al Naturalismo, con finalità e criteri di valutazione propri, basato sul bisogno di astrazione.

Il riferimento più diretto è *Der Stil* di Gottfried Semper. Worringer giudica l'architetto e teorico tedesco, al di là della rozzezza teorica dei suoi epigoni, "*un punto cardinale nella storia dell'arte*", non per la sua teoria materialistica dell'origine dell'opera d'arte, ma per la sua *"reazione all'estetica speculativa e all'estetismo "bel esprit" del secolo XVIII"* [27], quindi come pioniere di una valutazione storico-culturale dei fenomeni artistici.

Orientarsi nel mondo delle forme artistiche che fanno riferimento al paradigma dello Stile è come avventurarsi in un territorio sconosciuto per il quale non esistono ancora mappe. Scrive Worringer:" *Certo, abbandonando il binario consueto delle nostre idee ci inoltriamo in un terreno impervio e pieno di incognite. Non esistono sentieri tracciati né pietre miliari che servano ad orientarci. Noi stessi, anzi dobbiamo crearne avanzando con estrema cautela e correndo il rischio di farci guidare non da tesi, ma da ipotesi. Nella sfera dell'arte classica questa difficoltà non si presentava. In essa vedevamo realizzate, con la capacità del passato, le linee fondamentali proprie della nostra volontà. Superato il classicismo, però questo aiuto ci viene a mancare e dobbiamo andare alla scoperta di una volontà diversa, senza altro ausilio che un materiale muto e inerte"* [28]. In ogni caso Worringer propone una tassonomia di base dell'arte dello Stile, basandosi essenzialmente sulle analisi *puro-visibiliste* di Alois Riegl.

La manifestazione primordiale dello Stile è la forma geometrica totalmente astratta. Essa è la risposta istintiva al bisogno di astrazione che nasce da quella *"immensa agorafobia spirituale"* [29] che l'uomo primitivo sperimenta sentendosi solo nello spazio, alla mercé dei fenomeni del mondo esterno. La geometria, con la sua regolarità e il suo ordine, non è, in questo caso, il frutto di un processo intellettuale, e nemmeno il risultato dell'imitazione della regolarità di alcune forme naturali, ma la forma in cui, per una consonanza con *"le profonde radici della sua costituzione psico-fisica"*, l'uomo primitivo sente istintivamente appagato il suo bisogno di astrazione, accedendo ad una dimensione di assoluta certezza e stabilità. Questo bisogno di astrazione e non l'istinto imitativo, è per Worringer la prima vera manifestazione dell'arte nella storia dell'uomo: mentre l'istinto imitativo è una sorta di riflesso naturale, il bisogno di astrazione è un atto "culturale", è la manifestazione della volontà di fissare, attraverso la forma, una certa relazione fra uomo e mondo. Worringer ribadisce questa sua tesi nella prefazione all'edizione del 1959: *"La storia dell'attività artistica non aveva conosciuto ai suoi primordi alcuna forma di imitazione diretta, ma soggiaceva al predominio incondizionato di un fenomeno di pura espressione geometrico-astratta, creando così un linguaggio figurativo tale da escludere persino l'idea di un accostamento diretto alla natura. Sarebbe stato necessario un lungo e lento processo, condizionato dalla storia del pensiero, perché grazie ad un rapporto di crescente familiarità con la natura, il rigore di questa esclusione si trasformasse in una empatia per la natura e diventasse quindi impulso ad imitarla*[30]. Si riconoscono in questa idea di astrazione assoluta i temi del gruppo De Stijl e di Mondrian, a partire dal nome del movimento, al concetto di "riposo", fino al "tragico", come conflitto fra individuale e universale.

Al di là dell'astrazione assoluta vi è un ulteriore sviluppo dell'arte dello Stile, prodottosi nella maggior parte delle culture umane, una volta uscite dalla loro fase primitiva. Come il Naturalismo, questa seconda modalità dell'arte dello Stile è rappresentativa e non astratta, ma il suo fine e il suo rapporto con l'oggetto rappresentato sono, rispetto ad esso, totalmente diversi. Il fine non è esprimere la forma organica, produrre una immagine in cui godere della propria energia vitale oggettivata, ma eternizzare le cose, sottrarle alla temporalità, come dimensione del fluire incessante e della relatività, trasponendole su un piano di certezza, stabilità e chiarezza assolute. Di conseguenza il rapporto con l'oggetto è diverso: non immedesimazione antropomorfica, ma *"un conflitto fra l'uomo e l'oggetto naturale che egli cerca di strappare dalla sua temporalità e mancanza di chiarezza"*. Se nel caso dell'arte primitiva astrattamente geometrica abbiamo citato Mondrian come esempio di una corrispondenza con le avanguardie artistiche, notiamo qui come questo rapporto "conflittuale" con l'oggetto, che si cerca in qualche modo di portare a chiarezza, descriva bene un aspetto caratteristico di quella linea "formativa" dell'arte d'avanguardia, che da Cezanne, al Cubismo, al Purismo, va nella direzione dell'astrazione, ma senza mai abbandonare del tutto la rappresentazione.

Questo mutamento del fine della rappresentazione e del rapporto con l'oggetto, si è storicamente concretato in un diverso modo di concepire la forma rispetto al naturalismo, secondo due strategie complementari. Ancora una volta è Alois Riegl la guida di Worringer.

La prima strategia investe il tema dello spazio e del tempo. Abbiamo visto come all'origine del bisogno di astrazione vi sia una sorta di "agorafobia", un terrore dello spazio, inteso come la dimensione del divenire, dell'incessante mutare delle cose, sentita come gravida di oscure minacce. Solo sottraendolo allo spazio, l'oggetto potrà essere affrancato dalle vicissitudini della temporalità; solo sottraendolo alla relatività dei punti di vista, esso non sarà una parvenza continuamente variabile e sfuggente, ma diventerà una realtà oggettiva, certa ed eterna.

Se la prospettiva rinascimentale è la tecnica rappresentativa attraverso la quale il Naturalismo trova la piena realizzazione del suo ideale di conquista dello spazio, la riduzione al piano, la negazione della dimensione della profondità caratterizza, all'opposto, questa strategia dell'Astrazione. Essa non va intesa in senso letterale come riduzione della figura alla *silhouette*, ma come trasformazione delle relazioni di profondità in relazioni piane, anche in un oggetto tridimensionale. Per spiegare questo modo di concepire la forma Worringer ricorre ad un brano di Riegl: *"L'arte dell'antichità, che mirava a una riproduzione il più oggettiva possibile delle individualità materiali, doveva di conseguenza porre ogni cura nell'evitare la rappresentazione spaziale, in quanto negazione della materialità e dell'individualità. Non già che a quei tempi si fosse coscienti del fatto che lo spazio è soltanto una forma di percezione dell'intelletto umano; l'ingenuo tentativo di cogliere la sola materialità sensibile deve invece aver determinato la tendenza istintiva a ridurre al massimo la presenza dello spazio. Delle tre dimensioni spaziali in senso lato, le due di superficie, o piane, cioè l'altezza e la larghezza, sono indispensabili per poter dare un'idea dell'individualità materiale; per questo l'arte dell'antichità le ammette sin dall'inizio. La dimensione di profondità non sembra altrettanto necessaria a questo scopo, e poiché inoltre può offuscare la chiara impressione dell'individualità materiale, l'arte dell'antichità la sopprime per quanto è possibile. Le culture dell'antichità identificavano il compito dell'arte figurativa nel porre le cose, come fenomeni materiali individuali, non nello spazio, ma nel piano"*[31]. Dunque esistono, per la rappresentazione, strade diverse oltre il dogma della prospettiva rinascimentale. La teoria anche in questo caso corrobora le ricerche artistiche delle avanguardie. Infatti uno dei cardini della loro ricerca linguistica è la contestazione della validità assoluta della prospettiva rinascimentale e più in generale di una concezione "cartesiana" dello spazio, in vista di un modo diverso di intendere lo spazio pittorico.

La seconda strategia è quella della geometrizzazione della rappresentazione, sia nella forma più immediata ed esteriore della regolarizzazione dei contorni (approssimati a linee rette e curve regolari o forme geometriche elementari), che in quella che consiste nel basare la composizione su una struttura geometrica invisibile, capace di conferirle ordine e stabilità. Il riferimento più immediato tra le avanguardie è in questo caso alla pittura "purista", che pare quasi la trascrizione letterale, di questa strategia di oggettivazione mediante riduzione al piano, geometrizzazione dei contorni e impiego di tracciati regolatori.

4. *Per una "critica della cultura"*

Nell'appendice dal titolo *"Trascendenza e immanenza nell'arte"* Worringer riprende e inquadra le sue tesi in una prospettiva storico-mondiale. Ripercorriamo anche noi secondo questa prospettiva le tesi di Worringer.

In sintesi, l'arte, come ogni manifestazione della cultura umana, riflette un particolare rapporto fra uomo e mondo. Il bisogno di empatia e quello di astrazione sono i due poli dell'esperienza artistica umana proprio perché riflettono le due disposizioni fondamentali dell'uomo rispetto al mondo: fiducia/identificazione, diffidenza/paura. In linea teorica sono principi antitetici che si escludono a vicenda e *"la storia dell'arte rappresenta una incessante disputa fra le due tendenze"*. Il bisogno di empatia si incarna nell'arte del Naturalismo, quello di astrazione nell'arte dello Stile.

Naturalismo e Stile corrispondono alla grande distinzione fra la civiltà occidentale dell'immanenza e le civiltà orientali della trascendenza.

Il Naturalismo, nella sua forma più compiuta, è l'arte della civiltà occidentale nei suoi momenti di massima fioritura, cioè nelle epoche "classiche" della Grecia antica e nel Rinascimento italiano.

Ma la condizione della classicità rappresenta un momento di fragile equilibrio nel rapporto fra uomo e mondo: *"lo stato d'animo classico è sempre esistito quando nel grande confronto dialettico fra l'uomo e il mondo esterno si sono verificati quei rari e felici momenti di equilibrio in cui i due antagonisti si fondono in unum"* [32]. Questo vuol dire che, più che la "regola", esso costituisce una "eccezione" nella storia umana e che quindi *"Lo stato d'animo classico ... ha limiti più angusti di quanto la nostra arroganza europea voglia confessare"* [33]. Esso dipende da circostanze storiche particolari, che consentono all'uomo di acquisire fiducia nella possibilità di conoscere e controllare razionalmente il mondo. L'uomo esce dalla condizione originaria di paura nei riguardi di una realtà che appariva incomprensibile e incontrollabile, ma a prezzo di perdere il senso della trascendenza. In una cultura tutta orientata verso l'immanenza l'istinto artistico non si rivolge più all'essere permanente oltre il divenire, non cerca certezze in un mondo trascendente, ma manifesta la fiducia immediata nella realtà oggettiva delle cose, private (grazie alla scienza) del loro aspetto oscuro e minaccioso e riconosciute dall'uomo come simili a sé. La cultura classica compie in tal senso un processo di antropomorfizzazione cioè di *"trasferimento della vitalità organica propria dell'uomo su tutti gli oggetti del mondo fenomenico"*[34]. In una prospettiva storico-mondiale questo è un fenomeno specificamente europeo: *"La cultura orientata verso il mondo terrestre è infatti limitata all'Europa e ai paesi di civiltà europea. Solo in questo ambito l'uomo, pieno di fiducia in se stesso, ebbe l'ardire di identificare la natura reale delle cose con l'immagine che lo spirito si forma di esse, e di assimilare con felice ingenuità tutto il creato al proprio livello umano"*[35]. E' qui per Worringer il legame inscindibile fra classicismo, razionalismo e immanentismo.

Nella cultura e nell'arte orientali, nella loro ansia di redenzione, si manifesta una profondità, una "saggezza" superiore, una proiezione verso la trascendenza, che non è più frutto della ignoranza e della paura, come nell'uomo primitivo, ma della conoscenza. Scrive Worringer: *"La nostra alterigia europea si meraviglia nel vedere quanto poco essa* [l'arte classica] *sia penetrata in Oriente e fino a che punto sia stata assorbita dall'antica tradizione orientale. A chi provenga dalla grandiosità dell'arte monumentale egizia- che quasi trascende la nostra comprensione - e abbia anche minimamente percepito i suoi presupposti psichici, le meraviglie della scultura classica parranno a un primo sguardo – prima che abbia riscoperto quel diverso criterio e si sia abituato a un'atmosfera più distesa e più umana - il prodotto di una umanità più infantile e innocente, mai sfiorata dal grande terrore. E d'un tratto la parola "bello" gli sembrerà misera e insignificante. Né migliore è la condizione del filosofo, che con la sua educazione aristotelico-scolastica, affronti la saggezza orientale, scoprendovi, in funzione di ovvio presupposto, tutto quanto il criticismo europeo ha tanto faticosamente elaborato. In entrambi i casi si ritrae l'impressione che in Europa l'edificio sia stato eretto su una base più angusta e partendo da premesse più limitate"*[36].

Alla luce di queste considerazioni, una visione critica della modernità emerge come l'orizzonte del discorso di Worringer. Non sorprende allora l'immediato interesse per la tesi del giovane studioso da parte di un filosofo impegnato su questi temi come Georg Simmel. D'altra parte è lo stesso Worringer, nella prefazione all'edizione del 1948, a rendere omaggio a Simmel, del quale aveva seguito alcune lezioni a Berlino. Egli ricorda come l'idea fondamentale del suo saggio gli si fosse presentata per la prima volta nel corso di una visita alle collezioni d'arte extra-europea del museo del Trocadero a Parigi, nel corso di un pomeriggio in cui, per le stesse sale deserte si aggirava il filosofo tedesco.

La condizione moderna appare a Worringer in un tutta la sua ambivalenza, con i suoi rischi e le sue opportunità, come crisi di una vecchia visione dell'arte, ma allo stesso tempo possibile avvio di una fase nuova.

Il quadro di riferimento è chiaro: *"Con il Rinascimento furono tracciate le linee essenziali della fisionomia dell'uomo europeo"*[37]. Tutta la cultura moderna è fondata sull'ideale classico: *"paragonata con quella gotica, orientale antica, paleoamericana, ecc. l'umanità contemporanea, malgrado ogni differenziazione e superiorità di organizzazione, ha infatti in comune con l'umanità delle epoche classiche le linee fondamentali della struttura psichica, ed è quindi basata, con tutto il suo contenuto culturale, sulla tradizione classica"* [38]. Si tratta, come abbiamo visto, di una tradizione fondamentalmente immanentista e razionalista fondata sulla convinzione di poter conoscere e controllare la realtà. In questa sinergia fra conoscenza e trasformazione della realtà è il cuore del "progetto moderno" illuminista. Worringer riconosce in questa fiducia una componente di superficialità e di arroganza, che è il limite intrinseco della cultura occidentale rispetto a quelle orientali, basate sulla trascendenza.

Tuttavia ci sono stati momenti felici in cui questa civiltà ha colto nella bellezza organica, l'ideale "classico" di una relazione di equilibrio e armonia fra uomo e mondo. In questi momenti l'arte "naturalistica" dell'occidente ha incarnato, al livello più alto, uno dei due poli del fenomeno estetico, quello dell'Empatia.

L'errore dell'estetica moderna (ossia post-rinascimentale) è stato identificare quest'ideale classico con il concetto stesso di Arte, ricavando da esso criteri assoluti di valutazione, chiudendosi in un circolo vizioso che le ha impedito di riconoscere la pluralità delle espressioni artistiche umane: *"Se si convenisse di indicare con il gruppo fonetico arte soltan-*

to i prodotti che rispondono ai principi della nostra estetica scientifica, sarebbe necessario eliminare come non–artistico la maggior parte del materiale preso sinora in considerazione dagli studi di storia dell'arte".[39] Worringer ribadisce dunque con forza quanto affermato in *Astrazione ed Empatia*: *"Dobbiamo tentare di emanciparci da queste premesse, che per noi sono ovvie, se vogliamo rendere giustizia al fenomeno dell'arte non classica, cioè dell'arte trascendentale. Per l'arte che si colloca al di là del classicismo, infatti, creazione ed esperienza artistica costituiscono l'attività di una funzione psichica diametralmente opposta che, ben lungi dal perseguire con devota osservanza l'affermazione del mondo fenomenico, tenta di crearsi un'immagine delle cose che le trasporti al di là della fuggevole relatività della vita, in una sfera di necessità e astrazione"*[40].

La condizione della cultura europea contemporanea appare a Worringer ben lontana dall'equilibrio classico e non più all'altezza del suo ideale, né nella teoria, né nella pratica artistica. La riduzione dell'arte in termini meramente mimetici o edonistici, che caratterizza negativamente la concezione "moderna" dell'arte, è l'effetto di una degenerazione dell'ideale classico, in una società sempre più dominata da un razionalismo positivista. Con essa si rompe l'equilibrio fra soggetto e oggetto, ma la cosa più grave è che si propaga un equivoco sull'essenza dell'arte, non vista nella sua specificità di atto conformativo e ridotta a mera imitazione dell'oggetto o semplice espressione soggettiva della psicologia individuale.

Tuttavia Worringer guarda a questa concezione dell'arte come a qualcosa di già consumato, non più attuale. La modernità sta, secondo lui, evolvendo verso una condizione per certi versi affine a quella dell'uomo primitivo. E' in questa intuizione uno dei contributi più stimolanti del testo di Worringer. Sicuramente è un tema che dovette trovare immediata rispondenza nell'interesse crescente che la cultura artistica d'avanguardia mostrava verso l'arte dei cosiddetti popoli primitivi.

Per Worringer proprio la moderna razionalità critica (che si alimenta del criticismo kantiano), consapevole *"della povertà del conoscere razionalistico-sensorio"* [41] può farci riacquisire il senso dei limiti della razionalità, ovvero la consapevolezza che la realtà è qualcosa di molto più complesso, misterioso e sfuggente di quanto voglia farci credere un ingenuo realismo positivista. Cominciamo a comprendere che le cose non si riducono ai requisiti della loro "maneggiabilità", in termini pratici o teorici; che esiste una realtà "in sé" delle cose, che è la dimensione sconosciuta e profonda in cui si radica la nostra esistenza. Ritorna così, fattasi "adulta" attraverso l'evolvere critico della nostra conoscenza razionale, una consapevolezza che intuitivamente apparteneva all'uomo primitivo e ciò significa che vengono meno i fondamenti stessi del modo di essere classico e con essi quelli dell'arte del Naturalismo. Ma questo non è un regresso, quanto piuttosto la possibilità di una nuova epocale trasformazione della cultura occidentale. *"Con un paragone alquanto azzardato, potremmo dire che nell'uomo primitivo era prevalente l'istinto della "cosa in sé". La crescente padronanza intellettuale del mondo esterno e l'abitudine acquisita determinano l'ottundersi e l'offuscarsi di tale istinto. Soltanto dopo aver percorso, attraverso un'evoluzione millenaria, l'intero cammino della conoscenza razionalistica, lo spirito umano tornerà a provare, quale estrema remissione del sapere, il senso della "cosa in sé". Ciò che un tempo era istinto diviene prodotto ultimo della conoscenza."[42]* L'uomo primitivo, scrive Worringer, *"ha una nozione molto vaga della problematica e della relatività del mondo dei fenomeni. E' per istinto un critico della conoscenza. Il senso della "cosa in sé", che l'uomo, conscio e orgoglioso della propria evoluzione intellettuale ha perduto, e che risorgerà soltanto nella nostra filosofia come risultato ultimo della conoscenza scientifica, non esiste unicamente alla fine della nostra cultura spirituale, ma anche agli inizi. Tra questi due poli si svolge tutto il dramma dello sviluppo spirituale, un dramma che ci sembra grande solo fin quando non lo guardiamo da uno di essi. Allora tutta la storia della conoscenza spirituale e del dominio del mondo ci apparirà come uno sterile spreco di energie, un assurdo girare a vuoto. Allora ci sarà imposta l'amara costrizione di vedere l'altra faccia degli eventi, che ci mostra come ogni progresso dello spirito abbia resa più vuota e superficiale l'immagine del mondo, come ogni singolo passo si sia dovuto pagare con l'atrofizzarsi di un organo innato all'uomo, cioè della sua capacità di percepire l'imperscrutabile mistero della vita. Sia che si ritorni al punto di partenza sia che ci si collochi a quello di arrivo, che per noi è Kant, la nostra cultura classica europea ci appare sotto la stessa luce di grande problematicità"[43]*.

Per quanto l'origine di questa consapevolezza della "cosa in sé" sia diversa, si ripropone nella modernità una condizione affettiva fondamentale nei riguardi del mondo: quel sentimento di "angoscia" che l'uomo primitivo provava in quanto "gettato" nel mondo. *"Precipitato dalle alte vette del sapere, l'uomo si ritrova, come il primitivo, smarrito e indifeso di fronte all'immagine del mondo, dopo aver capito che "il mondo visibile in cui viviamo è opera di Maya, frutto di un incantesimo, parvenza labile e inconsistente, paragonabile all'illusione ottica e al sogno, un velo che copre la conoscenza umana, del quale è ugualmente vero e ugualmente falso dire che è e che non è (Schopenhauer, Kritik der Kantischen Philosophie)"* [44].

Alla fine, proprio questa condizione di angoscia nei riguardi di un mondo riscoperto come minaccioso e misterioso, dopo il tramonto delle illusioni positivistiche, è il nucleo a partire dal quale la modernità potrà ricominciare a creare arte nel senso pieno della parola.

Una volta riconosciuta la sostanziale inconsistenza e inaffidabilità del mondo oggettivo costruito secondo le leggi del nostro pensiero razionale, si riscopre il bisogno di astrazione , di una nuova arte dello Stile, come necessità di stabilire una relazione con le forze profonde con la struttura e l'ordine segreto del reale, oltre il naturalismo classico e il realismo ottocentesco. Così Worringer arriva a individuare, in questa sorta di sfiducia nella pretesa oggettività del mondo e della sua rappresentazione. una condizione spirituale specificamente moderna, uno dei nuclei generatori dell'arte contemporanea.

NOTE

[1] W., Worringer, *Abstraktion und Einfühlung*, München 1908, tr. it *Astrazione e empatia*, Einaudi, Torino 1976, p. 3.

[2] *Ivi*, p. 46.

[3] *Ivi*, p. 3.

[4] Premessa alla terza edizione , del 1910, in *Abstraction and empathy*, 1997, Ivan R. Dee, Publisher, Chicago, 1997, p. xxiii

[5] W., Worringer, *Astrazione e empatia*, op. cit., p. 136.

[6] *Ivi*, p. 3.

[7] *Ivi*, p. 51.

[8] *Ivi*, p. 137

[9] Estetica che non è nient'altro *"che una psicologia della sensibilità artistica classica. Né più, né meno"* *Ivi*, p. 134.

[10] *Ivi*, p. 26.
[11] *Ivi*, p. 53.
[12] *Ivi*, p. 143.
[13] *Ivi*, p. 53.
[14] *Ivi*, p. 138.
[15] *Ivi*, p. 30, nota 1.
[16] *Ivi*, p. 30.
[17] *Ivi*, p. 135.
[18] *Ivi*, p. 50.
[19] *Ivi*, pp. 25-39.
[20] *Ivi*, p. 25.
[21] *Ivi*, p. 51.
[22] *Ivi*, pp. 47-48.
[23] *Ivi*, p. 144.
[24] *Ivi*, p. 49.
[25] *Ivi*, pp. 51-52.
[26] *Ivi*, p. 141.
[27] *Ivi*, p. 30.
[28] *Ivi*, p. 136.
[29] *Ivi*, p. 36.
[30] *Ivi*, p. 12.
[31] *Ivi*, p. 58.
[32] *Ivi*, p. 138.
[33] *Ivi*, p. 140.
[34] *Ivi*, p. 138.
[35] *Ivi*, p. 140.
[36] *Ivi*, p. 64.
[37] *Ivi*, p. 48.
[38] *Ivi*, p. 134.
[39] *Ivi*, pp. 133-134.
[40] *Ivi*, p. 142.
[41] *Ivi*, p. 63.
[42] *Ivi*, p. 39.
[43] *Ivi*, pp. 139-140.
[44] *Ivi*, p. 39.

Georg Simmel : "Il conflitto della civiltà moderna"

1. *Il conflitto fra Vita e Forma*

György Lukàcs nel suo *Ricordo di Simmel*, scritto all'indomani della morte del sociologo e filosofo tedesco, lo definisce *"il più importante e interessante esponente della crisi in tutta la filosofia moderna"*[1]. La crisi di cui parla Lukàcs è lo *"spezzarsi e il dissolversi del quadro armonico dei valori ideali e culturali"*[2] che contrassegna i primi decenni del XX secolo nella cultura europea e in particolare in quella tedesca della società Guglielmina. Nel campo delle arti, questa condizione di perdita di certezze (lo "stato di confusione" a cui si riferisce Worringer in *Astrazione e empatia)*, è il terreno in cui attecchiranno le avanguardie storiche, prima fra tutte l'Espressionismo.

Sotto la spinta di una modernizzazione accelerata, avviata in Germania nell'ultimo quarto del XIX secolo, tutte le forme culturali tradizionali, dall'arte alla morale, dalla scienza alla vita sociale, entrano in crisi e sembrano perdere consistenza e valore. Simmel ne riferisce già come una sorta di luogo comune: *"In linea di fatto, i moralisti, i lodatori del buon tempo antico, gli uomini dal rigoroso senso di condotta hanno ragione quando lamentano la mancanza di forma dovunque in aumento nella vita moderna."* Ma poi aggiunge subito: *"Soltanto sfugge per solito ad essi che non si opera soltanto qualcosa di negativo, ossia la morte delle forme tradizionali, bensì queste sono spinte via da un impulso vitale assolutamente affermativo"*[3].

Sulla diagnosi di questa condizione di crisi si concentra l'ultimo scritto pubblicato in vita da Georg Simmel, *Il Conflitto della civiltà moderna* (1918). Si tratta del frutto estremo di una lunga riflessione sul conflitto fra Vita e Forme, un tema che fa da sfondo alle analisi da lui condotte sui più svariati aspetti della società moderna.

Questo piccolo testo fornisce una chiave, per l'interpretazione complessiva della modernità, senza pretendere di offrire soluzioni "pacificanti" alla sua intrinseca conflittualità. Ciò corrisponde allo stile del pensiero di Simmel, alieno da ogni prospettiva escatologica o filosofia della storia e, come scrive Jankélévitch, "*mobile e perpetuamente inquieto* [caratterizzato da] *un che di febbrile, di angosciato e di vibrante, specificamente moderno*"[4]. Ma corrisponde anche alla sostanza di questo pensiero, secondo cui la dimensione del conflitto è inerente alla vita, è la vita stessa, e pertanto è "*un pregiudizio da pedanti mummificati il ritenere che tutti i conflitti e i problemi siano là a bella posta per venire risolti*".[5]

Una "profonda e ineliminabile contraddizione" è l'oggetto centrale del testo di Simmel. Può essere riassunta nei seguenti termini: la Vita è un divenire incessante, ma solo fissandosi, imponendosi una relativa stabilità, in qualche modo negandosi, essa può conoscersi e padroneggiarsi e in questo modo evolvere dallo stadio animale a quello della civiltà. L'uomo infatti compie tale passaggio quando diventa capace di "creare", cioè quando la vita che è in lui (intesa come potenza ed energia, flusso in sé privo di forma), comincia a creare "forme" (linguistiche, sociali, religiose, economiche, tecniche, ecc.) nelle quali egli possa riconoscersi e coltivarsi. Per svolgere questa funzione le forme devono costituire necessariamente un riferimento "oggettivo" e stabile rispetto al fluire della vita. Si produce così una situazione paradossale che "*consiste nel fatto che la vita soggettiva, che noi avvertiamo nel suo scorrere incessante e che preme per un impulso interno verso la propria perfezione, non può raggiungere questa perfezione ... rimanendo in se stessa, ma solo percorrendo quelle forme divenute estranee e autonome nella loro cristallizzazione*"[6]. Per questo il conflitto fra Vita e Forme, è inerente al concetto stesso di civiltà; è quell'eterno conflitto "*in cui la vita, per sua necessità essenziale, precipita non appena essa è, nel più largo senso, civile e colta, vale a dire o creatrice o atta ad appropriarsi ciò che è stato creato. Questa vita deve o generare forme o muoversi entro forme. Noi siamo, sì immediatamente la vita, e con questo fatto si congiunge un sentimento, di cui non si può dare una più precisa descrizione, di essere, di forza, di moto verso una meta; ma noi tale sentimento possediamo solo nella forma che esso ogni volta assume, la quale ... nel momento del suo presentarsi, si mostra appartenente ad un altro ordine, fornito di diritto e significato attinti da sé, e che afferma e pretende un'esistenza sopravitale. Ma da ciò nasce una contrad-*

dizione rispetto all'essenza della vita stessa, alla sua dinamica fluttuante, ai suoi destini temporali, all'incessante differenziazione d'ognuno dei suoi momenti. La vita è indissolubilmente vincolata alla necessità di diventare reale solo in forma del suo opposto, il che vuol dire in una forma" [7].

Questa contraddizione costituitiva dell'idea stessa di civiltà, spiega il necessario mutare e il succedersi delle diverse forme di civiltà nella Storia. La vita si riconosce nelle "forme" di una certa civiltà fino a quando queste riescono a incanalare le forze che le hanno create. Ma mentre le forme restano stabili, la vita continua a evolvere. Arriva così un momento in cui essa non si riconosce più in quelle forme. Le sente inadeguate e costrittive. Comincia a eroderle e alla fine le sostituisce con forme nuove che intanto essa stessa aveva cominciato a creare. Qui risiede per Simmel *"la ragione prima del fatto che l'incivilimento ha una storia […] Il mutamento continuo dei contenuti della civiltà, e da ultimo dell'intero stile di questa, è l'indice, o piuttosto la conseguenza dell'infinita fecondità della vita, ma anche della profonda contraddizione in cui sta il suo eterno divenire e mutarsi, con l'obbiettiva validità e l'affermazione delle sue manifestazioni e forme, con le quali essa vive. Essa si muove fra morire e divenire, divenire e morire"* [8].

La modernità, in questa lunga storia dell'avvicendarsi delle civiltà, rappresenta un "salto di qualità", perché il conflitto si sposta ora su un nuovo piano: non più fra vecchie e nuove forme, ma fra la Vita e la Forma in quanto tale. *"Non è più lotta della forma oggi riempita di vita contro la vecchia divenuta priva di vita, ma lotta della vita contro la forma in generale, contro il principio della forma […] La vita sente la forma come tale quasi come alcunché di impostoli coattivamente, vuole infrangere, non questa o quella forma, ma la forma in generale, e assorbirla nella propria immediatezza, per porre se medesima al suo posto e lasciar scorrere la propria forza e pienezza così e solo coì come esse zampillano dalla sua fonte, per modo che ogni conoscenza, valore e formazione sia soltanto la diretta rivelazione della vita medesima"* [9].

E' questa la tesi centrale de *Il Conflitto della civiltà moderna*, da cui deriva immediatamente una domanda. Se è vero che la Cultura è il modo in cui una certa forma di Civiltà si fa strumento di formazione dell'uomo, quale può essere la cultura di una civiltà che neghi il principio della forma? Per Simmel il rifiuto della forma come tale, caratteristico della modernità, segna sicuramente la fine di quel modo di intendere l'uomo e la sua relazione con il mondo che si era riconosciuto nell'ideale classico di "educazione" dell'umanità, centrato sul principio della Forma assunto come criterio per la Vita. Secondo quell'ideale, una volta presupposta la fede in un ordine armonico del cosmo, la vita risultava vera e pienamente realizzata solo quando giungeva ad assumere una forma compiuta, perchè proprio questa compiutezza e armonia erano il segno della sua corrispondenza con l'ordine delle cose. La civiltà moderna è allora in questo senso totalmente "anti-classica". *Considerato dal più generale punto di vista della cultura"*, dichiara Simmel, *"questo moto nel suo insieme significa l'allontanamento dalla classicità quale assoluto ideale dell'umanità e dell'educazione. Poiché la classicità sta interamente sotto l'impero della forma, della configurazione ben definita e paga di sé, che sa di essere mediante la sua composta compiutezza la norma della vita e dell'opera"* [10]. Dunque per Simmel la crisi che la società europea sta vivendo, (l'età dell'Espressionismo in Germania), è il sintomo di una svolta epocale che investe le radici classiche della cultura occidentale. E' superfluo sottolineare la luce che queste considerazioni di Simmel gettano sul contesto sociale e culturale in cui si produce la crisi della concezione tradizionale dell'arte e la nascita delle avanguardie artistiche del primo Novecento.

Le tesi de *Conflitto della civiltà moderna* suscitano alcuni intrrogativi fondamentali lasciandoli aperti: perchè nel mondo moderno sta avvenendo questa sorta di salto di qualità? in prospettiva esso implica la fine o solo un mutamento radicale del concetto di Civiltà? E infine, immaginando pure una civiltà che possa fondarsi sul Divenire e non sull'Essere, sulla Vita e non sulla Forma, potrà arrivare questa a produrre una vera Cultura, anche se diversa da quella classica?

3. *Le cause della mutazione*

A proposito delle cause di questa sorta di "mutazione genetica", che rende la civiltà moderna diversa da tutte quelle che l'hanno preceduta, Simmel nel *Conflitto della civiltà moderna* si limita a fornire la seguente indicazione: *"Questa contraddizione* [il conflitto fra vita e forma] *diventa più flagrante e sembra più inconciliabile a misura che quella interiorità, che noi non possiamo che chiamare semplicemente vita, si fa valere nella sua pura energia senza forma, e a misura, d'altro lato, che le forme, nella loro rigida esistenza a sé stante e nella loro pretesa di possedere diritti imprescrittibili, si mettono avanti come il vero senso e valore della nostra esistenza: forse dunque a misura che cresce la civiltà"* [11].

Simmel indica qui, quasi di passaggio, la prospettiva storica secondo cui guardare al problema delle cause del conflitto fra Vita e Forma nella modernità, al di là di una sua trasposizione in termini metafisici, fornendoci una traccia per arrivare ad una possibile risposta. La negazione della Forma come tale da parte della Vita, va per lui letta in relazione a una tendenza opposta, che consiste nel porsi del mondo "oggettivo" come qualcosa di sempre più autonomo ed estraneo rispetto all'esistenza degli individui. In altri termini, la radicalizzazione del conflitto fra Vita e Forme è il risultato di una divaricazione fra "coscienza soggettiva" e "coscienza oggettiva", divaricazione la cui origine è nella natura stessa dei processi di modernizzazione.

Si tratta ora vedere come Simmel analizzi tale processo di divaricazione tipicamente moderno e se esso precluda o meno, la possibilità da parte della Civiltà moderna di dar vita ad una vera Cultura, per quanto diversa da quella classica. Per farlo ci riferiremo ad altri due testi precedono il *Conflitto della Civiltà Moderna*: (una sezione della *Filosofia del denaro*[12] del 1900 e il *Concetto e tragedia della cultura* del 1911).

2. Concetto e crisi della cultura

Cominciamo a considerare la seconda questione. In entrambi gli scritti viene ribadito quel concetto di civiltà che abbiamo visto alla base del *Conflitto della civiltà moderna*. La civiltà è quella fase dell'evoluzione umana oltre lo stadio naturale dell'animalità, che ha inizio quando l'uomo diviene capace di creare forme materiali e immateriali (utensili, opere d'arte, forme di organizzazione sociale, forme religiose, ecc.), in cui è condensato il contenuto valido delle cose, ossia quando prende forma una "cultura oggettiva" capace di costituire un riferimento stabile per la conoscenza e l'azione, sottratto all'incessante fluire della vita. Simmel sottolinea l'importanza decisiva di questa oggettivazione per la civiltà umana: "*con la oggettivazione dello spirito si raggiunge la forma che consente di conservare e accumulare il lavoro della mente: essa è la più importante e la più ricca di conseguenze tra le categorie storiche dell'umanità*"[13].

Ma la Civiltà in quanto "cultura oggettiva", non è ancora Cultura in senso pieno, così come non lo è, nell'individuo, la mera accumulazione di conoscenze e competenze. La Cultura nasce quando le forme oggettive prodotte dallo spirito, ritornano allo spirito alimentando la crescita personale, facendosi strumenti di "formazione" integrale dell'individuo, nella sua pienezza di vita. *"Le forme oggettivamente spirituali ... l'arte, il costume, la scienza e gli oggetti costruiti secondo un fine, la religione e il diritto, la tecnica e le norme sociali, sono stazioni che lo spirito deve percorrere per conquistare il proprio valore particolare, cioè la propria cultura"* [14].

La cultura è circolarità, reciprocità del rapporto fra soggetto e oggetto, fra Vita e Forme. Nel concetto di cultura di Simmel si esprime l'ideale di una sintesi, di una integrazione fra soggetto e oggetto, fra Forma e Vita, con l'individuo concreto il suo essere nel mondo e la sua formazione personale visti come fine ultimo.

Dunque le forme della cultura materiale e spirituale, per quanto complesse e progredite, hanno un valore realmente culturale solo nella misura in cui sono finalizzate alla formazione e alla crescita dell'individuo, mantenendo con esso un rapporto di "commensurabilità".

L'ideale classico di educazione dell'umanità, basato sul principio della forma stabile, compiuta e autosufficiente, del cui tramonto parla nello scritto del 1918, è per Simmel una incarnazione storica di questo concetto di cultura, ma non l'unica possibile. L'idea di cultura di Simmel si muove in una prospettiva "relativista". Alla luce della infinita fecondità creatrice della vita, della sua continua distruzione e creazione di forme, l'equilibrio fra soggetto e oggetto, fra vita e forma, non può essere che provvisorio e relativo, pronto a venir meno e ristabilirsi continuamente su basi nuove.

Ma il cosiddetto "relativismo" di Simmel non è affatto una sorta di scettica indifferenza verso i valori e le forme culturali, quanto una ipotesi epistemologica che riecheggerà alcuni decenni dopo nel pensiero di Michel Foucault. Simmel, partendo dal neo-kantismo, riconosce la necessità di forme *a priori* della conoscenza, ma queste per lui, al contrario di quanto voleva Kant, non sono universali, legate all'invariabilità della natura umana, ma sono un prodotto della storia. Scrive Jankélévitch: *"Il compito del relativismo consisterà allora nell'alleanza fra il formalismo kantiano, che afferma energicamente e a buon diritto l'indispensabile primato dell'a priori, tanto nel campo della ragion teorica, quanto in quello della ragion pratica, con un empirismo, storico-sociale che, riabilitando i contenuti, si impegnerebbe soprattutto a mostrare che essi reagiscono sulle forme che la ragione impone loro"* [15].

Per Simmel ogni enunciato individuale si produce a partire da una certa idea di verità, che costituisce un campo di possibilità in qualche modo precostituite che lo limita, ma senza il quale non potrebbe essere riconosciuto come vero o falso, dotato o meno di senso. Tale modo di intendere la verità è per il soggetto un *a priori*, ovvero il presupposto a partire da cui egli pensa e conosce il mondo. Ma esso muta nel tempo e da una cultura all'altra: è un *a priori* "storico". In *Filosofia del denaro*, Simmel scrive: " *il nostro conoscere in ogni attimo è parte di un complesso di conoscenze che è solo idealmente disponibile, ma che ci viene offerto e che richiede di venir realizzato a livello psichico [...] in ogni azione abbiamo una norma, una misura, una totalità idealmente prefigurata al di sopra di noi, che proprio mediante questo agire viene tradotta nella forma della realtà [...] Il fatto che chiamiamo necessarie le nostre conoscenze, cioè il fatto che esse, in base al loro contenuto possono essere soltanto in un modo, esprime solo diversamente quello stato della coscienza in base al quale le avvertiamo come realizzazioni psichiche di quel contenuto idealmente stabilito.* "[16]

Dunque i valori e la verità hanno una storia. Il fatto che per un soggetto, all'interno di una certa cultura, la conoscenza abbia solo un modo per essere vera, *"non significa affatto che esista un'unica verità. [...] Ad ogni cambiamento della struttura mentale si modifica il contenuto di questa verità, senza che per questo persista meno oggettivamente o meno indipendentemente da ogni processo di consapevolezza che si sviluppi in questo intelletto [...] ogni singola conoscenza è il farsi consapevole di qualcosa che è già valido e stabilito nella concatenazione oggettivamente determinata dei contenuti della conoscenza"* [17].

Nel *Conflitto della civiltà moderna* questa sorta di "storia della verità" è tratteggiata alla luce dell'idea di *"concetto centrale"*.

In ogni civiltà *"dai caratteri nettamente scolpiti"*, tutta la vita spirituale, in tutte le sue manifestazioni, è soggetta a un *concetto centrale*, che è una sorta di *"re nascosto"*, nel quale si esprime il fondamentale punto di vista dal quale quella civiltà guarda il mondo. Questo *concetto centrale* è il punto di equilibrio nel conflitto fra Forme e Vita, fra soggetto e oggetto grazie alla paradossale convergenza che in esso si rende possibile, dell'essere con dover essere, *"dell'elemento assoluto e metafisico della realtà, col più elevato valore, con l'assoluta esigenza verso di noi e verso il mondo"*, in altri termini delle esigenze della Forma con quelle della Vita. Nell'epoca classica della Grecia questo "concetto centrale" era quello di *Essere*, nel Medioevo cristiano il concetto di *Dio*, nel Rinascimento quello di *Natura*, nel XVIII secolo quello di *Legge di natura*, nel XIX secolo quello di *Società*.

In questo senso ogni epoca può avere il suo momento "classico", raggiungere quel fragile e provvisorio equilibrio grazie al quale una certa forma di civilizzazione diventa Cultura. È il momento straordinario in cui, alla luce di un particolare *concetto centrale*, ogni forma oggettiva della vita esteriore (uno strumento di lavoro, un'opera d'arte, una forma di culto, una relazione economica, ecc.) pare illuminarsi di un senso, di una valenza interiore e insieme oggettiva, contribuendo alla realizzazione vitale degli individui.

Se la Cultura autentica è integrazione, appare allora chiaro come il processo di divaricazione fra dimensione soggettiva e oggettiva in atto nella società moderna, vada in direzione diametralmente opposta.

Strettamente legata a questo fprocesso in atto nella modernità è la difficoltà ad identificare un concetto centrale attorno a cui tale integrazione dovrebbe oggi compiersi. Non sta succedendo come sempre in passato, che un concetto centrale in fase di declino venga in qualche modo "scalzato" da quello successivo in formazione. Simmel riscontra come ormai da tempo sia palpabile nel mondo contemporaneo il senso della mancanza di un tale concetto generale: *"almeno da una serie di decenni, non viviamo più sotto una qualsiasi idea comune, anzi in larga misura nemmeno sotto un'idea generale.... Se si chiedesse oggi agli uomini delle classi colte sotto quale idea essi realmente vivano, i più darebbero una risposta specializzata, ricavata dalla loro professione; ma ben raramente si sentirebbe accennare a un'idea propria del nostro incivilimento che domini sugli uomini colti nella loro totalità e su tutte le loro attività particolari"*[18].

Ma a ben guardare, osserva, proprio questa mancanza è il sintomo dell'affermarsi di un nuovo, anomalo, concetto centrale, quello di Vita, il cui predominio si manifesta con effetti di dissoluzione e frammentazione piuttosto che di unificazione. Con il passaggio al XX secolo: *"il concetto della vita tende a conquistare il posto centrale in cui hanno il loro punto di scaturigine e di incontro la realtà e i valori, tanto metafisici, quanto psicologici, tanto etici, quanto artistici"*[19]. Nelle filosofie di Schopenhauer e Nietzsche, anche se in termini valutativi diametralmente opposti ("disperazione sulla vita" nel primo o "esultanza per la vita" nel secondo), si preannuncia, già nel corso del XIX secolo, questo passaggio che nella società europea comincia ad avvertirsi dall'inizio del XX secolo: *"il concetto della vita è il punto d'intersecazione d'entrambe le opposte linee di pensiero che hanno tracciato i confini alle soluzioni fondamentali della vita moderna"*[20]. Per i due filosofi tedeschi la questione capitale diventa *"che cosa significa la vita, qual è il suo valore semplicemente come vita? Circa la conoscenza e la morale, circa l'io e la ragione, circa l'arte e Dio, circa la felicità e la sofferenza, essi possono investigare solo dopo che abbiamo risolto quel primo enigma, e la soluzione di esso decide di tutti i problemi. Solo quel fatto primordiale che è la vita dà a tutto significato e misura, valore positivo o negativo"[21].*

Ma la Vita non è, e non può essere, un "concetto centrale" come gli altri. Quello che si sperimenta nei primi decenni del XX secolo è per Simmel un *"complessivo malessere della civiltà"*, nel duplice senso che la civiltà è insieme il malato e la malattia.

La condizione paradossale che Simmel vede emergere sotto i suoi occhi è quella di una civiltà che vorrebbe coagularsi attorno a un concetto che, una volta affermato come assoluto valore, negherebbe la possibilità della civiltà così come è esistita fino a quel momento, ossia come produzione di forme stabili, e dunque renderebbe impossibile il nascere di una Cultura in senso pieno, come equilibrio e sintesi fra soggetto e oggetto, fra Vita e Forme.

In passato il potenziale distruttivo della Vita rispetto alle vecchie Forme era l'altra faccia del suo potenziale creativo rivolto alla produzione di Forme nuove che sostituivano le vecchie. Ora la Vita, piuttosto che come creatrice, si manifesta come forza puramente "negativa" rivolta a costruire una civiltà libera da ogni forma che possa limitare il suo libero espandersi e fluire. Un'aspirazione, che secondo le premesse di Simmel, non può che essere utopica e che rischia di risolversi in velleitaria e inconcludente gesticolazione, come traspare nei capitoli centrali del *Conflitto della Civiltà moderna* dedicati da Simmel all'analisi dei nuovi fenomeni della vita culturale e sociale, emersi nei primi anni del nuovo secolo.

4. La "coscienza soggettiva"

Il primo campo a essere preso in considerazione è quello dell'arte, a cui seguono quelli della filosofia, dell'amore e della religione. I fenomeni in corso nel campo dell'arte hanno un valore emblematico, proprio per la centralità che il concetto di forma ha nella teoria e nella pratica dell'arte. Fra le nuove tendenze artistiche è l'Espressionismo la sola che appare a Simmel *"emergere con qualche determinabile unità e chiarezza"*.

Per Simmel in ogni autentica creazione umana (a differenza dei prodotti di processi meccanici) vi è di più di quanto trapassi nella sua forma. L'opera è solo una parte della vita che l'ha generata; non la include, ma è sempre inclusa in essa, riceve da essa il suo senso ultimo. Nelle forme dell'arte, della metafisica, della religione, qualcosa che è oltre la loro forma specifica vuole manifestarsi, *"alcunché di più profondo, di più vasto, zampillante da scaturigini più nascoste"*.

Per essere vera rispetto alla vita, ogni forma creata dall'uomo deve dunque rimandare in qualche modo al di là di sé, essere consapevole dei propri limiti, essere in grado di riconoscersi in una verità più inclusiva, arrivare fino a includere la propria negazione. *"E' uno dei tipici paradossi dello spirito (paradossi che il comodo ottimismo della superficialità usa negare) questo,"* afferma Simmel," *che molte metafisiche non sarebbero così vere in quanto simbolo di vita o espressione del rapporto tra un tipo d'uomo e la totalità dell'essere, se fossero vere in quanto "conoscenza". Forse anche nella religione c'è qualcosa che non è religione, un alcunché di profondo al di là di essa, che fa sì che essa spezzi le sue forme concrete nelle quali tuttavia essa è realmente religione e si manifesti come eresia e apostasia"* [22].

Anche nell'opera d'arte c'è una vita che si vuole manifestare oltre la forma, ma il grande valore dell'arte di qualsiasi orientamento sta proprio nel fatto che essa *"raccoglie questo alcunché, lo conduce alla manifestazione, lo rende avvertibile"*. L'opera d'arte veramente riuscita vive proprio di questa tensione fra Forma e Vita.

Classici, come abbiamo visto, sono per Simmel quei rari momenti di fragile equilibrio nell'eterno conflitto fra Vita e Forma, nei quali alla pienezza di entrambe corrisponde il massimo della loro integrazione. Le grandi opere classiche sarebbero quelle in cui *"una forma, completa e significante in sé puramente come forma, fosse l'espressione pienamente adeguata di quella vita immediata e le si adattasse come una cute formatasi organicamente"* [23].

Ma sono sempre esistite anche opere dalla forte tensione "anticlassica" in cui l'elemento della vita *"contraddice, anzi distrugge, la forma dell'arte"* arrivando a esprimersi per suo conto, al di là della forma stessa. E' il caso dell'ultimo Beethoven o di Van Gogh, secondo Simmel.

Ma quello che in questi casi è uno squilibrio che nasce dalla potenza di un contenuto vitale stripante, negli espressionisti diventa un programma consapevole di sé, spinto fino alle estreme conseguenze, programma che Simmel sintetizza in questi termini: *"il significato dell'espressionismo è questo, che l'interna commozione dell'artista si prosegue nell'opera, o, meglio ancora, come opera, del tutto immediatamente così quale viene vissuta"*[24].

La sola regola dell'Espressionismo è negativa: a nessuna "forma" oggettiva è consentito di limitare il processo espressivo, ostacolando, irrigidendo, falsando il flusso vitale. Come il contenuto dell'opera non è un oggetto da imitare, ma un sentimento interiore da esprimere, così questo stesso sentimento è la sola regola dell'opera nel suo farsi, fuori da ogni norma o codice. Dunque nell'arte dell'Espressionismo la Vita rifiuta la Forma nel duplice senso, di modello e di regola.

La liberazione dalla costrizione di ogni forma, spinta con coerenza all'estremo, tende secondo Simmel verso l'abbandono dell'oggetto, verso l'astrazione; e anche se il riferimento agli oggetti esteriori permane negli espressionisti, esso più che altro vale come stimolo, occasione per attivare un processo interiore che procede per una strada propria, senza alcuna intenzione mimetica. D'altra parte l'opera stessa come oggetto concreto, persa ogni autonomia rispetto alla vita di cui è il tramite, è a rigore, per gli espressionisti, solo una "esteriorità inevitabile".

Così l'arte espressionista, nella sua pratica concreta, è posta di fronte alla contraddizione fondamentale della civiltà moderna: come può continuare a esistere, come tale, una civiltà che neghi ogni forma? In questo caso specifico il problema diventa: come può continuare a esistere un'arte (attività per definizione produttrice di forme) il cui principio guida sia l'immediata espressione della vita come forza che trascende ogni forma particolare?

Per l'arte, come per la civiltà nel suo insieme il problema si pone negli stessi termini: andare oltre l'ideale classico della Forma come criterio per la Vita è possibile e forse anche necessario, ma fare a meno della Forma come tale non è forse soltanto una pericolosa utopia?

L'unica possibilità è accettare il paradosso di una forma artistica che neghi se stessa contestando i valori che la tradizione classica occidentale ha associato al concetto di forma, come la compiutezza, l'armonia, l'autosufficienza e stabilità, ecc. Simmel indica due modi in cui la forma può realizzare tale obbiettivo.

Il primo è quello della forma *"spezzettata, inuguale, quasi costituita di frammenti"*[23], che egli riconosce come il segno del predominio della vita ormai libera dalle costrizioni della forma, nelle opere della vecchiaia dei grandi artisti. Sono opere in cui la forma rifiuta di solidificarsi, di acquistare consistenza.

Il secondo consiste in quel mutamento di statuto della forma, da forma rappresentativa a espressiva, in effetti già annunciato nella teoria dell'*Einfühlung* . La forma, persa ogni autonomia, diventa "gesto"; la vita al tempo stesso ne è contenuto e principio generativo, come in nell'impronta di un piede, o nel tracciato di un sismografo. Simmel in questo riconosce una possibilità che appartiene all'arte in generale, oltre le tendenze espressioniste in senso stretto " *Volentieri mi raffigurerei il modo con cui nel pittore espressionista (e in guisa analoga, per quanto non esprimibile in forma così semplice, in tutti gli altri artisti) si effettua la creazione, come se la sua commozione psichica si prolungasse senz'altro nella mano che tiene il pennello, alla stessa maniera che il gesto esprime l'interna emotività e il grido di dolore; come se i movimenti con cui essa commozione si esprime le obbedissero senza resistenza, cosicché l'immagine che finisce per trovarsi sulla tela sia l'immediato precipitato della vita interiore, che non ha lasciato penetrare nel suo svolgimento nulla di esterno e di estraneo"* [25].

5. La *"coscienza oggettiva"*

Se le aspirazioni dell'epoca, come mostra la fenomenologia della modernità abbozzata da Simmel, sono tutte orientate non solo contro le vecchie forme culturali, ma contro ogni forma possibile, che ne è in questo momento della cultura oggettiva? Si potrebbe pensare a una sua dissoluzione a opera di pulsioni vitali scatenate, ma in realtà sta avvenendo esattamente il contrario: mentre nella cultura del soggetto si afferma il valore assoluto della Vita contro qualsiasi forma, la cultura degli oggetti diventa sempre più autonoma e indifferente, potente ed estranea rispetto agli individui. Questo discorso investe direttamente la questione centrale del rapporto fra Civilizzazione e Cultura: una società altamente civilizzata come la nostra (in termini "oggettivi" di risorse e strumenti materiali) è già per questo creatrice di Cultura, o proprio questi processi vanno in direzione opposta alla possibilità della nascita di una vera Cultura?

Nel mondo moderno l'individuo ha a che fare con oggetti, ma anche nozioni e concetti, che accetta come scatole chiuse il cui contenuto non gli è accessibile. *"Come la nostra vita esterna viene invasa da un numero sempre crescente di oggetti il cui spirito oggettivo, lo spirito impiegato nel processo di produzione, neppure lontanamente concepiamo, così la nostra vita interiore e di relazione ... è riempita di strutture che sono divenute simboliche, strutture nelle quali è cumulato un ampio contenuto intellettuale, ma lo spirito individuale ne utilizza di solito solo una minima parte*". La "cultura delle cose" non è più la cultura del soggetto, né a essa in qualche modo "commensurabile": "*le cose che oggettivamente riempiono e circondano la nostra vita, gli utensili, i mezzi di comunicazione, i prodotti della scienza, della tecnica, dell'arte, sono oltre ogni dire "coltivate"; ma la cultura degli individui... non è assolutamente progredita nella stessa misura, anzi spesso è regredita*" [26] e si può affermare che "*la macchina è divenuta molto più spirituale del lavoratore*".

La causa di questo fenomeno è individuata da Simmel nella "divisione del lavoro", espressione con la quale egli intende, nel senso più ampio, sia i metodi di produzione industriale basati sulla frammentazione del processo produttivo, che la specializzazione sempre più spinta nel campo della produzione culturale. Così come il prodotto industriale è una realtà oggettiva indipendente dalla personalità del singolo lavoratore; come la merce di un grande magazzino non ha nessun legame personale con il suo acquirente, e anzi lo disorienta con la sua quantità e continua variazione in funzione della moda; così come quotidianamente usiamo oggetti tecnologici di cui ci sfuggono completamente i princìpi e i meccanismi di funzionameto; così nel lavoro intellettuale, orientato alla massima specializzazione, l'oggetto di studio è sempre oltre le possibilità personali di conoscenza e verifica dieretta da parte di un singolo studioso. La nostra civilizzazione spezza, a ogni livello, il legame personale, di reale appropriazione fra l'individuo e le cose: "*Il processo di oggettivazione dei contenuti della cultura, che spinto dalla specializzazione, crea tra il soggetto e i suoi prodotto una estraneità sempre crescente, si insinua sin negli aspetti intimi della vita quotidiana*" [27].

Con il progredire della civilizzazione, la "cultura oggettiva", cioè il mondo degli oggetti (da quelli d'uso prodotti dall'industria a quelli "culturali") finisce per porsi di fronte all'individuo come una realtà autonoma, che si sviluppa e prolifera secondo leggi proprie, senza più relazione con il suo vero fine culturale: la "formazione del soggetto".

Se la vera cultura è caratterizzata da una circolarità nel movimento fra soggetto e oggetto, fra l'uomo e i suoi prodotti culturali ; se "*tutta la ricchezza contenuta in questo concetto si basa sul fatto che forme oggettive, senza perdere la loro oggettività, vengono comprese nel processo di compimento dei soggetti come loro via e loro mezzo*"[28], ora si sta andando in direzione opposta. Le forme oggettive si avviano lungo la "tangente" di una specializzazione tagliata fuori dalla vita, nell'auto-fruizione di una tecnica che non trova più la via verso il soggetto. Esiti tipici di questa tendenza sono l'emergere di un *feticismo delle merci* nel campo della produzione materiale e di un *feticismo del metodo* nel campo della produzione intellettuale.

Il movimento reciproco di divaricazione fra Vita e Forma, sembrerebbe indicare che la modernità non solo si sta allontanando dalla propria eredità classica, ma più in generale dalla possibilità di ricostituire una Cultura che abbia l'uomo come proprio fine ultimo. E questa *"discrepanza fra cultura oggettiva e soggettiva"* si manifesta inizialmente nel mondo moderno, prima ancora che come negazione di ogni forma da parte della Vita, proprio come sperdita della misura, sproporzione fra il mondo oggettivo e la possibilità da parte del soggetto di appropriarsene, di fare una reale esperienza utile per la sua formazione individuale. Questo processo per cui la Civilizzazione col suo progredire finirebbe per distruggere la possibilità della nascita di una vera Cultura (e quindi vanificare il suo fine ultimo) è ciò che Simmel chiama la "tragedia della cultura".

"L'eccessiva specializzazione che oggi si lamenta in tutti i campi del lavoro e che tuttavia sottomette alla propria legge il loro ulteriore sviluppo quasi con demoniaca inesorabilità, è soltanto una forma particolare di quel destino generale degli elementi della cultura in base al quale gli oggetti hanno una propria logica di sviluppo [...] in conseguenza della quale si allontanano dalla direzione con cui potrebbero inserirsi nello sviluppo personale delle anime umane [...] l'uomo da questo momento non è che il vettore della costrizione con cui questa logica domina gli sviluppi e li sospinge oltre, quasi nella tangente alla direzione con la quale ritornerebbe allo sviluppo culturale dell'uomo vitale. Questa è la vera tragedia della cultura. Infatti un destino tragico, diversamente da una triste sorte o da una sorte che derivi dall'esterno la propria rovina, è caratterizzato in questo modo: le forze distruttrici dirette contro un'entità scaturiscono proprio dagli strati più profondi di questa entità e con la sua distruzione si compie un destino che era innato in essa e che costituisce lo sviluppo logico della stessa struttura con cui l'entità ha costruito la propria positività. Che lo spirito crei un'oggettività indipendente, attraverso cui il soggetto si sviluppa verso se stesso a partire da se stesso, è il concetto di ogni cultura; ma proprio in questo modo quell'elemento integrante, determinante della cultura, è predeterminato ad uno sviluppo autonomo che continua a consumare le forze dei soggetti e a trascinare i soggetti con sé senza portarli a proprio livello: lo sviluppo dei soggetti non può percorrere la via presa dallo sviluppo degli oggetti: tuttavia

seguendo quest'ultima , finisce in un vicolo cieco o nel proprio vuoto interiore"[29].

6. *Le spinte verso la divaricazione*

Che relazione è possibile stabilire fra il predominio della cultura oggettiva e il rifiuto del principio della Forma da parte della Vita nella società moderna? Mentre le cause del predominio della cultura oggettiva sono chiaramente individuate (nei testi citati del 1910 e del 1911) nell'affermarsi in ogni campo del principio della "divisione del lavoro", quelle della volontà di assoluta emancipazione della Vita dal predominio della Forma sono vagamente indicate (nel 1918) come l'effetto del "progredire della civiltà" e di una crescente consapevolezza di sé da parte della vita. Come esempio Simmel cita (a proposito della questione femminile e della crisi della forma tradizionale di famiglia) l'affermarsi nelle società moderne del diritto di autodeterminazione dell'individuo, fuori da ogni schema ascrittivo di tipo tradizionale.

Come abbiamo visto, in questa affermazione di principio a favore della Vita vi è una radicalità che dissolve non solo ogni forma passata, ma che si oppone anche alla creazione di ogni forma futura. Il problema è che la Vita che afferma il proprio libero fluire come valore assoluto rifiutando di crescere nella continua dialettica con il limite posto da un mondo di forme oggettive, è in realtà una vita "dimezzata", forza solo distruttiva che ha perso la propria dimensione creatrice e costruttiva, che rischia di finire *"in un vicolo cieco o nel proprio vuoto interiore"*[30].

A questo punto si intravede una prima possibile connessione diretta fra i due poli della divaricazione della cultura moderna: una volta perduta la relazione vitale con le cose, costretto a vivere in un mondo sentito come estraneo, l'uomo moderno è incapace di un'autentica creatività perché la sua vita sommersa dagli oggetti ma, senza un rapporto autentico e umanamente formativo con nessun oggetto, non può che "girare a vuoto". In tal senso l'affermazione tipicamente moderna della Vita come valore assoluto contro il principio della Forma nascerebbe paradossalmente da un inaridimento della facoltà creatrice della Vita, privata del suo rapporto "fisiologico" con il mondo oggettivo. Si nega la Forma come principio perchè non si è più in grado di produrre forme dotate di vero senso per l'uomo. Questa sorta di passività e mancanza di creatività si manifesta sia nella psicologia individuale che nella cultura in generale.

L'individuo diventa sempre più meramente ricettivo. Si configura quella psicologia dell'abitante della metropoli che reagisce con una sorta di ottundimento all'eccesso di stimoli. Scrive Simmel *"Ciò che lamentiamo come l'inutile aggravio della nostra vita con mille cose superflue, come la continua "stimolazione" dell'uomo di cultura, che tuttavia non viene stimolata ad un'autonoma creatività, come la mera conoscenza e il mero godimento di mille cose che il nostro sviluppo non può assimilare e ne costituiscono piuttosto la zavorra: tutti questi specifici dolori culturali, spesso formulati, non sono altro che i fenomeni di quell'emancipazione dello spirito oggettivato. La sua esistenza significa appunto che i contenuti culturali seguono una logica, indipendente dal loro fine culturale, che conduce sempre più lontano da questo fine, senza che la vita del soggetto sia liberata da tutto ciò che è divenuto qualitativamente e quantitativamente inadeguato"* [31].

Alla scala delle civiltà ritroviamo qui un tema che Nietzsche aveva già evidenziato, ossia il pericolo che, per la creatività di una cultura, rappresenta l'ipertrofia della coscienza storica. Le diverse culture della storia con le loro forme estetiche, sociali, religiose, ecc. ci si presentano ormai solo come opzioni alternative, ma di fatto per noi indifferenti. Siamo nella condizione di avere tutto, ma di non possedere niente. *"Sorge così la tipica situazione problematica dell'uomo moderno: la sensazione di essere circondato da un'infinità di elementi della cultura, che non sono insignificanti, ma fondamentalmente nemmeno significativi, che nella loro massa hanno qualcosa di soffocante, perché l'uomo non può assimilare nella propria interiorità ogni singolo contenuto, ma nemmeno limitarsi a rifiutarlo. Perché appartiene potenzialmente alla sfera dello sviluppo culturale"* [32]. In termini diversi il concetto è ribadito, nel *Conflitto della civiltà moderna*, come possibile spiegazione della incapacità della civiltà moderna di produrre nuove forme stabili: la convinzione di doversi contrapporre alla forma come tale *"è possibile solo in un'epoca in cui le forme di civiltà in generale suscitano la sensazione di un terreno esausto che ha dato quello che poteva dare, mentre esso è tuttavia interamente coperto dai prodotti della sua precedente fecondità"* [33].

A distanza di quasi un secolo queste analisi di Simmel, non possono non richiamare alla mente questioni ormai ampiamente note e dibattute.

Da un lato il tema dell'alienazione dell'uomo moderno immerso in un mondo di oggetti (materiali e immateriali) sempre più invasivo e estraneo; lo squilibrio fra progresso tecnico-scientifico e reale progresso umano e culturale con una sorta di inversione di quello che dovrebbe essere il "naturale" rapporto fra mezzi e fini; le tendenze autodistruttive di una civilizzazione tutta squilibrata verso la dimensione "oggettiva" dello sviluppo; una civiltà moderna che è in grado solo di consumare le culture del passato, senza riuscire a produrre una vera cultura, orientata verso l'uomo come suo fine, ecc.

Dall'altro l'emergere di una condizione di instabilità e frammentazione, come condizione "permanente" di una modernità, guidata da forze che non accettano in linea di principio il concetto di limite e quindi di forma[34]; dominata dai meccanismi di una economia globalizzata per la quale i flussi (di merci, di denaro, di informazione, di persone, ecc.), la rapidità del ciclo di produzione e consumo dei prodotti, sono alla base di un sempre più discutibile e inquietante concetto di "sviluppo"; trascinata da una ricerca tecnico-scientifica che si muove nell'orizzonte (anche questo discutibile e inquietante) di un processo infinito che non ammette limiti in linea di principio (pur in un contesto di risorse limitate), rendendo rapidamente obsolete non solo le forme statiche delle culture tradizionali, ma anche i propri prodotti materiali e culturali, le forme in cui la società moderna provvisoriamente cerca di fissarsi.

Allora il rifiuto della Forma da parte della Vita, non sarebbe in fondo che il riconoscimento del fatto che, nella modernità, la realtà stessa nel suo prodursi oggettivo (nei processi economico-finanziari, nella evoluzione della tecnica, forme della ricerca scientifica e della industria culturale, ecc.) è flusso permanente in cui la forma ha perso il suo valore di riferimento stabile. E' il mondo oggettivo, che oggi appare dotato di una "vita" propria che travolge ogni forma permanente. E' proprio questa sorta di autonomizzazione di un mondo in grado di proliferare secondo proprie leggi (a prescindere dalla vita dell'individuo e rispetto a essa "fuori misura") il vero dato nuovo della modernità rispetto alle civiltà del passato. In questo senso la cultura moderna, negando il principio della Forma, non farebbe che prendere atto di ciò, costruendo una immagine di sé che corrisponde a ciò che la realtà è già diventata. Il rifiuto di ogni forma permanente appare allora quasi il tentativo di "nobilitare" (facendone una scelta) quella che è una impossibilità oggettiva, una "mancanza di forma" che i processi della cultura oggettiva impongono all'uomo moderno come un dato di fatto.

Simmel è un lucido testimone del primo manifestarsi di questi processi a una scala sufficientemente ampia da fargli intuire la loro portata epocale. Mentre la tendenza all'oggettivazione era già chiara e ampiamente descritta in *Filosofia del denaro*, pubblicato nel 1900, la ribellione della vita contro la forma si manifesta nella cultura europea proprio negli anni della "crisi", nei primi decenni del Novecento, gli anni nel corso dei quali, nel campo dell'arte nascono le "avanguardie storiche". In effetti, già in *Filosofia del denaro* si ammette la possibilità di una relativa autonomizzazione della vita rispetto alle forme, ma di fatto la si indica come "*la prevalenza occasionale della cultura soggettiva*" sulla base di alcuni esempi concreti: il conflitto fra alcune forme di organizzazione dell'economia contadina e la coscienza giuridica moderna, o fra la forma tradizionale del matrimonio e il valore dell'autodeterminazione dell'individuo e dell'eguaglianza fra uomini e donne. Solo nel *Conflitto della civiltà moderna*, scritto quasi vent'anni dopo, (quando ormai la mancanza di forma è già parte dell'esperienza quotidiana dell'uomo occidentale, e la lamentazione per la sua perdita è già, come abbiamo visto, quasi un luogo comune), questa autonomizzazione della vita si manifesta come connotato centrale della civiltà moderna.

Essa si presenta come uno dei due versanti di un processo di divaricazione, di polarizzazione che è il cuore stesso di una modernità inquietante in cui un mondo di forme oggettive che prolifera autonomamente rispetto alla vita umana, che non è più "a misura" dell'uomo, si contrappone a una vita che pretende di fare a meno di ogni forma oggettiva.

7. *Il futuro della civiltà*

Abbiamo osservato che Simmel, nel *Conflitto della Civiltà moderna*, pone questioni che lascia aperte. La questione centrale è quella del futuro della civiltà. Questo non era solo il problema di Simmel, ma di tutta la cultura della "crisi" nella Germania dei primi decenni del XX secolo. Facendo riferimento a questo contesto Jankélévitch scrive nel 1925: "*Particolarmente interessante nel pensiero di Georg Simmel mi sembra il suo tradurre un certo stato d'animo attualmente dominante in Germania, e che si manifesta nelle forme più diverse: nella morfologia storica di Oswald Spen-*

gler, nella Scuola della Saggezza, fondata a Darmstadt dal conte Keyserling, fino alle spudoratezze antroposofiche di Rudolf Steiner [...] la filosofia del "declino dell'Occidente", sparsa nei libri di Spengler o del Diario di viaggio di Keyserling, corrisponde alla stessa ispirazione romantica, alla stessa "Sensucht", di cui abbiamo incontrato il profumo sottile e insinuante nella "tragedia della cultura" di Georg Simmel. Si direbbe che i Tedeschi di oggi tentino di consolarsi delle loro presenti disgrazie, attribuendo a una non meglio identificata fatalità drammatica della natura umana le delusioni che la civiltà materiale ha fatto nascere in loro, e la minaccia mortale, ma inevitabile, che la nostra intelligenza, con i suoi progressi sfolgoranti, costituisce per la freschezza della nostra vita spirituale" [35]. La nota di Jankélévitch ci aiuta a collocare il testo di Simmel nel suo contesto, come testimone di una epoca, che, come abbiamo detto, in Germania è l'epoca dell'Espressionismo, ma ci consente anche di evidenziare, per contrasto, la specificità della figura di Simmel. Egli non si avventura in previsioni apocalittiche nè salvifiche sul futuro della civiltà occidentale; non si lascia mai andare al misticismo o al profetismo; e se a momenti sembra trasporre il conflitto fra Vita e Forma su un piano metafisico, in effetti lo legge, come abbiamo cercato di mostrare, sempre in stretta relazione con i processi concreti della modernizzazione[36].

Nel paragrafo finale del *Conflitto della civiltà moderna* dal titolo "L'essenza e l'eternità del conflitto" Simmel non profetizza ciò che c'è da aspettarsi dal futuro, ma fissa alcuni riferimenti.

La vita *"è una lotta in senso assoluto, racchiudente in sé il contrasto relativo di guerra e pace"* [37] e questo significa che i conflitti e i problemi non stanno *"là a bella posta per venire risolti"*, ma sono il modo in cui la vita evolve:*" Gli uni e gli altri hanno nell'economia della storia e della vita altri compiti, che essi adempiono indipendentemente dalla loro risoluzione, ed essi perciò non sono stati affatto inutili anche se il futuro non risolve il conflitto appianandolo, ma solo dissolve le sue forme e i suoi contenuti, mediante altri"* [38]. Un conflitto, una contraddizione, nascono quando i termini di un problema sono divenuti inconciliabili, e nella vita questo è il motore del cambiamento, il segno che è necessario una ridefinizione, un mutamento di prospettiva (che è altro da un semplice appianare il conflitto smussando i punti di frizione). Questo vale anche per il conflitto fra Vita e Forma nella civiltà moderna. Non si tratta di "appianarlo", ma di domandarsi a quale trasformazione preluda: la fine del concetto stesso di Cultura (a cui sembra portare la divaricazione fra cultura soggettiva e oggettiva)? o una radicale rifondazione della nostra cultura, al di là del paradigma classico?

Sicuramente per Simmel l'ideale di una vita libera da ogni forma è irrealizzabile, vi è in esso quindi qualcosa di velleitario. *"Qui vuol dunque la vita qualcosa che non può assolutamente raggiungere. Vuole determinarsi e manifestarsi, al di là di ogni forma, nella sua nude immediatezza. Ma il conoscere, il volere, il foggiare da essa interamente determinato, può solo sostituire una forma con un'altra, non mai la forma in generale con la vita stessa, come esiste al di là della forma"* [39].

Dunque nuove forme non potranno non arrivare, e con esse un nuovo "concetto centrale", ma allo stesso tempo la gravità della crisi e lo stato di autoconsapevolezza raggiunto dalla Vita, lasciano intendere che il mutamento sarà di grande portata. Non si tratterà solo di sostituire nuove forme alle vecchie. *"Poiché per vero tutti i fenomeni problematici discussi ci fanno avvertiti come il presente sia troppo pieno di contraddizioni perché ci si possa fermare, e, indubbiamente in ragione della loro mole, accennano a un cambiamento più fondamentale di quel che ha luogo quando il cambiamento si riferisce alla trasmutazione d'una forma esistente in una nuova che fa pressione per venire alla luce"* [40]. Forse la modernità, decretando la fine dell'ideale della forma classica come forma compiuta e autosufficiente, preannuncia una nuova idea di forma, adatta a una vita ormai consapevole di sé come dinamismo, creatività, divenire incessante. E allora, in questo senso, più che di fine della Cultura si parlerà di una trasformazione profonda della cultura capace di trovare un nuovo punto di equilibrio fra Vita e Forme, fra soggetto e oggetto.

In un frammento dal titolo *Inizio di un'autorappresentazione incompiuta*, Simmel indica la possibilità di un mutamento del concetto di forma, in una sorta di spostamento di piano: ritrovare il principio di stabilizzazione, non più nelle forme in se stesse ma nelle relazioni fra di esse. *"Muovendo dal significato sociologico del concetto di interazione, mi sono accorto che questo era diventato gradualmente per me un principio metafisico di portata generale. Mi sembra che l'attuale dissolvimento di tutto ciò che è sostanziale, assoluto ed eterno nel flusso delle cose, nella possibilità storica di mutamento, nella realtà puramente psicologica, possa essere garantito contro un soggettivismo e uno scetticismo sfrenati soltanto se si colloca al posto di quei valori stabili e sostanziali l'interattività vitale di elementi che a loro volta soggiacciono allo stesso dissolvimento infinito. I concetti centrali di verità, di valore, di oggettività, ecc. mi apparvero allora come realtà interattive, come contenuti di un relativismo che ora non significa più la distruzione scettica di ogni elemento solido, ma al contrario la garanzia contro tale distruzione mediante un nuovo concetto di solidità"* [41]. L'idea che la relazione venga prima dell'oggetto, che la forma sia solo il valore di una funzione, è stata negli anni Venti e Trenta al centro delle sperimentazioni delle avanguardie, in particolare astrattiste e costruttiviste (pensiamo ad esempio a Mondrian o al *Proun* di El Lissitzky). In questo senso potremmo ipotizzare, che se per Simmel l'Espressionismo è l'arte del malessere della civiltà, in certe sperimentazioni dell'arte costruttivista egli avrebbe potuto riconoscere una via per una possibile "guarigione".

NOTE

[1]   G. Lukàcs, *Ricordo di Simmel*, tr. it. in G. Simmel, *Arte e Civiltà*, a cura di D. Formaggio e L. Perucchi, ISEDI, Milano 1976, p. 117
[2]   G. Simmel, *Arte e Civiltà*, a cura di D. Formaggio e L. Perucchi, ISEDI, Milano 1976, p. 7.
[3]   G. Simmel, *Der Konflikt der modernen Kuktur*, 1918, tr it. In *Il conflitto della civiltà moderna*, SE, Milano 2008, p.15
[4]   V. Jankélévitch, *Georg Simmel filosofo della vita*, Mimesis, Milano, 2013, p. 82.
[5]   G. Simmel, *Il conflitto della civiltà moderna*, op. cit., p. 56.
[6]   In G. Simmel, *Der Begriff und die Tragödie der Kuktur*, 1911, tr. it. In *Concetto e tragedia della cultura*, in *Arte e Civiltà*, op. cit. , p.86.
[7]   G. Simmel, *Il conflitto della civiltà moderna*, p. 54.
[8]   *Ivi*, pp. 12-13.
[9]   *Ivi*, p. 15.
[10]   *Ivi*, pp. 42-43.
[11]   *Ivi*, pp. 54-55.
[12]   Si tratta della sezione II del cap.VI de *Il conflitto della civiltà moderna*.
[13]   G. Simmel, *Philosophie des Geldes*, 1900, *Filosofia del denaro*, UTET, Torino 2004, p. 639.
[14]   In G. Simmel, *Concetto e tragedia della cultura*, p. 86.
[15]   V. Jankélévitch, *Georg Simmel filosofo della vita*, Mimesis, Milano, 2013, p. 34.
[16]   G. Simmel, *Filosofia del denaro*, pp. 635-636.
[17]   Ivi, pp. 635-636.
[18]   *Ivi*, pp. 24-25.

[19] *Ivi*, p. 21.

[20] *Ivi*, p. 23.

[21] *Ivi*, p. 23.

[22] *Ivi*, p. 32.

[23] *Ivi*, p. 31.

[24] *Ivi*, p. 30.

[25] *Ivi*, p. 27.

[26] G. Simmel, *Filosofia del denaro*, p. 647.

[27] *Ivi*, p.648.

[28] G. Simmel, *Concetto e tragedia della cultura*, p. 106.

[29] *Ivi*, pp. 104.

[30] *Ivi*, pp. 105.

[31] *Ivi*, p. 108.

[32] *Ivi*, p. 106.

[33] G. Simmel, *Il conflitto della civiltà moderna*, p. 16.

[34] Cfr, M. Berman, *Tutto ciò che è solido si dissolve nell'aria. L'esperienza della modernità*, Il Mulino, Bologna 1999. V. Jankélévitch, op. cit., pp. 81-82.

[35] V. Jankélévitch, op. cit., pp. 81-82.

[36] Il fatto di non lasciarsi andare a predizioni apocalittiche o pacificatorie, nemmeno in questo suo contributo estremo, scritto con la consapevolezza di essere condannato da un male incurabile, è un dato particolarmente significativo. Da un lato testimonia di un momento della cultura occidentale in cui la perdita di riferimenti assoluti rende difficile ogni decisione. Come scrive Lucio Perucchi, *"nel pensiero di Simmel, affascinato dall'individuazione delle infinite possibilità, manca il momento della scelta che discende dalla fissazione di un punto di vista e impone una decisione; nel suo tempo, che non conosce futuro, è assente la dimensione della speranza"*(introduzione a G. Simmel, *Filosofia del denaro*, pp.38-39). Ma dall'altro lato questo riserbo è indice di un metodo, ovvero del radicamento del pensiero di Simmel nell'analisi del reale. E' il merito che gli riconosce Adorno, pur nella distanza critica da quello che era stato un suo maestro. Questi, parlando di Walter Benjamin osserva: *"A Simmel, l'antisistematico, è affine il suo sforzo di condurre la filosofia fuori del "deserto di ghiaccio dell'astrazione" ed immetter il pensiero in concrete immagini storiche"* (T. Adorno, *Note per la letteratura 1961-1968*, Einaudi, Torino 1979, p. 247.

[37] G. Simmel, *Il conflitto della civiltà moderna*, p. 57.

[38] *Ivi*, p. 56.

[39] *Ivi*, p. 55.

[40] *Ivi*, pp. 55-57.

[41] cit in L. Perucchi, introduzione a G. Simmel, *Filosofia del denaro*, pp. 11-12.

SECONDA PARTE

Paul Cezanne

Paul Cezanne è quasi coetaneo di Konrad Fiedler e fra le loro opere esiste una sorta di convergenza profonda, per quanto inconsapevole. Fiedler è il primo teorico ad affermare che il vero contenuto dell'arte è la "forma", e il suo fine non è semplicemente riprodurre, ma portare a chiarezza la nostra visione della realtà e che, in questo senso, l'arte è sempre un atto "costruttivo" e conoscitivo.

Cezanne è indubbiamente il primo artista moderno a incarnare tale punto di vista. Egli intende la pittura come forma di conoscenza visiva del mondo, che utilizza i propri i mezzi specifici non in senso imitativo/illusionistico, ma costruttivo; l'immagine tende così a farsi realtà autonoma, regolata da proprie leggi formali. Per questo Cezanne si colloca all'origine di quel filone dell'avanguardia che, dal cubismo alle correnti astrattiste, pone al centro della propria ricerca il tema della "formatività".

1. *Nota biografica*

Paul Cezanne nasce nel 1839 ad Aix-en-Provence, da una ricca famiglia borghese. Per assecondare la volontà del padre banchiere, si iscrive alla facoltà di legge, ma dopo poco l'abbandona per seguire la propria vocazione di pittore. Si trasferisce nel 1861 a Parigi dove, in occasione del *Salon des refusèes* del 1863, entra in contatto con la cerchia dei giovani pittori che daranno vita all'Impressionismo.

Negli anni di formazione frequenta assiduamente il Louvre dove copia i classici della pittura veneta e spagnola e poi, dagli anni Settanta, si dedica alla pittura in *plein air*. Nel 1874 presenta tre opere alla prima mostra degli impressionisti, presso lo studio del fotografo Nadar. Con gli impressionisti esporrà per l'ultima volta nel 1877.

Da giovane subisce il fascino di pittori romantici e realisti come Delacroix, Courbet e Daumier. A questi, e in particolare a Daumier, rimandano le sue prime opere, come *il Negro Scipione* del 1867, caratterizzate da colori cupi e densi e dall'esasperato romanticismo. Successivamente si avvicina all'Impressionismo, ma già nel dipinto *"La casa dell'impiccato"* del 1874, si riconosce il dischiudersi di un suo originale orizzonte di ricerca.

Nel 1886, ferito dalle reazioni negative della critica e ormai sempre più lontano dallo spirito della pittura impressionista, torna definitivamente in Provenza, la terra che ama e dove per vent'anni condurrà una vita votata alla pittura, lavorando ostinatamente su alcuni temi, come il *monte saint Victoire*, le nature morte o la serie delle *Grandi bagnanti*.

Tiene la sua prima mostra personale nel 1895. Solo poco prima della morte comincia a essere riconosciuta l'importanza della sua opera. Nel 1904, un'intera sala gli viene dedicata nel *Salon d'Automne*, dove espone ancora nel 1905. Muore nell'ottobre del 1906 ad Aix-en-Provence.

2. *Fra sensazione e coscienza*

Il pittore impressionista si pone "prima" della coscienza, cercando di ridursi a "puro occhio", capace di registrare le sensazioni visive in quanto fenomeni luminosi, nel modo più immediato possibile. Al contrario l'artista della tradizione, con un approccio mimetico-rappresentativo, riproduce un mondo "già solidificato", già organizzato dalla nostra coscienza in cose e significati; non rappresenta la visione in sé stessa, ma le cose per come noi consapevolmente le conosciamo.

Cezanne si colloca in una posizione intermedia, sul limite fra sensazione e coscienza, fra oggetto e soggetto; egli definisce l'arte come "appercezione" cioè percezione, ma consapevole di sé, *"Io concepisco l'arte come una appercezione personale. Io colloco questa appercezione nella sensa-*

zione e chiedo all'intelligenza di metterla in opera" [1].

Per lui il pittore non è solo occhio ma anche cervello. «*Nella pittura ci sono due cose"*, egli afferma, *"l'occhio e il cervello, ed entrambe devono collaborare al loro mutuo sviluppo, l'occhio per la visione della natura, il cervello per la logica delle sensazioni organizzate*» [2]. In Cezanne il pensiero interviene a dare forma al materiale "molecolare" della sensazione; ma non si tratta di un pensiero concettuale che identifica, ordina e classifica in base a ciò che sa del mondo, ma di un "pensiero visivo" che ricostruisce il mondo secondo una logica puramente visiva. Cezanne lo dice con chiarezza: la visione a cui arriva il pittore non è arbitraria, ma una *"visione logica"* [5].

Collocandosi sul limite fra sensazione e coscienza, Cezanne cerca di cogliere una realtà più stabile e profonda rispetto alla mera impressione visiva, ma anche più aderente all'esperienza vissuta rispetto alla opaca e banale solidità di un mondo già fatto dalla coscienza. Egli cerca di fissare quel "momento aurorale" in cui un ordine, una struttura, prendono forma a partire dal mondo incerto e confuso della sensazione, grazie alla funzione "formativa" della coscienza. Il suo scopo non è riprodurre passivamente il visibile, ma produrre un'immagine la cui logica formale, scoperta con i mezzi specifici della pittura, riveli la logica della "visione", intesa come esperienza vivente della realtà. Il fine ultimo è comprendere in termini visivi e fissare sulla tela, non la superficie, ma il "senso", la logica profonda delle immagini che la natura offre al nostro sguardo, quel senso che ci cattura, ci emoziona, ci interroga: la sensuale convessità di un monte, l'intreccio indecifrabile di direzioni e colori nell'orditura di un paesaggio, la solidità stereometrica e primitiva delle rocce di una cava.

3. *La costruzione dell'immagine*

Questo compito richiede grande concentrazione, rigore e ostinazione. In effetti tutta la vita di Cezanne, soprattutto negli ultimi anni, è stata una ricerca solitaria, accanita e paziente.

Per prima cosa occorre mantenere uno sguardo "puro" e aperto al mondo, capace di coglierne la realtà visiva senza sovrastrutture né pregiudizi; occorre saper *"vedere come chi è appena nato"* [3]. Come «appena nato», il pittore si fa invadere dalla luce e dai colori che gli arrivano dalla natura, senza imporre loro un significato; via via li vede coagularsi sulla tela in ritmi, elementi e strutture, fino a generare un ordine, un senso visivo. Vi è una dimensione «fenomenologica» *ante-litteram* nella ricerca di Cezanne: andare "verso le cose stesse", cercare di cogliere il senso del fenomeno, o di quella che egli chiama "la natura", senza farsi condizionare dalla nostra conoscenza, da ciò che già sappiamo di essa. Quindi il primo passo è un atto di liberazione dalle abitudini e regole visive della tradizione, *"offrire l'immagine di ciò che vediamo, dimenticando tutto ciò che è apparso prima di noi»* [4].

Vi è tutta una tradizione della rappresentazione che agisce come un pregiudizio, imponendo schemi precostituiti che ci impediscono di cogliere la verità dell'esperienza visiva del mondo. Si tratta in pratica di tutto il bagaglio tradizionale della rappresentazione: il disegno come astrazione intellettuale che isola le cose nella loro individualità, la prospettiva e il chiaroscuro come espedienti illusionistici per rendere il volume e la profondità spaziale. La costruzione dell'immagine deve rinunciare a tutto questo e prodursi a partire dall'elemento materiale che la pittura ha a disposizione e cioè il colore, che è anche il dato elementare che ci viene dalla sensazione. In questo modo il mondo, a partire dalla sue "molecole" di colore, prende forma e consistenza nella pittura.

Racconta Cezanne *"Prendo a destra, a sinistra, qua, là, ovunque, i suoi colori, le sue sfumature, li fisso, li avvicino ... Essi formano delle linee. Diventano oggetti, rocce, alberi, senza che io ci pensi. Acquistano un volume. Hanno un valore"* [6]. Per Cezanne si è parlato di una "sintesi forma-colore" in quanto egli arriva a definire la forma direttamente per mezzo del colore e non con il disegno. Con il solo colore, Cezanne "ricostruisce il mondo", genera i volumi, scopre l'ordine che struttura la nostra visione delle cose, mostrando come *"in natura tutto è modellato secondo tre moduli fondamentali: la sfera, il cono, il cilindro"*. [8] Questa sorta di solidificazione della visione, fino alla individuazione delle forme geometriche essenziali che la strutturano è, per esempio, evidente ne *I giocatori di carte* (1890-95) in cui i protagonisti di una scena del tutto ordinaria arrivano ad acquistare una monumentalità quasi classica.

3. Il rapporto con la Natura

L'immagine sulla tela è una "costruzione" realizzata a partire dal colore e non una mera "rappresentazione", e in questo senso costituisce una realtà che vive secondo una propria legge autonoma. Ma lo scopo di Cezanne non è fare una pittura astratta. La natura è sempre il suo riferimento; la pittura per lui resta essenzialmente conoscenza, "delucidazione dell'esperienza". Della dimensione essenzialmente costruttiva della pittura di Cezanne, Kandinsky fornisce una lettura in chiave proto-astrattista che trascura la dimensione dell'intenzionalità, del riferimento alla natura, imprescindibile, invece, per Cezanne. Parlando delle nature morte del maestro di Aix-en-Provence, scrive Kandinsky *"dà loro un'espressione cromatica. Cioè una dimensione intimamente pittorica, e le chiude in una forma traducibile in forme astratte, spesso matematiche, che diffondono armonia. Non rappresenta un uomo, una mela un albero, ma usa questo materiale per formare qualcosa di intimamente pittorico che si chiama immagine"*[7]. Invece occorre sempre ricordare che in Cezanne la natura non è mai ridotta a "pretesto". Attraverso un processo di "stilizzazione" o meglio di "ricostruzione", egli cerca di conoscere la natura, di cogliere e fissare quell'ordine, quei ritmi che intuiamo solo confusamente ma che strutturano in profondità la nostra esperienza visiva del mondo e le danno un senso, di svelare quello che Walter Benjamin avrebbe chiamato "inconscio ottico".

Ancora in una lettera scritta al figlio nell'ottobre 1906, a pochi giorni dalla morte, Cezanne scriveva :*"come pittore divento più lucido di fronte alla natura, ma per me realizzare le sensazioni è sempre molto faticoso. Non so raggiungere l'intensità che si manifesta davanti ai miei sensi, non ho quella magnifica ricchezza di colori che anima la natura"*[9]. Come scrive Jeanette Winterson *"Quando Cezanne dipinge un albero, o una mela, ne dipinge la natura, dipinge l'oggetto nella sua integrità, quell'integrità che noi tralasciamo, che noi divoriamo, che facciamo a pezzettini. Sono il pittore, lo scrittore, a permetterci di scoprire l'intensità del mondo fisico"*[10].

Quello di Cezanne è un lavoro compiuto sempre «in presenza» dell'oggetto. Ogni oggetto che la natura gli offre alla visione è per lui una sfida a coglierne il segreto. Cezanne pratica la pittura come una sorta di attività sperimentale. Per questo tende a ritornare sugli stessi temi verificandoli in una varietà controllata di condizioni[11]. Sintomatico a questo proposito è il rapporto di fascinazione quasi ossessiva con il monte Sainte-Victoire, massiccio calcareo che si eleva nei pressi di Aix-en-Provence, per oltre vent'anni tema di dipinti a olio e acquerelli.

Racconta Cezanne: "*A lungo sono stato incapace di poter, di saper dipingere la Sainte-Victoire, perché immaginavo l'ombra concava, come quelli che non guardano, mentre ecco, guarda, è convessa, fugge dal suo centro. Invece di accumularsi, essa evapora, si fa fluida. Partecipa tutta azzurrina alla respirazione diffusa dell'aria…. Per dipingere bene un paesaggio devo prima scoprirne le forme geologiche*"[12], ma l'immersione nel paesaggio deve continuare fino a che a un certo punto non appare la visione, "*Una logica aerea colorata sostituisce la cupa testarda geometria. Tutto si organizza, gli alberi, i campi, le case. Io vedo per mezzo di macchie. La forma geologica, il lavoro preparatorio, il mondo del disegno precipita; crolla come sotto un cataclisma. Un cataclisma l'ha travolto, rigenerato. E' nata una nuova fase quella vera. Quella in cui nulla mi sfugge, quella in cui tutto è allo stesso tempo denso e fluido, naturale. Non ci sono più che colori, e in essi della luce, l'essere che li pensa …*"[13].

4. *Temi del linguaggio pittorico*

I temi linguistici introdotti da Cezanne e ripresi dopo di lui, in primo luogo dai cubisti, sono riconducibili a una nuova concezione dello spazio pittorico: non più lo spazio vuoto e isotropo della prospettiva rinascimentale, ma quello materialmente denso e qualitativamente discontinuo dell'esperienza. Non uno spazio statico gerarchicamente subordinato a un punto di vista, ma uno spazio dinamico, nel quale punti di vista diversi possono coesistere. Come abbiamo detto, in Cezanne la forma non è generata dal disegno, ma dal colore, mediante la sua tipica pennellata asciutta e costruttiva. Gli oggetti non sono definiti dalle superfici che li isolano gli uni rispetto agli altri, ma crescono "dall'interno", come corpi che progressivamente prendono forma e rivelano la loro configurazione essenziale, aprendosi e interagendo nello spazio. Da qui un carattere che ritornerà nella pittura cubista: la continuità fra figura e sfondo, come fatti della stessa "materia". La luce non è quella vibrazione in cui le cose perdono consistenza, come negli impressionisti, ma diventa una qualità delle cose in se stesse, viene assorbita dagli oggetti, diventa il "colore locale" che appartiene loro.

Cezanne sapeva di aver scoperto nuovi modi di vedere. In una intervista del 1904 con il pittore Émile Bernard dichiara: "*Vi sono senza dubbio nella natura delle cose che non si sono ancora viste, se un artista le scopre ha aperto la via ai suoi successori.... Una nuova visione può essere introdotta, continuata, perfezionata ... Io sono il primitivo di una nuova arte. Avrò, io lo sento, dei continuatori*" [14].

NOTE

[1] Conversazione del 1904 in E. Bernard, *Conversation avec Cezanne*, Mercure de France, 1, giugno 1921.

[2] Cit. in E. Bernard, *Paul Cezanne*, in "L'Occident", luglio 1904, p. 36.

[3] Cit. da Jules Borély in un articolo del 1926, in *Cézanne. Documenti e interpretazioni*, Roma, Donzelli 1995, p. 2.

[4] P. Cézanne, lettera a Émile Bernard del 23 ottobre 1905, in *Correspondance*, Paris, Grasset, 1978, tr. it. P. Cezanne, *Lettere*, Milano, SE 1997, p. 140.

[5] Conversazione del 1904 in E. Bernard, *Conversation avec Cezanne*, Mercure de France, 1, giugno 1921.

[6] Cit. in J. Gasquet, *Cezanne*, Paris, 1926, tr. it. in M. Doran, *Cezanne. Documenti e interpretazioni*, p. 111.

[7] W. Kandinsky, *Über das Geistige in der Kunst*, tr. It. W. Kandinsky, *Lo spirituale nell'arte*, SE, Milano 2005, p. 36.

[8] Lettera di P. Cezanne a E Bernard, in *Mercure de France*, ottobre 1907-

[9] Lettera al figlio Paul, 8 settembre 1906, in M. Doran, *Cezanne. Documenti e interpretazioni*, op. cit., p. 185.

[10] J. Winterson, *L'arte dissente*, tr. it. Mondadori, Milano, 2006, pp. 124-125.

[11] Il riferimento è alla nozione dell'arte moderna come forma di "test" introdotta da Walter Benjamin.

[12] Cit. in J. Gasquet, *Cezanne*, in M. Doran, op. cit., p. 115.

[13] *Ibidem.*

[14] Conversazione del 1904 in E.Bernard, *Conversation avec Cezanne*, Mercure de France, 1, giugno 1921.

Paul Cezanne
Il negro Scipione, 1866
olio su tela, cm. 107 x 83

Paul Cezanne
La casa dell'impiccato , 1873
olio su tela, cm. 55 x 66

Paul Cezanne
I giocatori di carte, 1890-95
olio su tela, cm. 47 x 57

Paul Cezanne
Natura morta con mele e arance, 1899
olio su tela, cm. 74 x 93

Paul Cezanne
Le grandi bagnanti, 1898-1905
olio su tela, cm. 210 x 251

Paul Cezanne
Il monte Saint Victoire, 1895
olio su tela, cm. 73 x 92

Henry Matisse e i Fauves

1. *I Fauves*

Ne *Lo spirituale nell'arte* del 1911 Kandinsky individua in Matisse e Picasso i punti più avanzati nella storia recente della conquista dell'autonomia del linguaggio pittorico: *"Matisse: colore. Picasso: forma. Due grandi vie per una sola meta"*[1]. Ovviamente per lui la meta è l'astrattismo. Nonostante l'inevitabile approssimazione e il vizio "teleologico", l'incisiva formula di Kandinsky conserva una utilità orientativa.

Fauves e Cubismo sono in effetti i primi movimenti dell'arte moderna in cui viene messo in questione il ruolo della pittura come attività rappresentativa in senso mimetico, in vista di una nuova idea di "formatività". Il quadro è inteso prima di tutto come una realtà autonoma, costituita da forme e colori in una certa relazione reciproca secondo la celebre frase del pittore simbolista Maurice Denis: *"Ricordarsi che un quadro – prima di essere un cavallo da battaglia, una donna nuda, o un aneddoto qualunque – è essenzialmente una superficie coperta di colori riuniti in un certo ordine"*[2].

Anche se la pittura dei Fauves o dei Cubisti non diventa mai totalmente "astratta", tuttavia in essa il colore e la forma trovano il proprio criterio e la propria coerenza in se stessi, sul piano "grammaticale" e "sintattico", e non nel riferimento a un oggetto da imitare..

Fauves e Cubismo sono legati anche da una particolare circostanza aneddotica: entrambi devono il loro nome a un'espressione con la quale il critico Louis Vauxcelles intese connotarne il lavoro in senso negativo.

Per quanto già da un paio di anni le ricerche dei suoi tre principali esponenti, Matisse, Derain e Vlaminck, si muovessero in una stessa direzione, la data di nascita ufficiale del movimento è l'ottobre 1905 quando al *Salon d'Automne*, presso il Grand Palais di Parigi, fra le oltre 1.600 opere di artisti contemporanei, la sala centrale dell'esposizione fu destinata a una serie di nitidi busti in marmo bianco dello scultore accademico Albert Marque, circondati da 39 dipinti di Henry Matisse, André Derain, Maurice de Vlaminck, Albert Marquet, Henry-Charles Manguin, Jean Puy, Louis Valtat, Kees van Dongen, e Othon Friesz. In questi quadri, come disse Derain, i colori erano usati come "*cartucce di dinamite*". Vauxcelles entrando nella sala osservò: " *Il candore di questi busti sorprende in mezzo all'orgia di toni puri: Donatello fra le belve (fauves)*".

A sconvolgere critica e pubblico furono, oltre alla violenza del colore, anche la rozzezza del tratto, la mancanza di rispetto per la prospettiva e di attenzione all'equilibrio compositivo e cromatico, qualità di fatto ancora presenti nella pittura impressionista e post-impressionista.

I Fauves non si presentano come un gruppo formalmente costituito, né fanno riferimento a un qualche manifesto teorico. Si tratta di artisti legati da affinità di intenti, legami di amicizia, comuni esperienze formative, che per certi periodi lavorano anche insieme, come Matisse con Derain o Derain con Vlaminck. Henri Matisse (1869 -1954) è il capofila fin dall'inizio e a lui si deve la diffusione delle idee del movimento. La pubblicazione nel 1908 del suo scritto *Notes d'un peintre*, presto tradotto in tedesco e in russo, contribuisce a divulgare rapidamente le idee dei *Fauves* presso la comunità artistica internazionale.

A parte la data di inizio, i contorni geografici e cronologici del movimento restano piuttosto sfumati. Il Fauvismo come movimento si esaurisce entro l'inizio della prima guerra mondiale, in concomitanza con il crescere della notorietà e dell'influenza del Cubismo.

2. *Ritornare alle fondamenta*

Stanchi della pittura naturalista, impressionista e simbolista, e più in generale di una tradizione che appariva ormai logora e priva di energia, i Fauves sentono l'esigenza di ripartire da capo, per ritrovare la forza primitiva dei mezzi elementari della figurazione. Sono convinti che è possibile ricostruire solo ripartendo dall'elementare, rinunciando a ogni schema e formula precostituite. Afferma Matisse: *"si deve ritornare alle fondamenta [...] i nostri quadri diventano purificazioni, gradini di una cauta demolizione, agevoli fusioni col fondo primitivo, parlano immediatamente col bel blu, col bel rosso, col bel giallo, con sostanze elementari che frugano l'anima umana nel suo profondo. E' questo il punto di partenza del Fauvismo: il coraggio di ritrovare la purezza dei mezzi"*[3].

La forma per i Fauves non è tanto l'involucro di un contenuto interiore o profondo, quanto una realtà autonoma. Al contrario degli espressionisti della *Brücke* (con i quali condividono l'ansia di recuperare una forza primitiva della pittura, azzerando la tradizione), i Fauves più che esprimere un sofferto contenuto interiore, intendono liberare la forza "espressiva" del colore in se stesso. Ma si tratta di una espressione come sfogo immediato che si risolve "in superficie", sul piano della sensibilità; manca nei fauves quel "pathos della profondità" che era tipico degli espressionisti. Come scrive De Micheli *"La pittura diventa per loro un modo di scatenare sulla tela la violenza delle proprie emozioni... Fauvismo significa soprattutto la liberazione completa del temperamento, dell'istinto. Il vero fauve avrebbe dovuto essere soltanto un animale pittorico... in altri termini essi volevano riportare le sensazioni sulla tela col massimo di esplosività, di brutalità"*.[5]

Matisse contestò il giudizio di Vauxcelles da cui era derivato il nome del movimento, affermando che le sue opere non erano istinto selvaggio, ma riflettevano una "visione interiore"; forse meno offeso dovette sentirsi Vlaminck, politicamente anarchico, nel cui lavoro la dimensione espressiva prevale sulla ricerca dell'equilibrio. In Matisse, invece, sempre animato da senso della misura, dell'ordine e dell'armonia, la dimensione "decorativa" e quella "espressiva" arrivano a coincidere, in una sorta di gioiosa immedesimazione fra soggetto e oggetto, di pacificazione con il mondo, alla quale è del tutto estranea quell'ansia, quella romantica nostalgia di un altrove tipica degli espressionisti Contro ogni soggezione al contenuto, Matisse sostiene, con Schopenhauer e con un tono ostentatamente "borghese", che la funzione sociale dell'arte è proprio nel non avere utilità pratica, nel sospendere, per la durata della contemplazione, le nostre cure quotidiane. Scrive Matisse nel 1908: *"Sogno un'arte di equilibrio, di purezza, di tranquillità, senza soggetti inquietanti o preoccupanti, che possa essere per ogni lavoratore della mente, per l'uomo d'affari come per il letterato, un lenitivo, un calmante cerebrale, qualcosa di analogo ad una buona poltrona che lo riposi dalle sue fatiche"*.

3. L'uso libero del colore

La rivoluzione dei fauves è basata innanzitutto sul colore. I colori non vogliono imitare un oggetto o esprimere un contenuto interiore, ma affermare innanzitutto la loro propria vitalità. E' impossibile, nei loro dipinti, capire da che parte venga la luce, perché le figure sono fatte interamente di colore saturo in stesure piatte. Afferma Matisse *"quando metto un verde non voglio dire erba; quando metto un blu non voglio dire cielo"*. Il riferimento alla realtà permane, ma diventa in qualche modo indiretto, sulla base di una sorta di parallelismo fra dipinto e realtà. Fra i colori del quadro e quelli della realtà non può esserci corrispondenza diretta e puntuale, ma piuttosto bisogna cercare di ritrovare nel dipinto quel particolare rapporto di proporzionalità cromatica che esiste nella realtà. Sarah Stein, riporta questa frase di Matisse rivolta ai suoi allievi: *"Voi state rappresentando il modello, o ogni altro soggetto, non lo state copiando; non ci può essere relazione di colore fra il modello e il vostro quadro; bisogna considerare invece la relazione fra i colori nel vostro quadro la quale è equivalente a quella fra i colori nell'oggetto reale"* [6].

Nella tradizione recente un riferimento immediato è nel simbolista Gustave Moreau, il cui studio fu frequentato intorno al 1895 sia dal giovane Matisse che da altri dei futuri Fauves. Viene dall'insegnamento di Moreau lo stimolo a usare il colore in maniera libera, non subordinata alla ricerca della verosimiglianza.

Il riferimento più immediato del *fauvisme* è comunque il *pointillisme*. Ma in questo i colori puri sono accostati per piccole pennellate disposte sul piano della tela per generare nell'occhio l'effetto luminoso dei colori additivi, con una intenzione ancora mimetica, per quanto scientificamente regolata. Nei primi quadri fauves l'immagine è costruita attraverso l'accostamento di pennellate (come nel *pointillisme*), ma queste sono fin dall'inizio più grandi e progressivamente si trasformano in macchie e stesure più ampie di colore.

Le figure sono rese con un disegno sintetico. Non si allude ad alcuna profondità prospettica, tutto si riduce alle due dimensioni del piano. I colori sono accesi come in Van Gogh, le figure spesso sono delimitate da un contorno blu scuro che ricorda il *cloisonnisme* di Gauguin. Siamo di fronte a una sorta di originale sintesi delle più importanti esperienze post-impressioniste, ma le fonti sono anche altre e il risultato è del tutto originale.

Tra fra le fonti "alternative" del fauvismo molta importanza ha l'interesse per le culture esotiche e primitive studiate come modi alternativi di concepire la pittura rispetto alla tradizione occidentale di impostazione rinascimentale. Costante fu in Matisse l'interesse per una varietà di culture: dall'arte negra, a quella musulmana, alle ceramiche e miniature persiane, ai mosaici bizantini, all'arte egiziana e cinese.

Anche Cezanne diventa, soprattutto dopo il 1906, un riferimento importante per Matisse e i Fauves in genere, in concomitanza con un crescere della loro attenzione alla dimensione platico-strutturale dell'immagine.

4. *Henry Matisse: "Note di un pittore"*

Matisse espone la sua idea di pittura nell'articolo *Note di un pittore* [7] pubblicato nel 1908 sulla *Grande Revue*. E' una testimonianza particolarmente significativa per il Fauvismo, in quanto scritta nel periodo di massima espansione del movimento.

Coerentemente con lo stile dell'uomo e dell'artista, in queste note non c'è traccia dell'enfasi o dei proclami a cui spesso si lasciano andare le avanguardie. Matisse stesso riconosce: "*Forse mi si obietterà che da un pittore ci si potevano aspettare altre opinioni sulla pittura: insomma avrei esposto solo luoghi comuni*". Dietro questa modestia si cela la rivendicazione di quello che per lui è il vero fine dell'arte: non rivelare lo straordinario, ma farci comprendere meglio la realtà ordinaria in cui viviamo; "*il ruolo dell'artista*", scrive, "*come quello dello scienziato, si fonda sul cogliere verità ricorrenti che spesso gli sono state ripetute; queste però assumeranno per lui un valore nuovo ed egli le farà sue quando ne presentirà il significato profondo"*.

Il parallelo fra arte e scienza nel loro comune riferimento alla verità, richiama immediatamente la filosofia dell'arte di Fiedler. Insieme a Cezanne, Matisse è l'artista che ci sembra meglio incarnare l'idea di arte delineata dal filosofo tedesco. Queste riflessioni, scritte nella fase di esplosione delle prime avanguardie (fauves, cubiste ed espressioniste), consentono già una verifica di tale idea alla luce della lezione di Cezanne e degli sviluppi allora in corso.

Matisse dichiara: *"Quel che ricerco sopra ogni altra cosa è l'espressione"*. Espressione è la parola chiave che ritorna in queste note, ma che rischia di essere fuorviante se intesa nell'accezione che ne danno gli gli artisti tedeschi. In effetti Matisse ha una sensibilità profondamente classica; come osserva Argan *"Matisse è stato il maggiore dei classici del nostro secolo, come Goethe lo è stato del precedente, con la differenza che non ha mai imitato gli antichi e il suo classicismo è tutto moderno"*[8]. Gli è estranea la riduzione della forma a mezzo per "esprimere" un contenuto interiore e profondo (sia esso l'energia vitale primigenia come nella *Brücke* o "lo spirituale" del *Blaue Reiter*). Gli appartiene invece il senso dell'opera come realtà formale compiuta, capace di una propria vita autonoma e, solo in quanto tale, realmente "espressiva". Come nota ancora Argan *"i classicisti pedanti sottostanno ai principi e ai precetti, ma il vero classico subordina tutto all'avverarsi miracoloso dell'opera, anche la vita. Ciò che conta per Matisse è sempre e soltanto l'Oeuvre: come per Cezanne, di cui Merleau-Ponty diceva che ha vissuto per fare l'opera che ha fatto"*.[9]

Proprio come vuole Fiedler e come già aveva sperimentato Cezanne, la pittura per Matisse è uno sforzo di conoscenza, di chiarificazione della nostra esperienza visiva del mondo, che si compie sul piano *"puramente visivo"*. Contro ogni deriva contenutistica o letteraria, Matisse afferma che il pensiero di un pittore *"non deve essere considerato al di fuori dei suoi mezzi, perché ha valore solo nella misura in cui essi lo servono"*; in altri termini ha valore solo in quanto si concretizza in termini formali. Come per Fiedler anche per Matisse è la forma il vero contenuto dell'arte figurativa. Ecco perché un'opera riuscita comunica il suo significato prima ancora che ne conosciamo il contenuto rappresentativo: *"Un'opera deve avere in sé stessa tutto il suo significato e imporlo allo spettatore anche prima che questi ne conosca il soggetto. Quando vedo gli affreschi di Giotto a Padova, non mi interessa sapere quale scena della vita di Cristo ho davanti agli occhi: capisco immediatamente il sentimento che ne emana, perché è già nelle linee, nella composizione, nel colore: il titolo non farà che confermare la mia impressione"*.

Come per ogni "classico", come per Cezanne, il punto di partenza dell'arte, per Matisse, è la natura. Ma il fine dell'artista non è "imitazione della natura" nel senso "banale" del realismo tradizionale, né nel senso impressionista della fissazione di una fuggevole sensazione. L'artista elabora la sua visione della natura al fine di *"renderla più pienamente"*, di cogliere un senso, una dimensione più stabile delle cose, oltre l'impressione superficiale. Osserva Matisse riecheggiando simili affermazioni di Cezanne: *"Sotto il succedersi dei momenti che compongono l'esistenza superficiale degli esseri e delle cose rivestendole di apparenze mutevoli destinate ben presto a svanire, si può cercare un carattere più vero, più essenziale, cui l'artista si appiglierà per dare un'interpretazione più durevole alla realtà "*.

Il *"carattere più vero ed essenziale"*, che l'artista cerca di cogliere in termini puramente visivi, non è la cosa in se stessa, ma nemmeno l'interiorità del soggetto; è il "sentimento della cosa", ossia la cosa in quanto esperienza vissuta. Per Matisse si tratta del senso della vita come pienezza e gioia, che si esprime prima di tutto attraverso la figura umana. *"Quel che più mi interessa"*, egli dichiara, *"non è la natura morta, né il paesaggio, ma la figura. La figura mi permette più degli altri temi di esprimere il sentimento, diciamo religioso, che ho della vita"*.

Questa ricerca del significato essenziale, si realizza attraverso una corrispondente riduzione all'essenziale dell'immagine: la purezza di un contorno, la qualità di un colore sono chiavi per arrivare alla costruzione dell'immagine, al di là di ogni soggezione alla verosimiglianza superficiale con il soggetto. All'approccio "analitico" di Cezanne si contrapporre quello "sintetico" di Matisse. Modi diversi di perseguire fini simili.

Raffigurando un modello umano Matisse non cerca di rendere tutti i tratti con precisione anatomica ma di penetrare *"tra le linee del suo volto, quelle che traducono il carattere di profonda gravità sempre presente in ogni essere umano [...] Devo dipingere un corpo di donna: prima gli conferisco grazia, fascino, ma si tratta di dargli qualcosa di più. Provo a condensare il significato, di questo corpo, cercandone le linee essenziali. Il fascino sarà meno visibile al primo sguardo, ma dovrà scaturire col tempo dalla nuova immagine da me ottenuta, che avrà significato più ampio, più pienamente umano. Il suo fascino sarà meno rilevante, non essendovene tutte le caratteristiche, ma nondimeno continuerà a sussistere, contenuto nella concezione generale della figura".*

Anche nel colore Matisse cerca una certa qualità che sintetizzi in sé il senso della cosa grazie al suo valore espressivo e non per la sua verosimiglianza. Matisse cita l'esempio di un paesaggio: *"Per rendere un paesaggio autunnale, non cercherò di ricordare quali tinte convengano a questa stagione, ma mi ispirerò solamente alla sensazione da essa procuratami: la purezza gelida del cielo, che è di un azzurro pungente, esprimerà la stagione bene quanto lo farebbero le sfumature del fogliame. La mia stessa sensazione può variare: l'autunno può essere dolce e caldo come un prolungamento dell'estate, oppure fresco con un cielo freddo e alberi giallo limone che danno un impressione di gelo e annunciano oramai l'inverno".*

Dunque la pittura è per Matisse una ricerca svolta a partire dalla varietà instabile della sensazione e volta a correre il senso, l'essenziale attraverso la riduzione della forma alla purezza di un contorno contorno e la conquista di certi precisi rapporti cromatici. E' un percorso che egli definisce di *"condensazione"*, di progressiva chiarificazione e stabilizzazione della sensazione, di sintesi e allo stesso tempo di costruzione secondo una logica formale che finisce per allontanarsi dall'apparenza oggettiva della cosa: *"Non posso copiare servilmente la natura, che sono invece costretto a interpretare e a sottomettere allo spirito del quadro".*

Obbiettivo finale (profondamente classico) sono la compiutezza e necessità dell'opera. Scrive Matisse: *"Esiste una proporzione necessaria dei toni che può indurmi a modificare la forma di una figura e trasformare la mia composizione. Finché non l'ho ottenuta in tutte le parti, la cerco e continuo il mio lavoro. Poi arriva un moment in cui tutte le parti hanno trovato i loro rapporti definitivi e, da allora, non potrei più apportare alcun ritocco al quadro senza rifarlo interamente".* L'opera di Cezanne è indicata da Matisse come esempio di chiarezza e necessità dell'immagine: *"Guardate un quadro di Cezanne: tutto è così ben combinato che, a qualsiasi distanza e con qualsiasi numero di personaggi, distinguerete nettamente i corpi e capirete con quale parte vada a raccordarsi questo o quel membro. Se nel quadro c'è molto ordine, molta chiarezza, è perché, fin dall'inizio quest'ordine e questa chiarezza esistevano nello spirito del pittore, o perché il pittore era cosciente della loro necessità. Le membra possono incrociarsi, mescolarsi, ma ogni parte resta sempre, per l'osservatore, unita allo stesso corpo e partecipe all'idea del corpo: ogni confusione è scomparsa".* Si manifesta qui una ulteriore differenza fra il modo di dipingere "di getto" dei pittori della *Brücke* e quello riflessivo e lento di Matisse, che afferma "*Potrei accontentarmi della stesura di getto di un'opera, ma poi me ne stancherei: perciò preferisco ritoccarla per poterla riconoscere più tardi come una rappresentazione del mio spirito*".

E siamo al concetto di espressione e a quello che significa per Matisse. "*Vi sono due modi di esprimere le cose: uno è mostrarle brutalmente, l'altro evocarle con arte*". Scrive Matisse: "*L'espressione, per me, non risiede nella passione che apparirà improvvisa su un volto o che si affermerà con un movimento violento. E' tutta la disposizione del mio quadro: il posto che occupano i corpi, i vuoti che sono intorno ad essi, le proporzioni, tutto ciò ha la sua importanza. La composizione è l'arte di sistemare in modo decorativo i diversi elementi di cui la pittura dispone per esprimere i propri sentimenti*" [4].

Un dipinto può e deve "esprimere" attraverso la forma nel suo insieme, ossia attraverso la "composizione"; e riesce a farlo pienamente solo quando questa forma ha raggiunto una necessità, una essenzialità tale da renderlo una realtà autonoma. Solo allora la forma veramente espressiva svela, nel suo linguaggio puramente visivo, qualcosa della nostra esperienza della natura, ossia il "sentimento della cosa". Ciò deve essere ottenuto non imitando letteralmente la realtà, cogliendone e restituendone le relazioni essenziali, con i propri mezzi specifici in una realtà (il quadro come oggetto) del tutto autonoma.

Siamo all'opposto di quella riduzione della forma a "tracciato sismografico", a mera impronta della Vita, che Simmel riconosce come tipico ideale dell'arte espressionista. In questa idea di composizione come relazione astratta di forme e colori che diventa viva e significativa proprio nel momento in cui tutto nell'opera è necessario come in una organismo vivente, la pittura mostra la sua affinità con la musica e un'analoga capacità espressiva: "*Dal rapporto dei toni, deve risultare un accordo di colori viventi, un'armonia analoga a quella di una composizione musicale*".

5. *Alcune opere di Matisse*

Seguiamo l'evoluzione di Matisse attraverso alcune opere realizzate negli anni precedenti la Prima Guerra mondiale.

Lusso, calma e voluttà è realizzato fra il 1904 e il 1905. Il titolo è tratto da un verso della poesia di Baudelaire *Invito al viaggio*. Il punto di partenza tecnico di quest'opera è chiaramente nel *pointillisme*, ma come abbiamo detto, il fine non è più lo stesso. Non si mira a generare il colore sulla retina dell'osservatore, ma a evidenziare la qualità del colore in se stesso, per creare una sorta di atmosfera cromatica, producendo nel piano della tela una pulsazione luminosa attraverso continue e quasi inavvertibili variazioni di colore. I contorni blu delle figure rimandano a Gauguin, e contribuiscono a delimitare le aree cromatiche, sottolineando la bidimensionalità dell'immagine mentre l'albero in primo piano allude ancora a una sorta di quinta prospettica.

Del 1905 è *Donna con il cappello*, ritratto della moglie dell'artista, presentato al Salon d'Automne. Qui, rispetto a *Calma, lusso e voluttà* è particolarmente evidente quella dimensione "selvaggia" del fauvisme che sconcertò Vauxcelles. Alle piccole pennellate regolari divisioniste si sostituisce una vera e propria esplosione di colori, applicati con gesto rapido e sfacciatamente impreciso. L'immagine è scomposta in stesure di colori contrastanti, senza nessuna ricerca di verosimiglianza, né di definizione del volume o della profondità: tutto è materia colorata sulla superficie della tela. Il viso della donna è dipinto accostando brutalmente verdi, rossi, gialli, blu. Lo sfondo è trattato con gli stessi colori della figura.

In *Nudo blu: souvenir de Biskra* (1907), si fa più forte il riferimento a Cezanne con una maggiore attenzione alla struttura, ma successivamente la dimensione "decorativa", basata su vaste stesure di colore uniforme, prevale e raggiunge una nuovo stadio con i grandi dipinti come *La Musica* e *La Danza* realizzati fra il 1908 e il 1910. Le figure si riducono a profili, sagome quasi "ritagliate". Anche i colori sono ridotti all'essenziale: il rosa-arancio dei corpi, il blu e il verde dello sfondo. Il dipinto dichiara in modo inequivocabile la sua natura di superficie "piatta e colorata". Ma, come voleva Matisse, la "decorazione" è immediatamente espressiva e, in questo caso, di un senso della vita come gioiosa danza cosmica.

NOTE

[1]   W. Kandinsky, *Lo spirituale nell'arte,* SE, Milano 2005, p. 37.

[2]   M. Denis, *Du Symbolisme au Classicisme,* Théories. Hermann, Paris, 1964, p.33.

[3]   H. Matisse, *Note di un pittore,* in H. Matisse, *Scritti e pensieri sull'arte,* a cura di D. Fourcade, Abscondita, Milano 2003, p. 24.

[4]   *Ivi,* p. 36.

[5]   M. De Micheli, *Le avanguardie artistiche del Novecento,* Feltrinelli, Milano, 2005, p.75.

[6]   H. Matisse, *Matisse on art,* University of California Press, 1995, p.50.

[7]   Tutte le citazioni successive senza riferimento sono tratte da: H. Matisse, *Note di un pittore,* in H. Matisse, *Scritti e pensieri sull'arte,* a cura di D. Fourcade, Abscondita, Milano 2003, pp. 17-48.

[8]   G. C. Argan, *Henri Matisse,* catalogo della mostra, Roma, 1978, cit. in G. Serafini, *Matisse e il Mediterraneo,* Giunti, Firenze 2011, p. 9.

[9]   *Ibidem.*

Henry Matisse
Lusso, calma e voluttà, 1904
olio su tela, cm. 73 x 60

Henry Matisse
Donna con il cappello, 1905
olio su tela, cm. 73 x 60

Henry Matisse
Nudo blu: souvenir de Biskra, 1907
olio su tela, cm. 74 x 93

Henry Matisse
La danza, 1929
olio su tela, cm. 100 x7 2

L'Espressionismo

1. "L'età della crisi"

L'Espressionismo ha il suo epicentro in Germania e raggiunge il culmine negli anni a cavallo della prima guerra mondiale, fra il 1910 e il 1925. Si tratta di un fenomeno complesso e variegato, una sorta di "clima culturale", che si manifesta non solo in pittura, ma anche in letteratura, musica, architettura, teatro, cinema. Mentre l'Espressionismo in pittura può considerarsi concluso con l'inizio della prima guerra mondiale, le manifestazioni più significative in letteratura, teatro e cinema si collocano nel dopoguerra.

L'età dell'Espressionismo è stata chiamata "età della crisi". La società tedesca vive nei primi decenni del nuovo secolo una tragica parabola. A partire dall'ultimo quarto del XIX secolo, fino ai primi decenni del XX, grazie a una modernizzazione a tappe forzate, la Germania, da poco unificata, era passata dalla condizione di paese economicamente e socialmente "arretrato", a quella di potenza industriale e militare, con ambizioni imperialistiche. Questo sogno di potenza naufraga nel fango delle trincee della prima guerra mondiale e nelle miserie di in un durissimo dopoguerra, in cui la Germania sconfitta e "umiliata", conosce una terribile crisi economica.

La pittura espressionista nasce, quando la Germania è ancora nella fase "ascendente" di tale parabola, come protesta di una giovane generazione che non si riconosce nella società contemporanea e nel suo volgare ottimismo di cui coglie l'illusorietà. Il mondo moderno che sta velocemente prendendo forma (e di cui andava fiera la "borghesia trionfante" della seconda metà del XIX secolo, con la sua positivistica fiducia nel Progresso), appare a questi giovani come un grande meccanismo oppressivo e privo di senso. Una immagine-metafora che unifica il frastagliato arcipelago espressionista è quella del progressivo sfaldarsi del mondo, del suo "ritirarsi dall'uomo", fino a lasciarlo abbandonato, in una realtà fatta di cose estranee, inquietanti e ostili.

La cultura e la morale "borghesi" della società guglielmina (da Gugliemo II imperatore di Germania dal 1888 al 1918), sono sentite come forme vuote, al servizio di istituzioni repressive come la famiglia o l'apparato burocratico dello Stato. Le ostentate certezze della scienza positivistica entrano in crisi. La psicanalisi di Freud "scopre" l'inconscio facendo della psiche umana l'oscuro campo di battaglia tra forze che travalicano il soggetto cosciente . La fisica relativistica fa vacillare i concetti tradizionali di materia, spazio e tempo. I progressi della tecnica, sembrano sfuggire alla capacità di controllo dell'uomo; nasce la sensazione che non sia la Tecnica a servizio della vita dell'uomo, ma stia accadendo il contrario: cresce un sentimento di angoscia di fronte a un mondo, che riduce l'uomo a puro ingranaggio di grandi "macchine", industriali, burocratiche e militari.

La società borghese e la moderna società industriale isolando l'uomo dalla sua origine, dalla Natura, lo privano della sorgente della sua potenza, lo costringono all'isolamento, a quello sradicamento che caratterizza l'abitante delle grandi metropoli. Georg Simmel, nei testi che abbiamo preso in considerazione nella prima parte di questo volume, è uno dei più lucidi testimoni dell'età dell'Espressionismo, come "età della crisi" e della sua tragica dimensione conflittuale.

2. L'urlo originario

Coesistono nell'Espressionismo la dimensione iconoclasta e quella visionaria. Il *pathos* che caratterizza l'Espressionismo è il sintomo ambivalente di questa condizione di conflitto: lacerante sentimento di insofferenza nei riguardi delle forme della società e della cultura del presente, ma anche tensione appassionata e nostalgica verso un mondo nuovo, in cui ritrovare il senso profondo e autentico della vita. Vi è negli Espressionisti un'ansia di assoluto, fortemente radicata nella

tradizione del romanticismo tedesco e che ha in pittura ha il suo riferimento in Caspar David Friedrich (1774-1840), con il suo senso del
sublime, come *pathos* dell'uomo di fronte alla potenza infinita della
Natura. Dal punto di vista filosofico i suoi ispiratori sono i grandi "ir-
razionalisti" del XIX secolo: Schopenhauer per il quale la sostanza del
mondo è cieca volontà di esistere; Nietzsche, il filosofo che denuncia i
valori della civiltà occidentale, in cui non riconosce nient'altro che una
forma estrema di "nichilismo", di negazione della Vita.

L'*urlo originario* (*Urschrei* - grido di angoscia e di orrore di un uomo
solo in un mondo estraneo) è il simbolo dell'Espressionismo. E' allo
stesso tempo un gesto iconoclasta e violento di negazione di ogni
costrizione sociale, ed atto affermativo, manifestazione libera e del
tutto incontrollata della parte profonda e socialmente repressa di sé.
Lo scrittore e critico Hermann Bahr nel suo testo "Espressionismo"
(1916) osserva: "*Noi non viviamo più, siamo vissuti. Non abbiamo più libertà, non sappiamo più deciderci, l'uomo è privato dell'anima, la natura è privata dell'uomo ... Mai vi fu un'epoca più sconvolta dalla disperazione, dall'orrore della morte. Mai, un più sepolcrale silenzio ha regnato nel mondo. Mai l'uomo è stato più piccolo. Mai è stato più inquieto. Mai la gioia più assente e la libertà più morta. Ed ecco urlare la disperazione: l'uomo chiede urlando la sua anima, un solo grido d'angoscia sale dal nostro tempo. Anche l'arte urla nelle tenebre, chiama al soccorso, invoca lo spirito: è l'Espressionismo*" [2].
L'artista espressionista nega e distrugge per arrivare a vedere, qua-
si a toccare l'essenza della vita, oltre i limiti ristretti della razionalità
e della visione "oggettiva" delle cose. Per questo rifiuta di limitarsi a
riprodurre la realtà e concepire pertanto l'arte nel senso tradizionale
di "mimesi" della natura. Ma nel suo voler andare in profondità oltre
la superficie deformando la realtà, si contrappone anche al pittore impressionista il quale, per cogliere la sensazione nella sua immediatezza,
cerca di ridursi a un *puro occhio*. Gli espressionisti dicono che mentre
l'impressionista "guarda", essi "vedono", con un atto che non è passivo e meccanico, ma attivo e produttivo, appunto "visionario".

La ribellione espressionista sfocia nell'individualismo e nell'utopia, più che in una organizzata azione politica, ed è stata, per questo,
oggetto di giudizi negativi da parte della critica di ispirazione marxista.

Ladislao Mittner osserva: *"come il romanticismo tedesco aveva foggiato il tipo dell'eterno adolescente vagheggiato nell'acerbità di una definitiva, immutabile bellezza, così nell'Espressionismo ricompare, tragicamente potenziato, perché assai più aderente alla sua realtà storica concreta, l'adolescente immaturo: l'adolescente vittima dell'estrema corruttela della sua epoca e dell'apocalisse della guerra in cui la corruttela doveva sfociare, e anche l'adolescente fallito nella propria sognata missione di redentore e rinnovatore dell'umanità"*[1].

Se questa tipizzazione psicologica può aiutarci a comprendere alcuni tratti dell'Espressionismo, e in particolare della *Brücke* (movimento fortemente connotato in senso generazionale), più difficile è condividere il giudizio complessivo , visto che essere "utopica" con i suoi specifici mezzi, è probabilmente il solo modo che l'arte possiede per essere veramente rivoluzionaria.

3. *Attivisti ed Eternisti*

La classica distinzione fra "attivisti" ed "eternisti" adottata dalla critica per orientarsi nella variegata nebulosa espressionista, sembra avere in pittura una particolare pertinenza, concretizzandosi in due distinti movimenti, rispettivamente la *Brücke* e il *Blaue Reiter*[3].

A questa distinzione corrispondono due strategie diverse che però sono animate dallo stesso *pathos* e mirano allo stesso scopo: non semplicemente "rappresentare" la realtà visibile, ma giungere a esprimere una dimensione profonda e autentica oltre le maschere della società borghese.

Gli "attivisti" della *Brücke*, cercano la verità scavando nella materialità viva e dolente dei corpi; investono la realtà contemporanea di una violenza tale da far saltare tutte le convenzioni (artistiche e sociali). In essi una sorta di energia primitiva si libera per denunciare le ipocrisie della società alla luce delle dimensioni fondamentali dell'esistenza: la sessualità e la morte. In termini linguistici, il "referente oggettivo" permane riconoscibile, ma la rappresentazione figurativa è deformata da forze profonde.

Gli "eternisti" del *Blaue Reiter* cercano la verità non scavando con crudeltà dentro la realtà quotidiana, ma nella direzione opposta. Attraverso la forma liberata dalla soggezione alla realtà, cercano di trascendere il quotidiano verso una dimensione spirituale. Dal punto di vista linguistico la loro pittura non tende alla deformazione, ma all'astrazione (anche se fra di essi solo Kandinsky approderà a un'arte propriamente astratta). Al "panteismo" della *Brücke* si contrappone il "trascendentalismo" del *Blaue Reiter*. Come è stato osservato *"mentre per i pittori di Die Brücke il dio Pan era ancora "presente" in questo mondo, in Der Blaue Reiter il panteismo subì una svolta, pervenendo alla dimensione trascendentale"* [4].

L'estetica da cui entrambi i movimenti prendono le mosse è quella dell'*Einfühlung*, con la sua idea della realtà come qualcosa da sentire, da cogliere dall'interno. L'artista cerca di immedesimarsi con la forza organica delle cose e di farsi quasi strumento della sua espressione, facendo confluire con immediatezza, attraverso la sua mano, questa energia, questa forza creatrice, nelle forme che crea. Come nota De Fusco, l'Espressionismo può essere visto, come *"una esasperazione di quella interiorità psicofisica teorizzata dalla simpatia simbolica"*[5], come una esperienza estrema che intende superare la dimensione edonistica dell'Art Nouveau.

4. *Die Brücke*

Il Gruppo *Die Brücke* (*Il Ponte*) fu fondato a Dresda nel 1905, da quattro studenti di architettura (Fritz Bleyl, Erich Heckel, Ernst Ludwing Kirchner e Karl Schmidt-Rottluff), nessuno dei quali aveva compiuto studi accademici in pittura. Bleyl svolse nel gruppo un ruolo marginale e già nel 1909 tornava all''architettura. Successivamente si aggregarono al gruppo, per brevi periodi, Emil Nolde e Max Pechstein. La loro prima mostra si svolse a Dresda nel 1906 senza riscuotere particolare successo di pubblico, ma suscitando l'interesse di alcuni critici.

Gli artisti della *Brücke* si stabilirono in un quartiere popolare di Dresda, conducendo una vita *bohemien* nel laboratorio da essi stessi arredato e decorato. Il gruppo si trasferì fra il 1910 e il 1911 a Berlino e si sciolse bruscamente, per incomprensioni interne, nel 1913, ma ciascuno continuò a sviluppare per proprio conto la ricerca intrapresa insieme agli altri.

I pittori del "Ponte" si riconoscono il compito storico di contribuire al passaggio a una nuova umanità che ritrovi la sua potenza creativa e vitale, oltre la miseria dell'uomo contemporaneo. Non saranno forse loro a vedere questo mondo, ma il loro compito è aprire la strada, essere un "passaggio", una"transizione". In un momento storico di crisi e di transizione, il tema del "ponte", come simbolo di tramite e passaggio, ritorna frequentemente nella cultura tedesca di quegli anni. Ricordiamo prima di tutto Nietzsche, il quale in *"Così parlò Zarathustra"* afferma che il compito dell'uomo attuale è farsi "ponte" per l'avvento del superuomo. Scrive Nietzsche: *"L'uomo è una fune tesa fra il bruto e il superuomo – una fune sopra l'abisso. Pericoloso l'andare dalla parte opposta, pericoloso il guardare indietro, pericoloso il tremare e l'arrestarsi. Ciò che è grande nell'uomo è l'essere un ponte e non una meta. Ciò che si può amare nell'uomo è l'essere una transizione e un tramonto"* [6]. Un ulteriore riferimento, tra gli altri, è il teorico dell'*Einfühlung* Theodor Vischer il quale nel 1890 scrive: *"Anticamente nota è l'apparenza della natura, e pure così incomprensibilmente estranea. Un profondo abisso separa l'uomo da lei. Ma egli nel suo spirito vi costruisce sopra un ponte"* [7].

L'orientamento fondamentale del movimento è la ricerca della massima energia, una "selvaggia" intensità e immediatezza, con modi espressivi *"che sembrano affiorare dalle acque caotiche e torbide della vita"*, in un sorta di disperata ricerca di autenticità, rifiutando il tradizionale sistema di regole estetiche, convenzioni e modelli rappresentativi. Il testo del programma del 1906, inciso in una xilografia da Kirchner, è una dichiarazione di fede nel futuro, nella forza della giovinezza, nella immediatezza e autenticità dell'espressione, di rifiuto del vecchio sistema oppressivo di regole, in arte come in ogni campo dell'esistenza individuale e collettiva. Il loro orizzonte non è il Progresso, ma una Rigenerazione che si dovrà compiere a partire dalle forze primordiali e irrazionali della Natura.

Nel programma si legge: *"Con fede nel futuro e come esponenti di una nuova generazione di artisti e di conoscitori, chiamiamo tutti i giovani a raccolta. In quanto giovani noi stessi portiamo il futuro e vogliamo creare per noi stessi libertà di vita e movimento contro l'antico potere degli anziani. Chiunque esprima la propria energia creativa in modo diretto e autentico è dei nostri."*

Intensità del sentimento e immediatezza dell'espressione investono con violenza l'oggetto e si manifestano in termini di linguaggio come deformazione dolorosa e visionaria del reale, sia nel disegno che nel colore. La Forma viene negata come principio regolatore della Vita e ridotta a manifestazione immediata di essa secondo quanto afferma Simmel nel *Conflitto della Civiltà moderna*. In questo rifiuto della Forma in ogni sua dimensione (sociale, economica, politica, artistica, ecc.), l'arte della *Brücke* rivela il suo potenziale politicamente eversivo. E' innantitutto nel linguaggio stesso, (prima ancora che nei soggetti raffigurati) che gli espressionisti trasmettono il loro messaggio allo stesso tempo iconoclasta e visionario, negando ogni convenzione rappresentativa e affermando il valore assoluto della spontaneità nell'espressione, facendo di ogni dipinto un vero e proprio "urlo".

La "non-forma" degli espressionisti è anticlassica nel suo fondamento, "brutta", quasi brutale, incontrollata, tecnicamente sciatta e maldestra. La rapidità esecutiva e la mancanza di riguardo alla "buona fattura" sono assunti come indici di immediatezza e autenticità espressiva.

Una volta rifiutati i canoni di valutazione propri della tradizione artistica accademica occidentale orientati all'ideale classico di Forma, nuovi riferimenti vengono cercati in tradizioni remote, non ancora "corrotte" dalla civiltà moderna, lontane da essa nel tempo e/o nello spazio e più vicine alla Natura. Sono l'arte popolare del medioevo tedesco (soprattutto le sue xilografie devozionali) e l'arte dei popoli "primitivi", in particolare africana e polinesiana. Nell'ambito della tradizione recente, sono quei pittori dominati dell'urgenza dell'espressione come Van Gogh, Ensor e Munch.

Il colore è utilizzato non in senso mimetico, ma violentemente espressivo e antinaturalistico, per stesure piatte, senza ricerca del volume attraverso il chiaroscuro. Non si cerca di rendere naturalisticamente la plasticità dell'immagine, o la profondità dello spazio, ma si delineano le figure con una scrittura veloce, elementare nei suoi segni, dura e angolosa, sentita come manifestazione di un primitivo spirito "gotico" propriamente tedesco. Di qui la grande fioritura della grafica presso i pittori espressionisti e in particolare della xilografia, tecnica che, con i suoi effetti di elementarità vigorosa e primitiva, era particolarmente congeniale alla poetica della *Brücke*. Anzi, come nota la Nigro Crove " *E' stato anche ipotizzato che tutta la pittura espressionista tedesca dipenda*

fortemente dalla pratica della xilografia. Le incisioni della Brücke in realtà adot-
tano il rapporto con la superficie lignea in modo del tutto nuovo: l'elemento lineare
retrocede di fronte alla tendenza ad ottenere dallo scavo nella matrice ampie zone di
nero su bianco, lasciando in evidenza le venature del legno, la sua qualità materica,
e al tempo stesso la violenza dell'intervento manuale su di esso [...] E parallela-
mente nella pittura a olio, i pesanti contorni di tante figure di Kirchner e di Heckel,
ma anche di tanti paesaggi e nature morte, non hanno la funzione di contenere le
stesure piatte di colore o di ottenere uno schiacciamento prospettico, ma piuttosto di
sottolineare la durezza dei tratti del volto o l'atmosfera minacciosa della natura e
delle case, e sembrano quasi la trasposizione della xilografia nella tecnica a olio" [8].

5. *Artisti della Brücke*

Ernst Ludwig Kirchner (1880-1938) è la figura centrale del movimento. Scrive nel 1913 una *Cronaca della Brücke* secondo una prospettiva non condivisa dagli altri membri del gruppo. Come pittore parte
dal post-impressionismo filtrato dall'opera di Munch. La forza espressiva, nelle sue opere, si manifesta come deformazione dell'immagine,
delineata con un disegno quasi rudimentale, fatto di contorni pesanti,
segmenti spezzati, tratti angolosi e rigidi; a questo si aggiunge l'effetto
violento di stesure piatte di colore aggressivo e dissonante.

Il dipinto *Bagnanti a Mortizburg* (1909), esprime con la fresca ingenuità della forma e del colore, la "visione" di un mondo in cui la
sessualità sia vissuta in modo naturale, fuori da ogni senso del peccato
e costrizione sociale, nella Natura rigenerata di una sorta di nuovo
paradiso terrestre.

Nel periodo berlinese, dopo il 1910, nella sua pittura irrompe il
tema della metropoli, con la condizione moderna di sradicamento e
di alienazione dell'individuo, con le folle di personaggi grotteschi e
malinconici, ciascuno isolato in un suo mondo, con le architetture de-
formate, che acquistano una inquietante vitalità organica, incombente
e minacciosa.

Mentre un dipinto come *Bagnanti a Mortizburg* celebrava il corpo
e la sessualità naturale, nella metropoli il sesso è degradato a merce;
diventa uno dei tanti prodotti a disposizione del consumo. Il rapporto

sessuale è ridotto a scambio economico, nel quale l'altro è solo un mezzo. Il tema della prostituta ritorna frequentemente in Kirchner. Nel dipinto del 1913 *Cinque donne per strada* le donne aspettano i clienti, addobbate come strani uccelli impagliati in vetrina, mentre nel pastello *Cocotte rossa* (1914), intorno alla prostituta in abito rosso, questa volta sono gli uomini ridotti a cose, a una fila di esseri neri, indistinguibili e senza volto.

Kirchner tornò dalla prima guerra mondiale con un forte esaurimento nervoso, dal quale non si riprese mai del tutto. *L'autoritratto come soldato* (1915) racconta questa condizione di perdita di sé. Rappresentandosi con un'espressione assente, uno sguardo vuoto, una sigaretta lasciata pendere con noncuranza dalle labbra, sembra volerci dire che la guerra, anche quando non uccide, spegne la vita in chi riesce a tornare. Kirchner, che in realtà non fu ferito in guerra, si rappresenta crudelmente rigido come un manichino, con una mano amputata (simbolo della forza creativa spenta), mentre volge le spalle alla modella che guarda una tela destinata forse a restare per sempre incompiuta. I postumi di questa crisi lo accompagneranno per tutta la vita. Si suicidò nel 1938, dopo che molti suoi quadri erano stati prelevati dai musei e distrutti dai nazisti.

Il tratto influenzato dalla xilografia caratterizza ancora di più, rispetto a Kirchner, l'opera di Erich Heckel (1883-1970). Il tono cupo e drammatico della sua pittura deve molto proprio a un disegno rudimentale dal carattere volutamente primitivo con le linee spesse come solchi profondi, duri e spezzati.

Nel linguaggio di Emil Nolde (1867-1956), pseudonimo di Emil Hansen, non è in evidenza tanto il tratto, quanto il colore violento e pieno di energia. Una vena religiosa indubbiamente caratterizza Nolde, ma non si tratta di una religiosità convenzionale e nemmeno vissuta come proiezione mistica verso il trascendente. E' tensione verso la rivelazione del Sacro, quel mistero non umano, al di là del bene e del male, in cui la nostra vita è immersa. Un esempio è *Danzatrici al lume di candela* (1912) con la sua atmosfera dionisiaca.

Così nelle gallerie di volti terribili e grotteschi come *I filistei* del 1915 o nelle sue xilografie come *Il profeta* (1912), riaffiora la tradizione mistica e popolare, il cupo senso del sacro del medioevo tedesco.

Ancora la "sacralità" della natura è il tema del il trittico dal titolo

La leggenda di Santa Maria Egiziaca. Il riferimento alla leggenda, (diffusa in modo particolare nella cultura popolare tedesca) della donna convertitasi dopo una vita da prostituta e morta da eremita (nonché la struttura tripartita), derivano dalla tradizione medievale. L'innocenza della peccatrice immersa nella natura, nel terzo pannello, ha una risonanza autobiografica. Lo sguardo puro e ingenuo del pittore si riflette nella condizione della santa che recupera nella foresta l'innocenza perduta. Il trittico è una sorta di metafora della condizione del pittore espressionista che non si vende più al mercato del mondo con le sue convenzioni, e compromessi; nega il mondo e la sua volgarità, ritorna alla Natura e con un nuovo occhio puro e virgineo coglie la verità profonda delle cose. Questo trittico mostra esplicitamente quell' ansia "religiosa" che è l'altra faccia dalla "brutalità" provocatoriamente esibita dalla pittura della *Brücke*.

6. Il *Blaue Reiter*

Il movimento del *Blaue Reiter* (Il cavaliere azzurro), fu fondato a Monaco nel 1911 da Vassilij Kandinsky (1866-1944) e Franz Marc (1880-1916); più tardi subentrerà, in posizione più defilata, Paul Klee. Il movimento tiene mostre collettive nel 1911, '12 e '13. e si disperde nel 1914 allo scoppio della prima guerra mondiale. Marc muore in combattimento, Kandinsky, di nazionalità russa, deve rientrare in patria.

Già nel 1903 Kandinsky aveva realizzato un dipinto dal titolo *Il cavaliere azzurro*, nel quale un cavaliere con un mantello azzurro (colore spirituale per eccellenza) su un cavallo bianco al galoppo, simboleggiava l'uomo alla ricerca della dimensione spirituale. Il cavallo e il cavaliere alludono alle forze dello spirito creativo: il primo alla creatività istintiva e il secondo alla coscienza dell'artista, capace di dare a quella creatività coerenza e sostanza.

Il *Blaue Reiter* ha in comune con la *Brücke* il *pathos* espressionistico rivolto a superare la realtà quotidiana e la piatta oggettività della società borghese, così come l'interesse per l'arte medievale popolare e quella dei popoli "primitivi". A differenza della *Brücke*, vi è nel *Blaue*

Reiter una tensione verso una dimensione puramente spirituale e una minore attenzione ai temi politici e sociali. Inoltre il *Blaue Reiter* ha un'apertura internazionale e interdisciplinare (con particolari convergenze con ricerche contemporanee in campo musicale) e una propensione all'elaborazione teorica.

Ciò risulta evidente nell'*Almanacco del Blaue Reiter* la cui pubblicazione era programmata per la mostra del 1911, ma che uscì solo nel 1912. Lo scoppio della guerra impedì la realizzazione del secondo numero previsto. L'almanacco del *Blaue Reiter* raccoglieva saggi teorici scritti da pittori (Kandinsky vi contribuì con tre articoli), critici e musicisti, e una grande quantità di immagini.

Il progetto culturale era quello di raccogliere e mettere in relazione tutta una serie di esperienze apparentemente fra loro distanti: dal romanticismo tedesco, allo spiritualismo russo, dalle ricerche formali delle avanguardie (i *fauves* in primo luogo), all'arte dei popoli primitivi. L'Almanacco sollecita il lettore a estendere i propri orizzonti al di là dei limiti della concezione tradizionale ed eurocentrica dell'arte. Infatti, oltre ad affrontare nei saggi teorici, secondo diverse prospettive, i temi della dimensione spirituale ed espressiva della forma artistica, mostra, attraverso un variegato repertorio di immagini, come l'espressione artistica sia un territorio ben più ampio e potenzialmente fertile di quanto volesse l'asfittica tradizione accademica occidentale. E' quanto pochi anni prima aveva affermato Wilhelm Worringer in *Astrazione e Empatia*. Compaiono fianco a fianco opere della tradizione artistica occidentale, disegni di bambini e opere di tradizioni minori o trascurate, come l'arte dei popoli primitivi (dal Pacifico del Sud e dall'Africa), la grafica giapponese, le xilografie e sculture medievali di arte popolare tedesca, antiche bambole egiziane, arte popolare russa e arte sacra bavarese dipinta su vetro. Il piano sul quale queste esperienze così diverse vengono comparate è quello "senza tempo" di una sorta di "psicologia della forma" in cui convergono suggestioni delle teorie dell'empatia e della pura visibilità.

Adolf Hitler definì l'arte di avanguardia "*beffa culturale ebreo-bolscevica*". Il regime nazista si oppose all'arte di avanguardia, in particolare, a quella espressionista e dadaista, di cui temeva il potenziale iconoclasta e di critica nei riguardi di quella mitologia basata su valori ariani di bellezza e di eroismo che stava imponendo capillarmente con i mezzi potenti della propaganda e dell'educazione nazionale.

Quando il nazismo salì al potere vennero prelevati dai musei tedeschi (e in buona parte destinati alla distruzione) oltre seimila dipinti di artisti di avanguardia. Questo programma di "epurazione artistica" culminò nella mostra itinerante *Arte Degenerata,* inaugurata a Monaco nel 1937 da un violento discorso di Hitler. Nella mostra le opere erano accompagnate da scritte dispregiative e con in evidenza il prezzo che i musei tedeschi avevano pagato ai mercanti d'arte ("agli speculatori ebrei") per queste opere giudicate "immorali e prive di qualsiasi valore artistico".

NOTE

1   L. Mittner, *L'Espressionismo*, Laterza, Bari, 1997, p. 20.

2   H. Bahr, *Espressionismo*, Bompiani, Milano 1945, pp. 85-86.

3   M. De Micheli, *Le avanguardie artistiche del Novecento*, Feltrinelli, Milano 2005, pp. 83-93.

4   S. Barron, W. D. Dube, *Espressionismo tedesco: arte e società*, Bompiani, Milano 1997, p. 65.

5   R. De Fusco, *Storia dell'arte contemporanea*, Laterza, Bari, 2005, p. 10.

6   F. Nietzsche, *Così parlò Zarathustra*, Milano, Adelphi 1968.

7   Cit. in J. Nigro Covre, *Espressionismo*, Giunti, Milano 1998, p. 23.

8   J. Nigro Covre, *Arte contemporanea: le avanguardie storiche*, Carocci editore, Roma, 2014, p. 27.

Ernst Ludwig Kirchner
Bagnanti a Moritzburg, 1909-1926
olio su tela, cm. 150 x 200

Ernst Ludwig Kirchner
Cinque donne per strada, 1913
olio su tela, cm. 120 x 90

Ernst Ludwig Kirchner
Studio per la Cocotte rossa , 1914
pastello su carta, cm. 41 x 30

Ernst Ludwig Kirchner
Autoritratto da soldato, 1915
olio su tela, cm. 69 x 61

Emil Nolde
Danzatrici al lume di candela, 1912
olio su tela, cm. 100 x 86

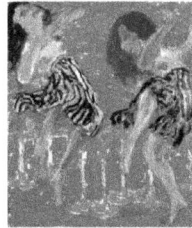

Emil Nolde
I filistei, 1915
olio su tela, cm. 85 x 115

Emil Nolde
Il profeta, 1950
xilografia

Emil Nolde
La leggenda di Santa Maria egiziaca, 1912
pannello centrale, olio su tela

Wassily Kandinsky

1. Nota biografica

Wassily Kandinsky nasce a Mosca nel 1866 da una famiglia benestante. Consegue in Russia la laurea in legge, ma nel 1896 si trasferisce a Monaco per studiare pittura. E' affascinato dall'arte popolare russa ed esordisce come pittore nell'ambito del Simbolismo. Nel 1906, durante un soggiorno in Francia, viene a contatto con la pittura dei *Fauves*. Nel 1910, a Monaco, dipinge il suo primo acquerello astratto e scrive *Lo spirituale nell'arte*. L'anno successivo fonda, insieme a Franz Marc, il movimento del *Blaue Reiter*.

Nel 1914, allo scoppio della prima guerra mondiale, ritorna in Russia. Dopo la Rivoluzione di ottobre insegna presso l'Accademia di belle arti di Mosca, svolgendo un ruolo di primo piano nelle nuove istituzioni artistiche della Russia sovietica; ma nel giro di pochi anni il suo punto di vista espressionista e spiritualista è emarginato dalle emergenti correnti costruttiviste e produttiviste. Ritorna in Germania dove, nel 1922, è nominato professore alla Bauhaus, presso la quale insegna fino al 1932. Intanto nel 1928, insieme a sua moglie, aveva ottenuto la cittadinanza tedesca. Dopo la forzata chiusura della Bauhaus decretata dalle autorità naziste, si trasferisce in Francia. Qui ottiene la cittadinanza francese nel 1939 e muore a Neully-sur-Seine nel 1944.

2. La cultura dell' Einfühlung

E' la teoria dell' *Einfühlung* a fornire al Kandinsky la chiave per pensare l'arte come linguaggio astratto e tuttavia capace di comunicare in modo immediato un significato spirituale.

La teoria dell' *Einfühlung* è la prima ad affermare che la forma ha in sé stessa un potenziale espressivo. *Einfühlung* (in italiano tradotto comunemente con "empatia") significa letteralmente "immedesimazione", "simpatia simbolica", "comunicazione fisio-psicologica". Alla domanda "perchè le qualità formali degli oggetti naturali e artistici ci attraggono o ci respingono?" la risposta dell'*Einfühlung* è che esse agiscono su di noi, grazie alla risonanza con qualcosa di affine che è in noi. Una certa linea, una certa forma, un certo colore, producono in noi un particolare stato fisio-psicologico per se stessi indipendentemente da ciò che rappresentano. Le forme della natura o di un'opera d'arte entrano in risonanza con la nostra interiorità e in tal modo sono di per sè espressive.

L'*Einfühlung* fu teorizzata da Robert Vischer (*Il senso visivo della forma*, 1873) e Theodor Lipps (*Estetica*, 1903-06), con riferimento al dinamismo delle forme naturali e organiche; l'uomo riconoscerebbe belle quelle forme nelle quali riesce a proiettare il proprio senso vitale. Esiste a cavallo fra XIX e XX secolo tutta una "cultura dell'Einfühlung" che si esprime nel gusto Art Nouveau e nel simbolismo, e che trova la sua ispirazione fondamentale nelle forme organiche della natura.

Tuttavia la teoria dell'*Einfühlung* orientata verso una particolare famiglia di forme, quelle organiche della natura, non esauriva le possibilità di una psicologia della forma in senso più generale. Fu Wilhelm Worringer nel suo *Astrazione e empatia* (1908) ad evidenziare come tutte le forme abbiano in realtà un potenziale espressivo, non solo quelle organiche, ma anche quelle geometriche. Se un'esigenza psicologica di movimento e dinamismo vitale determina un rapporto di empatia con le forme organiche della natura, un'opposta esigenza di ordine, perfezione, rigore, stabilità, ci spinge verso l'astrazione, verso le forme regolari della geometria. In ogni caso l'arte si fonda sempre su una relazione psicologica o meglio psico-fisica con il soggetto e il suo fine resta il soddisfacimento di un suo bisogno vitale.

2. L'astrazione e la "svolta spirituale" dell'umanità

L'insoddisfazione per la cultura contemporanea e il rifiuto il positivismo (l'ideologia della borghesia di inizio secolo), sono per Kandinsky come per la Brücke, il punto di partenza. Ma Kandinsky è uno spiritualista, intriso di religiosità e misticismo, interessato ad ogni forma di irrazionalismo. Ne *Lo spirituale nell'arte* interpreta il rinnovamento in atto nell'arte contemporanea come parte di un processo di elevazione spirituale dell'umanità, oltre i limiti dell'oggettivismo materialista tipico della società e della cultura moderne [1]. Si starebbe delineando una vera e propria "*svolta spirituale*" da lui intesa in un senso prossimo a quanto preconizzava la *teosofia* della russa Elena P. Blavatsky. Secondo questa teoria l'umanità era destinata ad evolversi verso la pienezza della sua dimensione spirituale, della quale le diverse religioni storiche erano manifestazioni parziali e provvisorie.

Questa "svolta", per Kandinsky si stava manifestando in tutte le arti e negli stessi termini: come progresso verso l'astrazione. In letteratura riporta l'esempio dello scrittore belga Maurice Meaterlinck il quale emancipava la parola dalla sua funzione puramente rappresentativa, per farla valere prima di tutto come "suono interiore". In musica riconosce a Wagner, con l'invenzione del *Leitmotiv*, il merito di avere introdotto un modo nuovo di caratterizzare un personaggio con mezzi puramente musicali, "*una specie di atmosfera spirituale espressa musicalmente che preannuncia l'eroe e che l'eroe diffonde intorno a sé*" [2]. Ma chi aveva spinto più avanti la ricerca in campo musicale era Arnold Schönberg, il quale, afferma Kandinsky, stava già creando "*la musica del futuro*" che "*conduce in una regione nuova, dove le esperienze musicali non sono acustiche, ma puramente psichiche*" [3].

Il ruolo di pioniere nel movimento della pittura moderna verso l'astrazione è assegnato da Kandinsky a Cezanne, il quale, pur non avendo abbandonato la rappresentazione della realtà, aveva per lui compiuto il primo passo in direzione della "pittura pura", ossia verso la liberazione della pittura dalla subordinazione al suo vecchio compito mimetico[4]. Per quanto non astratte, le sue opere già vivevano autonomamente per le loro qualità puramente pittoriche. Tuttavia il punto più avanzato in quel momento, era rappresentato, per Kandinsky, dai *fauves* per quanto riguarda il colore e dai *cubisti* per la forma. Tuttavia le conquiste di questi movimenti non erano ancora l'obiettivo finale, ma soltanto "*due grandi vie per una sola meta*": l'astrazione assoluta o quella che egli chiamava "*la nuda costruzione*".

Kandinsky è il primo teorico dell'astrattismo Per lui la pittura può liberare in pieno il suo potenziale comunicativo ed esprimere un puro contenuto spirituale solo se le forme e i colori sono lasciati agire e valere per sé stessi, per la capacità che hanno di "risuonare" in noi; in altri termini se la pittura si fa "astratta". Come la nostra percezione del mondo perde di intensità per effetto dell'abitudine, così il "suono" delle forme e dei colori è offuscato, velato dal loro uso per scopi mimetico-rappresentativi. Scrive Kandinsky "*Quanto più è libero l'elemento astratto della forma, tanto più pura e quindi primitiva ne è la risonanza*" [5]. In ciò consiste la differenza essenziale fra arte "oggettiva" e arte astratta: "*nella prima il suono dell'elemento in sè viene velato, represso. Nell'arte astratta l'elemento arriva al suono pieno, non velato*" [6]. La musica è da tempo arte astratta: "*salvo poche eccezioni la musica è già da alcuni secoli l'arte che non usa i suoi mezzi per imitare i fenomeni naturali, ma per esprimere la vita psichica dell'artista e creare la vita dei suoni*" [7]. Per Kandinsky la pittura può fare lo stesso, usando i suoi mezzi specifici[8]. Nella distinzione introdotta da Schopenhauer fra mondo della Volontà e mondo della Rappresentazione, possiamo riconoscere una delle fonti teoriche della negazione della rappresentazione in pittura da parte di Kandinsky. Proprio Schopenhauer aveva affermato che fra le diverse arti la musica godeva della prerogativa esclusiva di poter fare a meno della rappresentazione ed essere immediata espressione della volontà, attraverso i suoi mezzi specifici (il timbro, il ritmo, la melodia, l'armonia, ecc.).

La concezione astratta della pittura implica, per Kandinsky non solo un nuovo rapporto fra forma e contenuto, ma anche un nuovo rapporto fra opera d'arte e fruitore. Per descriverlo egli paragona il quadro tradizionale a una finestra chiusa attraverso i cui vetri, come su uno schermo di proiezione, noi guardiamo il mondo rappresentato, mentre il quadro astratto funziona come un passaggio attraverso cui usciamo all'aperto entrando con la nostra sensibilità in un mondo pulsante e dinamico, libero dal peso della materialità. "*Ogni fenomeno può essere vissuto in due maniere diverse. Si può osservare la strada stando dietro il vetro della finestra: i rumori ne vengono attutiti, i movimenti diventano fantomatici e la strada stessa appare, attraverso il vetro trasparente, ma saldo e duro, come una entità separata, che pulsi in un "al di là". Oppure si apre la porta: si esce dall'isolamento, ci si immerge in questa entità, vi si diventa attivi e si partecipa a questo pulsare della vita con tutti i propri sensi. Le altezze e i ritmi dei suoni in continuo movimento avvolgono gli uomini, ... li circondano -un gioco di tratti e di linee orizzontali, verticali, che attraverso il movimento si volgono in direzioni diverse, macchie di colore che si ammucchiano e si disperdono, che danno un suono, ora alto, ora profondo. L'opera d'arte* [l'arte non astratta ma mimetico-rappresentativa] *si rispecchia nella superficie della coscienza. Essa sta al di là e si dilegua dalla superficie, senza lasciar traccia, appena scomparso lo stimolo. Anche in questo caso c'è una specie di vetro trasparente, ma saldo e duro, che rende impossibile il diretto rapporto interno. Anche qui abbiamo la possibilità di entrare nell'opera, di divenirne parte attiva e di vivere con tutti i sensi la sua pulsazione. A prescindere dal suo valore scientifico, che dipende da un'analisi precisa dei suoi singoli elementi artistici, l'analisi di questi ultimi è di per sé un ponte che ci introduce al pulsare interno dell'opera"* [10].

Anche sul piano del coinvolgimento del fruitore nell'opera, il punto di vista di Kandinsky riguardo alla pittura, coincide con quello espresso da Schopenhauer a proposito della musica. Nei *Supplementi al mondo come volontà e rappresentazione* questi afferma: *"Siccome la musica non rappresenta, a somiglianza di tutte le nostre arti, le idee, o i gradi di obiettivazione della volontà, ma invece immediatamente la volontà stessa, allora da ciò si spiega, che essa agisce immediatamente sulla volontà, cioè sui sentimenti, sulle passioni e sugli affetti dell'uditore, in modo che rapidamente li rialza o anche li sconvolge"* [9]. La realizzazione di opere di formato medio-grande, (opposta in questo alla predilezione di Klee per il piccolo formato), rivela come Kandinsky miri a fare in modo che l'osservatore sia coinvolto in una sorta di esperienza sinestetica, attraversando quella "porta" aperta sul mondo spirituale, che è la superficie dipinta del quadro.

3. *La pittura come linguaggio: lessico, grammatica, teoria della composizione*

Kandinsky intraprende un ambizioso progetto volto a definire una semantica e una sintassi della forma e del colore, a partire dal potenziale comunicativo che gli "elementi dell'arte" hanno in sé stessi. Con il termine "elementi" Kandinsky intende ciò che è specifico di una certa arte, i suoi *"materiali da costruzione, che devono quindi essere diversi per ciascuna arte ... gli elementi senza i quali un'opera, in una determinata specie di arte, non può assolutamente nascere"* [11]. In pittura i "materiali da costruzione" sono il colore e gli elementi della forma (punto, linea e superficie). Kandinsky adotta nella sua indagine sulla forma e sul colore il classico metodo razionalista (già teorizzato da Cartesio), il cui primo passo è l'analisi del campo di studio con l'individuazione delle sue componenti elementari, per poi passare alle loro leggi di aggregazione a livelli sempre maggiori di complessità. In questo vediamo come una sorta di tensione connoti la teoria di Kandinsky: un approccio razionalistico in termini di metodo viene applicato ad una visione del mondo fortemente spiritualista, se non irrazionalista.

Egli concepisce la ricerca sul linguaggio pittorico come un lavoro sistematico da sviluppare in un primo tempo, sulla base di valutazioni intuitive, ma che, con l'accumularsi delle esperienze e degli studi, potrà diventare una "scienza" basata su leggi e dati oggettivi: *"Noi ci apriamo a forza questa via affascinante fondandoci sulle reazioni della nostra sensibilità, che certamente all'origine sono radicate in esperienze intuitive. Ma la sola sensibilità potrebbe anche facilmente farci deviare, e errori di questo genere possono essere evitati solo con l'ausilio di un esatto lavoro analitico. Un giusto metodo, però ci terrà lontano dalle strade sbagliate. I progressi raggiunti nel lavoro sistematico creeranno un vocabolario di elementi che, in un ulteriore sviluppo, porterà a una grammatica. Essi condurranno alla fine a una teoria della composizione, che varchi i limiti delle singole arti e si riferisca all'arte in generale"* [12].

Kandinsky legge gli "elementi" della pittura essenzialmente in termini di forze e tensioni, concependoli come realtà dinamiche in senso psico-fisico, in grado di rimandare a una dimensione puramente spirituale. In *Punto linea superficie*, spiega: *"Il concetto di elemento può essere interpretato in due maniere diverse - come concetto esterno e come concetto interno. Dall'esterno ogni singola forma disegnata o dipinta è un elemento. Dall'interno, l'elemento non è quella forma stessa, bensì è la tensione interna che vive in essa. E di fatto il contenuto di un'opera pittorica non è nelle forme esterne, ma nelle forze-tensioni viventi in queste forme. Se le tensioni, improvvisamente, per incantesimo, sparissero o morissero, anche l'opera vivente morirebbe immediatamente"* [13].

4. *Il linguaggio del colore*

Ne *Lo Spirituale nell'arte* (1912), Kandinsky si occupa del linguaggio del colore.

I colori non agiscono sulla nostra anima solo indirettamente per associazione di idee, (per cui, per esempio, il giallo trasmette un'idea di luce e calore perché lo associamo al sole), ma in primo luogo direttamente: *"In generale il colore è un mezzo per influenzare direttamente l'anima. Il colore è il tasto. L'occhio è il martelletto. L'anima è un pianoforte con molte corde. L'artista è la mano che, toccando questo o quel tasto, fa vibrare l'anima"* [14].

Un colore usato dal pittore, fa vibrare in un certo modo particolare la nostra anima. Dunque il valore di un colore non è una proprietà del colore in sé, ma esprime una certa relazione psico-fisica con l'osservatore; anche l'armonia che percepiamo fra certi colori è in effetti l'armonia fra le diverse vibrazioni prodotte da essi nella nostra anima.

Quindi il colore è un fenomeno spirituale e dinamico e come tale va interpretato. Basa il suo effetto su vibrazioni esattamente come la musica: vibrazioni della luce (pittura) e dell'aria (musica) e corrispondenti vibrazioni dell'anima. Fra suoni e colori si stabilisce così un rapporto sinestetico di rimando reciproco: un certo tipo di colore evoca (quasi ci fa udire) un certo suono e viceversa, perchè entrambi producono in noi vibrazione simile. E' su questa base fisio-psicologica che Kandinsky può ipotizzare una teoria della composizione *"che varchi i limiti delle singole arti e si riferisca all'arte in generale"*.

L'analisi del colore in Kandinsky si concentra essenzialmente su questa modalità diretta di comunicazione, salvo poi a integrare le conclusioni con osservazioni sul suo significato associativo. La riportiamo nelle sue linee essenziali.

I colori si muovono fra due coppie di polarità opposte: *caldo/freddo* e *chiaro/scuro*. I rispettivi valori in termini semantici vengono analizzati con riferimento alle coppie di colori in cui queste qualità si manifestano in maniera pura: la coppia giallo/blu per la polarità *caldo/freddo* e la coppia bianco/nero per la polarità *chiaro/scuro*.

Sia il giallo che il blu sono colori attivi e dinamici, ma agiscono in senso tra loro inverso: il giallo (colore caldo) ha un movimento radiante dal piano del quadro verso l'osservatore e insieme un movimento eccentrico/centrifugo con il quale si espande nel piano del quadro. Per questo lo percepiamo come un'energia che vuole invadere tutto lo spazio e la sua percezione ci rende emozionati e ansiosi, abbaglia e respinge. Il giallo puro produce nell'anima una vibrazione analoga al suono alto e squillante di una tromba. In termini associativi il giallo è il colore tipico della terra, del sole, dell'energia vitale. Nella natura si può paragonare all'estate morente che dilapida le sue energie nell'incendio delle foglie autunnali. Dal punto di vista psicologico può associarsi alla follia, intesa come accesso di furore, straripamento incontrollato di energia.

Esattamente al contrario, il blu (colore freddo) si allontana dall'osservatore e si concentra su se stesso, con un movimento concentrico-centripeto. Il blu attira. Il suo suono è simile a quello di un flauto. Con il suo movimento di allontanamento dallo spettatore e avvicinamento al centro richiama l'idea dell'infinito, suscitando la nostalgia della purezza del soprannaturale. Dal punto di vista associativo è il colore tipico del cielo. Se tende al nero, diventa di una tristezza struggente, mentre se tende ai toni chiari diventa indifferente e distante come un cielo altissimo.

Passando alla polarità chiaro/scuro, il potenziale dinamico del bianco e del nero viene misurato nei termini della virtuale resistenza che la superficie colorata oppone alla penetrazione da parte dell'osservatore, massima nel bianco e minima nel nero.

Il bianco ci appare come *"un silenzio immenso"*. È un vuoto pieno di potenzialità, un nulla da cui può tutto nascere. Il nero si presenta come un abisso, una superficie priva di resistenza e energia, un vuoto assoluto, *"eterno silenzio senza futuro e speranza"*, un nulla in cui si può sprofondare, morte. Dal punto di vista associativo e simbolico il bianco è il colore degli abiti che esprimono la gioia e la purezza immacolata dell'inizio, mentre il nero è il colore del lutto, dell'annientamento, della fine.

Senza ripercorrere l'intera esposizione di Kandinsky riportiamo ancora alcune osservazioni sul verde e sul rosso, perché rivelatrici della vena di polemica anti-borghese che anima il suo spiritualismo e che attraversa anche l'Espressionismo del *Blaue Reiter*.

Il verde è il colore della stabilità, dell'assenza di movimento. *"Mescolando questi due colori diametralmente opposti (il giallo e il blu) in un equilibrio ideale si forma il verde. I movimenti orizzontali, quelli centrifughi e centripeti si neutralizzano a vicenda. Nasce la quiete. È la conclusione … Il verde assoluto è il colore più calmo che ci sia: non si muove, non esprime gioia, tristezza, passione logica cui è facile giungere in teoria. Ma anche l'effetto ottico e, attraverso l'occhio, l'effetto psichico, ce lo confermano; non desidera nulla, non chiede nulla. Questa assoluta assenza di movimento, è una proprietà benefica per le persone e le anime stanche, ma dopo un po' di tempo il riposo può venire a noia … La passività è la caratteristica più tipica del verde assoluto, che ha un profumo di opulenza, di compiacimento. Per questo il verde assoluto è nel campo dei colori quello che la borghesia è nella società: un elemento immobile, soddisfatto, limitato in tutti i sensi. Questo verde è come una mucca grassa, in salute, che giace inerte, è capace solo di ruminare e osserva il mondo con occhi vuoti e indifferenti"* [15].

Il rosso per Kandinsky è energia tutta interiore e potenziale. *"Il rosso che di solito abbiamo in mente è un colore dilagante e tipicamente caldo, che agisce nell'interiorità in modo vitalissimo, vivace e irrequieto. Senza avere la superficialità del giallo, che si disperde in tutte le direzioni, dimostra una energia immensa e quasi consapevole. In questa agitazione e in questo fervore introversi, poco rivolti all'esterno, c'è per così dire, una maturità virile"* [16].

Alla fine dell'analisi, Kandinsky, commentando il suo cerchio dei colori, mette in evidenza come quello del colore sia un linguaggio in grado di parlarci già da solo della totalità dell'essere: *"Come un grande cerchio, come un serpente che si morde la coda (simbolo dell'infinito e dell'eternità) ci appaiono allora i sei colori, che divisi in coppie formano tre grandi contrasti* [giallo/blu, rosso/verde, viola/arancione]. *A destra e a sinistra stanno le due grandi possibilità del silenzio* [bianco e nero]: *il silenzio della nascita e il silenzio della morte"* [17].

5. *Il linguaggio della forma*

Punto linea e superficie, pubblicato nel 1926 nella collana della Bauhaus, si lega all'esperienza didattica svolta in quella scuola, proseguendo nell'impegno volto a gettare le basi di una scienza dell'arte. Nella prefazione Kandinsky presenta l'opera come la prosecuzione del suo testo *Lo spirituale nell'arte*, ma pur nella continuità del progetto teorico e di una concezione dinamica e psicologica della forma, dal residuo romanticismo delle teorie dell'*Einfuhling* si passa qui a una più rigorosa *Gestaltpsychologie*.

Oggetto della ricerca sono questa volta la natura e le proprietà degli elementi fondamentali della forma, colti in una sorta di progressione genetica che va dal punto, alla linea, alla superficie. Ancora una volta riconosciamo un progetto tipicamente "razionalista" dal punto di vista del metodo: scomporre un campo nei suoi elementi base e di questi poi scoprirne le leggi di aggregazione.

Anche qui Kandinsky interpreta ogni elemento in termini dinamici, come un essere vivente dotato di una propria identità, una propria "volontà". Ci invita a sentire la tensione che vi è in ogni punto, in ogni linea, in ogni superficie, offrendoci, in tal modo, la chiave per entrare nel mondo vivente e pulsante delle sue composizioni astratte e coglierne la dimensione "sinfonica".

Senza addentrarci nell'articolata esposizione del testo, le definizioni del punto, della linea e della superficie, sono sufficienti a mostrare come la lettura dinamica degli elementi della forma, in Kandinsky, equivalga ad una loro spiritualizzazione, a farne i personaggi di un dramma.

Il punto è una pura affermazione di esistenza, un "minimum" di realtà, ma pieno di virtualità. "*Il punto geometrico è un'entità invisibile. Deve quindi essere definito come un'entità immateriale. Pensato materialmente, il punto equivale a uno zero. Ma in questo zero si nascondono diverse proprietà, che sono "umane". Noi ci rappresentiamo questo zero - il punto geometrico - come associato con la massima concisione, cioè con un estremo riserbo, che però parla [...] Il punto fa presa sulla superficie di fondo e vi si stabilisce per sempre. Così: esso è internamente la più concisa affermazione stabile, che sorge breve, ferma e rapida. Perciò il punto deve essere considerato, in senso esterno e interno, l'elemento originario della pittura e specialmente della grafica*" [18].

La linea nasce dal movimento del punto sospinto da una forza e, come tale, è un'entità dinamica. La linea retta è "lirica", perché è l'espressione di una singola forza, proprio come la poesia lirica è quella che esprime il sentimento individuale del poeta. La linea spezzata e quella curva sono "drammatiche" in quanto nascono dalla concorrenza di più forze, (come personaggi che spingono lo sviluppo di un dramma in direzioni diverse). Quando queste forze si alternano abbiamo la linea spezzata, quando agiscono contemporaneamente, componendosi fra loro, abbiamo la linea curva.

I personaggi del "dramma" agiscono su un "palcoscenico" che a sua volta non è uno spazio isotropo, ma attraversato da forse e tensioni invisibili. La superficie di fondo che accoglie le forme dipinte o disegnate, infatti, non è in sé omogenea. Più pesante e densa a destra e in basso e più rarefatta e leggera in alto e a sinistra. Di conseguenza le forme appaiono più o meno pesanti, più o meno libere a seconda della zona che occupano sulla superficie di fondo.

6. *La composizione*

Il momento conclusivo, la meta della ricerca, è la teoria della "composizione", cioè della "*somma internamente organizzata delle tensioni*"[19] dei diversi elementi. Ogni elemento ha un "suono" specifico, ma nella composizione questi suoni non vengono percepiti mai nella loro purezza; a esempio non posso ascoltare il suono di un "rosso" se non associato a quello di una forma (un cerchio rosso, un quadrato rosso, una macchia irregolare rossa, ecc.) e questo suono è a sua volta condizionato dai colori e dalle forme circostanti. Il quadro è una composizione "musicale" nella quale il pittore combina i suoni, producendo un risultato che sarà sempre di tipo "sinfonico". Tale composizione deve essere capace di ricondurre il caos a un senso unitario, a una superiore e segreta "armonia". Per Kandinsky *"Ogni opera d'arte nasce come nasce il cosmo; attraverso catastrofi che dal fragore caotico degli strumenti, formano una sinfonia, che chiamiamo armonia delle sfere. La creazione di un'opera d'arte è la creazione di un mondo"*[20].

Ma la composizione moderna non vuole imporre al caos un ordine pacificante, negando il conflitto; vuole invece esprimere il mondo così come appare a noi moderni: intimamente dissonante nella sua complessità e frammentarietà. Ne *Lo spirituale nell'arte* afferma : *"Possiamo ascoltare le opere di Mozart con invidia, con affettuosa simpatia. Sono una pausa felice nel frastuono della nostra vita interiore, sono un conforto e una speranza. Eppure le avvertiamo come l'eco di un tempo diverso, passato, che ci è fondamentalmente estraneo. Lotta di toni, perdita di equilibrio, caduta dei "principi", inattesi colpi di tamburo, grandi interrogativi, tensioni apparentemente senza scopo, impeti e nostalgie apparentemente laceranti, catene e legami spezzati, contrasti e contraddizioni: questa è la nostra armonia. Su questa armonia si fonda la composizione: un rapporto di colori e linee indipendenti, che nascono dalla necessità interiore e vivono nella totalità del quadro"* [21]. E' nella musica di Schönberg e non nelle serene armonie di Mozart che si riconosce la pittura di Kandinsky come costruzione di un mondo dinamico fatto di tensioni e conflitti che accetta la "dissonanza" come parte ineliminabile dell'esistenza.

Pur non basandosi su regole compositive precostituite o criteri assoluti di ordine, come quelli della composizione "classica", Kandinsky non intende affidarsi al caso o all'arbitrio. La composizione è invece, per lui, come per Klee, un lavoro assolutamente rigoroso, per quanto basato solo sull'intuizione, perchè è guidato dalla *"necessità interiore"*. La Nigro Covre analizza la composizione pittorica di Kandinsky in relazione a quella dei suoi riferimenti in campo musicale , Wagner e Schönberg. *"Un pittore, dunque Kandinsky, sospeso fra il fascino di Wagner e quello di Schönberg. Alla "melodia infinita" di Wagner è vicina la sua inclinazione lirica e fiabesca, la sua immersione nell'infinito del cosmo, che "risuona nel caotico fragore degli elementi", la cattura dello spettatore in un dinamismo che non ha un principio e una fine, né punti di riferimento nello spazio e nel tempo, come avviene nel bagno di vapore russo evocato a proposito della Composizione VI. D'atra parte, la struttura di un quadro di Kandinskij consiste in colori accostati oltre ogni principio noto di armonia e in consapevoli dissonanze; non si può parlare di disegno, ma di strisce nere che sono anch'esse macchie di colore, e sono attraversate da colori diversi indipendentemente dalle sagome suggerite, né si può parlare di abolizione della linea ,perché con il pennello si assottiglia il colore fino a veri e propri tracciati. Questa assenza di distinzione fra linee e colori si avvicina a quella fra melodia e armonia nelle composizioni di Schönberg* [22].

Una composizione pittorica per Kandinsky vive di accenti, ritmi, pause, esattamente come una composizione musicale, è un mondo vivo e pulsante che appartiene a una dimensione immateriale fatta di forze, tensioni, accordi e movimento, posta al di là del mondo materiale degli oggetti e della rappresentazione. In questo senso un'opera di Kandinsky è quanto di più lontano ci sia da un quadro-oggetto, ("oggetto reale nello spazio reale", come voleva Tatlin): la materialità del dipinto (come "superficie piatta e colorata") è una chiave di accesso a un'altra realtà, vale non in sé stessa, ma per la capacità di innescare un dinamismo, un "dramma" i cui protagonisti sono forze, e al quale noi possiamo accedere in quanto esseri spirituali.

In questo senso si può comprendere quanto l'astrattismo di ispirazione espressionista di Kandinsky fosse lontano dall'astrattismo "formativo" dei giovani costruttivisti dell'*Inchuck*, ispirati da Tatlin e dalla sua idea dell'opera d'arte. E come potesse essere da questi emarginato in quanto portatore di una concezione psicologico-espressiva e, in definitiva, ancora "borghese" dell'arte.

E' l'espressione il fine della costruzione astratta. La forma è un mezzo. Kandinsky arriva ad affermare che "*in linea di principio non esiste alcun problema della forma*", poiché la forma non è che l'espressione della "necessità interiore".

7. La necessità interiore

Kandinskji definisce il concetto di necessità interiore come "*l'efficace contatto con l'anima*" [23] da parte di una forma, ossia la piena rispondenza di una forma a un bisogno psichico. E' questo l'unico criterio che l'artista possiede per valutare il risultato del suo lavoro. Riconosciamo in tale concetto un bisogno radicale di autenticità che lega in profondità le "astrazioni" di Kandisnky all'urlo espressionista dei pittori della *Brücke*. Questa necessità risponde a tre esigenze espressive tra loro inestricabilmente intrecciate, ma poste su livelli distinti: l'esigenza psicologica di esprimere se stesso, l'esigenza storica di esprimere la propria epoca, e l'esigenza astratta di esprimersi nella forma in quanto tale. Nelle prime due esigenze si manifesta la necessità di esprimere realtà soggettive (individuali o collettive) mutevoli nel corso del tempo, mentre nella terza si esprime una esigenza universale che è *"eterna e oggettiva"*. Lo stile di un'epoca è il modo particolare in cui l'esigenza espressiva fondamentale, quella universale, astratta e puramente formale , si manifesta nella particolare realtà storica dell'artista (come individuo e come appartenente ad una certa società).

L'evoluzione dell'arte nel suo insieme è letta da Kandinsky come un processo di progressivo affrancamento dell'esigenza espressiva puramente astratta rispetto alle altre due: *"L'azione della necessità interiore e lo sviluppo dell'arte sono una progressiva espressione dell'oggettività eterna nella soggettività temporanea. E dunque la lotta dell'oggettività contro la soggettività"* [24]. L'arte astratta è dunque per Kandinsky evoluzione verso un linguaggio "universale" oltre le particolarità psicologiche individuali e le differenze storico-culturali. Questa ricerca di un linguaggio universale oltre la storia e i suoi conflitti è l'orizzonte utopico di molte avanguardie astrattiste.

Notiamo particolarmente in Kandinsky, ma certamente non solo in lui fra i teorici dell'avanguardia, un approccio storicistico secondo cui il processo storico avrebbe una direzione evolutiva, e come corollario l'autointerpretazione del proprio ruolo come quello di "avanguardia" di questo movimento necessario della Storia. Il concetto di avaguardia appare oggi datato proprio nella misura in cui si lega ad un punto di vista storicistico, ad una certa idea della storia, che oggi non ci appartiene più.

8. *Alcune opere di Kandinsky*

Come esempi delle sue composizioni ne *Lo spirituale nell'arte*, Kandinsky include le riproduzioni di tre dipinti. Essi risalgono alla fase "lirica" della sua pittura astratta e corrispondono a tre tipi di opere in cui si può osservare come il processo di elaborazione del dato dell'esperienza sensibile (esteriore o interiore) acquisti sempre maggiore autonomia e consapevolezza. Il tipo più semplice sono le *"impressioni"*, che fissano in forma pittorica sensazioni esterne; poi ci sono le *"improvvisazioni"*, ossia *"espressioni, soprattutto inconsapevoli, per lo più improvvise di eventi mentali, e quindi impressioni della "natura interiore"*; infine le *"espressioni"* le quali *"hanno la stessa genesi (particolarmente lenta), ma che, dopo i primi abbozzi, esamino e rielaboro a lungo, quasi con pedanteria. Qui sono fondamentali la ragione, la consapevolezza, l'intenzionalità, lo scopo. Queste composizioni non obbediscono però al calcolo, ma al sentimento"*[25].

Il grande quadro intitolato *Composizione VII*, (1913) è il culmine della produzione di Kandinsky precedente la prima guerra mondiale e corrisponde a quelle che egli definisce "espressioni". Per realizzare questa grande opera furono necessari oltre trenta fra disegni preparatori, acquerelli e studi a olio. Una volta concluso questo lungo lavoro preparatorio Kandinsky completò l'opera in quattro giorni. Il tema formale centrale è quello di un ovale che pare l'occhio di un uragano circondato da forme e colori in movimento vorticoso. Nella composizione finale i singoli spunti sono irriconoscibili, ma nei lavori preparatori e grazie anche alla testimonianza di Kandinsky, sappiamo che in essa convergevano temi diversi come la *Resurrezione*, il *Giudizio finale* e il *Diluvio*. Vediamo come Kandinsky, in questa fase della sua attività, arrivi all'astrazione non a partire dall'uso esclusivo degli elementi fondamentali della pittura, ma a partire da stimoli e intuizioni della realtà, come se una scena fortemente drammatica ricca di eventi e personaggi, depositasse sulla tela solo le forze e le tensioni che l'attraversano, lasciando cadere come un velo, l'apparenza esteriore delle cose. Il risultato è un mondo magmatico e dinamico di forme e colori.

L'approdo definitivo di Kandinsky all'astrazione assoluta può collocarsi nel 1913. A dieci anni di distanza dalla *Composizione VII*, in opere come *Composizione VIII* o *Linea trasversale* il linguaggio di Kandinsky si trasforma, anche grazie all'influenza del Suprematismo e del Costruttivismo con cui entra in contatto nel corso della sua permanenza in Russia, negli anni della guerra e del primo dopoguerra. Il dipinto è sempre inteso come un campo di tensioni, di forze in conflitto, ma ora il punto di partenza non è la realtà, i personaggi del dramma sono direttamente gli "elementi" astratti della pittura, il punto, la linea, la superficie e il colore. Non è il pieno magmatico di forme e colori, ma il vuoto nello spazio a dominare; in esso gli elementi della pittura entrano in relazione, "risuonano" intrecciandosi in polifonie complesse, ma non caotiche. Si tratta di uno spazio non prospettico, ma tuttavia dotato di una profondità che nasce dalla relazione fra gli elementi. In *Composizione VIII* il tema fondamentale è un conflitto fra due famiglie di forme: il cerchio in alto a sinistra, stabile e silenzioso, accompagnato da una serie di cerchi minori, individua un campo di forze, nel quale fanno irruzione rette spezzate e curve organizzate attorno a una sorta di freccia centrale, che introduce una forte direzione di penetrazione la quale, con il dinamismo del suo angolo acuto, si oppone alla stabilità del cerchio. Proprio in questo permanere di un'allusione a una profondità spaziale oltre la superficie fisica della tela, Greenberg vede un elemento di indecisione dell'astrattismo di Kandinsky, il quale *"rinuncia in toto all'illusione stereometrica, ma la "piattezza" che ne deriva non si mantiene abbastanza "piatta" perché le configurazioni introdotte, e ancor più la loro collocazione, distruggono quella "piattezza" – o meglio violano l'integrità del piano pittorico"* [26].

Nei dipinti che Kandinsky realizza in Francia , dopo aver lasciato la Bauhaus nel 1933, cominciano a sparire le rigide geometrie e a proliferare forme organiche e ameboidi o forme geometriche più complesse che richiamano i pittogrammi dell'arte popolare russa.

In dipinti come *Varie parti* o *Cielo Blu*, entrambi del 1940, vediamo come nella fase finale ritornino in una nuova sintesi le esperienze precedenti. In uno spazio vuoto e profondo come quello dei dipinti del dopoguerra vediamo riaffiorare, anche se questa volta come fantastici microrganismi, le forme organiche dei primi quadri astratti. Come osserva la Nigro Covre. *"Kandinskij ama definire il periodo parigino "sintetico" in quanto capace di abbracciare tutte le sue esperienze; in realtà la sintesi formale, la riduzione degli elementi, l'estrema leggerezza caratterizza molte opere e probabilmente le migliori, degli ultimi anni, dove egli sembra ritrovare a destrezza che tutto semplifica, tipica dei suoi tardi anni Venti, trasferita dal rigido al morbido. E' un mondo in cui la dolcezza infantile sostituisce tanto l'ironia quanto il pesante fardello di preoccupazioni scientifiche e antropologiche. Piccole figure di uccelli, o pesci, o pesci-uccelli, o altri animali marini, cerchi, tentacoli multicolori, tutto ruota liberamente in un equilibrio perfetto"* [27].

NOTE

[1] W. Kandinsky, *Über das Geistige in der Kunst*, tr. it. W. Kandinsky, *Lo spirituale nell'arte*, SE, Milano 2005, pp. 27-37.

[2] *Ivi*, p. 34.

[3] *Ivi*, p. 35.

[4] *Ivi*, p. 86. Scrive Kandinsky: "*il cubismo, ad esempio, una delle forme di transizione, mostra che le forme naturali devono essere subordinate alla costruzione, perché sono un ostacolo inutile*". Ivi, p. 53.

[6] W. Kandinsky, *Punkt und Linie zu Fläche*, 1926, tr. it. W. Kandinky, *Punto linea superficie*, Adelphi, Milano 2005, p. 53.

[7] W. Kandinsky, *Lo spirituale nell'arte*, p. 39.

[8] *Ivi*, p. 39 : "*Un'arte deve imparare come un'altra arte usa i suoi mezzi per poter poi usare, analogamente, ma in modo autonomo, i propri*".

[9] A. Schopenhauer, *Supplementi al 'Mondo come volontà e rappresentazione'*, tr. it. Laterza, Bari 1986, v. II, p. 465.

[10] W. Kandinsky, *Punto linea superficie*, pp. 7-8.

[11] *Ivi*, p. 12.

[12] *Ivi*, p. 90.

[13] *Ivi*, pp. 28-29.

[14] W. Kandinsky, *Lo spirituale nell'arte*, p. 46.

[15] *Ivi*, p. 65.

[16] *Ivi*, pp. 67-68.

[17] *Ivi*, p. 71

[18] W. Kandinsky, Punto linea superficie, p. 17 e p. 28.

[19] W. Kandinsky, Punto linea superficie, pp. 28-29.

[20] W.Kandinsky, Rückblicke, in "Der Sturm", 1913, tr. It. W. Kandinsky, Sguardo al passato (1901-1913), in W. Kandinsky, Tutti gli scritti, Milano, 1972, vol. II, p. 165.

[21] W. Kandinsky, Über das Geistige in der Kunst, tr. It. W.Kandinsky, Lo spirituale nell'arte, SE, Milano 2005, p. 74.

[22] J. Nigro Covre, Kandinskij, Giunti, Firenze 2012, p. 25.

[23] W. Kandinsky, Lo spirituale nell'arte, p. 46.

[24] *Ivi*, pp. 55-58.

[25] *Ivi*, pp. 92-93.

[26] C. Greenberg, Seminario n.6, 1976, tr. It. in Clement Greenberg L'avventura del modernismo, Johan & Levi, Milano, 2011, p. 379.

[27] J. Nigro Covre, op. cit, p. 46.

Wassily Kandinsky
Il cavaliere azzurro, 1903
olio su tela, cm. 55 x 60

Wassily Kandinsky
Improvvisazione n.4, 1909
olio su tela, cm.108 x 160

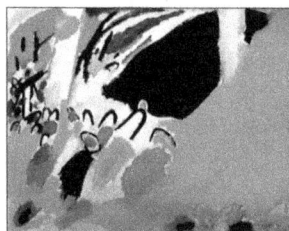

Wassily Kandinsky
Impressione III (concerto), 1911
olio su tela, cm. 77 x 100

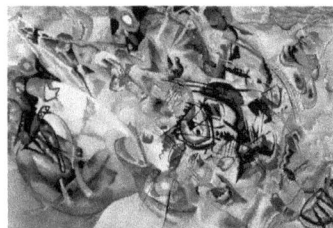

Wassily Kandinsky
Composizione VII, 1913
olio su tela, cm. 200 x 300

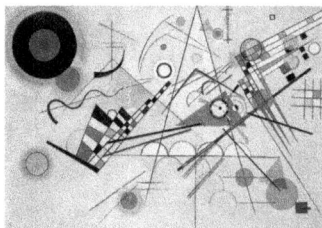

Wassily Kandinsky
Composizione VIII, 1923
olio su tela, cm. 140 x 200

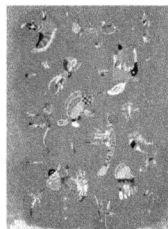

Wassily Kandinsky
Linea trasversale, 1923
olio su tela, cm. 140 x 200

Wassily Kandinsky
Varie parti, 1940
olio su tela, cm. 89 x 116

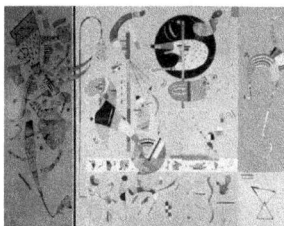

Wassily Kandinsky
Cielo blu, 1940
olio su tela, cm. 100 x 73

Paul Klee

Paul Klee è una figura nodale nell'arte contemporanea, capace di far coesistere componenti espressioniste, surrealiste e astrattiste in una sintesi del tutto originale, non riconducibile a nessuno dei rispettivi movimenti. Scrive M. Franciscono: *"Se si dovesse scegliere un unico artista per incarnare gli obiettivi e le ambizioni dell'arte di questo secolo, il modo in cui ha preso forma nella sua relazione fra passato e presente, e la sua conseguente complessità, l'artista che potrebbe farlo meglio è Paul Klee"* [1].

L'Espressionismo è il movimento a cui Klee si collega più direttamente, non solo per la partecipazione al *Blaue Reiter* e il lungo rapporto personale con Kandinsky. Espressionista è quella sorta di "pathos della profondità" che lo spinge ad andare oltre la superficie del visibile, per arrivare a esprimere dimensioni dell'esistenza fondamentali, ma che nel nostro "commercio quotidiano con le cose" tendiamo a ignorare o negare. Per Klee l'arte non può più essere mimetico-rappresentativa in senso tradizionale: essa *"non ripete le cose visibili, ma rende visibile"* [2].

Ma se Kandinsky aspira a trascendere la realtà materiale, verso un puro mondo spirituale, se i pittori della *Brücke* scavano con furore nella corporeità del reale, per ritrovare un magmatico mondo di energie primordiali, Klee vuole espandere la percezione della realtà in modo da includere in essa la materia e lo spirito, la realtà e il sogno, la percezione e il ricordo. Per questo egli si installa in un mondo "mediano" per certi versi vicino alle atmosfere di Kafka, in cui si fanno vaghi i confini tra l'io e cose, tra la vita e la morte, un mondo inquietante e infantile, apparentemente banale e tragicamente incomprensibile. Per questa sua dilatazione della percezione, l'arte di Klee possiede una dimensione surrealista.

Sul piano del linguaggio, lo avvicina a Kandinsky l'esplorazione rigorosa degli elementi fondamentali della figurazione, approfondita negli anni di insegnamento alla Bauhaus, ma al contrario di Kandinsky, Klee non abbandona mai la realtà per l'astrazione assoluta. Scrive nel 1923 "*Il dialogo con la natura resta, per l'artista, conditio sine qua non. L'artista è uomo, lui stesso è natura, un frammento di natura, nel dominio della natura*"[3]. La pittura di Klee si installa anche in questo caso in uno spazio "mediano", quello fra astrazione e figurazione.

1. *Nota biografica*

Paul Klee nasce nel 1879 in Svizzera, presso Berna, da padre tedesco e madre svizzera, entrambi musicisti. Negli anni del ginnasio studia musica e letteratura, arti che coltiverà insieme alla pittura per tutta la vita.

Nel 1900 si iscrive all'Accademia di Belle Arti di Monaco, dove frequenta i corsi di pittura seguiti negli stessi anni da Kandinsky. Fra il 1901 e il 1902, compie un viaggio in Italia. Nel 1903 comincia a lavorare nel campo della grafica, viaggiando in Germania e in Francia.

A Monaco, nel 1911, incontra Marc e Kandinsky, unendosi al gruppo del *Blaue Reiter* a partire dalla mostra del 1912. Nel 1914 compie un viaggio in Tunisia che risulterà decisivo per la sua formazione di pittore: in Africa, Klee, nato come grafico, sentirà di avere maturato la sensibilità per il colore.

Essendo di nazionalità tedesca, presta servizio militare durante la prima guerra mondiale, ma non in prima linea. Dopo la guerra, una mostra personale, tenuta a Monaco nel 1919, gli guadagna quel riconoscimento della critica e quella fama internazionale che lo accompagneranno, da quel momento in poi, per tutta la vita.

Nel 1920 viene invitato da Walter Gropius alla Bauhaus, dove ritrova l'amico Kandinsky. Vi insegna per dieci anni, prima a Weimar poi a Dessau. Lasciata la Bauhaus nel 1931, è docente presso l'Accademia di Belle arti di Düsseldorf fino al 1933, quando è costretto alle dimissioni dal regime nazista, in quanto esponente della cosiddetta "arte degenerata". Ritornato in Svizzera, continua a dipingere in una condizione di prevalente isolamento, senza che mai venga meno la sua fama internazionale. Muore nel giugno 1940.

2. *Espandere la percezione della realtà*

Per Klee le forze vengono prima delle cose, *"importano più le forze plasmatrici, che gli esiti formali stessi"* [4]. Le cose sono il risultato dell'incrocio di processi e forze di natura molteplice e per questo la loro realtà è più ampia, instabile e incerta di quanto ci possa sembrare se ci limitiamo all'apparenza sensibile, alla chiusa e statica forma oggettiva. Questa consapevolezza dell'incertezza dei confini delle cose, riflette, secondo Klee, l'esperienza moderna della realtà: *"In passato si rappresentavano cose visibili sulla terra, cose che volentieri si vedevano o si sarebbe desiderato vedere. Oggi la relatività delle cose visibili è resa manifesta, e con ciò si dà espressione al convincimento che, rispetto all'universo, il visibile costituisca solo un esempio isolato e che esistano latenti, ben più numerose il significato delle cose si moltiplica, si amplia, spesso apparentemente contraddicendo l'esperienza razionale di ieri"* [5].

Il senso vero delle cose va cercato in questa dimensione "virtuale" che le circonda come un alone invisibile e che consiste nell'intreccio instabile e caotico di relazioni e processi di ogni natura in cui sono implicate. E' questa sorta di mondo intermedio fra vicino e lontano, passato e presente, interno ed esterno, veglia e sonno, la realtà più ampia che Klee intende rendere visibile per mezzo della pittura.

In *Confessione creatrice* egli propone alcuni esempi.

"Un uomo dell'antichità che naviga su una barca, con piena soddisfazione e apprezzando l'ingegnosità e la comodità. A ciò conforme, il modo di rappresentare degli antichi.

E ora invece, le sensazioni di un uomo moderno che passeggia sul ponte di un piroscafo:

1 il suo proprio movimento;

2 la rotta della nave, che può essere opposta a quello;

3 la direzione e la velocità della corrente;

4 la rotazione della terra;

5 l'orbita della terra;

6 tutt'attorno, le orbite della luna e degli astri.

Risultato: una compagine di movimenti nell'universo, avente per centro l'io sul piroscafo.

Un melo in fiore, le sue radici, la linfa che sale, il tronco, la sezione trasversale con gli anelli annuali, il fiore, la sua struttura, le sue funzioni sessuali, il frutto, il ricettacolo coi semi. Una compagine di momenti della crescita.

Un uomo che dorme, la circolazione del suo sangue, il respiro ritmato, la delicata funzione dei reni, nella testa un mondo di sogni in relazione con le forze del destino. Una compagine di funzioni, unite nel riposo" [6].

Il compito dell'artista, per Klee, è farci vedere, dell'*uomo sul piroscafo*, dell'*albero in fiore*, dell'*uomo che dorme*, di ogni cosa, non una riproduzione della loro forma visibile, ma la loro realtà di "compagini dinamiche", ossia di centri di relazioni e processi, e dunque una realtà più ampia che include il visibile e l'invisibile. Il centro dell'opera di Klee non è in uno stile, ma è in questo "mondo intermedio" che egli incessantemente esplora e nel metodo attraverso cui lo rende visibile. I piccoli dipinti di Klee non vanno verso l'osservatore, ma lo richiamano verso di sè, lo costringono ad avvicinarsi per entrare nel loro mondo. Scrive Argan *"L'operazione artistica di Klee, è simile a quella di un ricercatore che, ricorrendo a soli mezzi tecnici, rende visibili (ma non rappresenta) i microorganismi che ci sono, ma che non sarebbero altrimenti visibili. Klee opera sui microorganismi che popolano le regioni profonde della memoria inconscia; ed essi cominciano ad esistere, come fenomeni, solo nell'istante in cui vengono rivelati"* [7].

Se Kandinsky opera in pittura come un musicista, che cerca il "suono" delle forme e dei colori, Klee è un esploratore e cartografo che prende appunti e traccia mappe. La sua pittura contiene tutto un universo. Dal punto di vista formale: *"tenui fili danzanti come ragnatele; rigide trame geometriche della precisione di un mosaico; macchie di colore ora contenute in un segno, ora da questo del tutto indipendenti; scritture che si fondono a fondi articolati"* [8]. Dal punto di vista dei contenuti: *"reticoli-case-città colte all'alba, a mezzogiorno al tramonto; movimenti di nuvole, di festoni, di bandiere; larve umane o animali sospesi in uno spaio senza gravitazione; simboli o volti umani che hanno negli occhi altre profonde sequenze di immagini come un gioco di specchi; galleggianti architetture riflesse in acque; sconcertanti prospettive di ambienti abbandonati; mostruose creature rappresentate con la tenerezza dei disegni infantili; paesaggi lunari; fiori pietrificati come fossili; e marionette sanguinanti"* [9]. Dal punto di vista emotivo, ogni tono e sfumatura, dalla paura, all'angoscia, alla serenità, all'ironia, che molto spesso coesistono con affascinante ambiguità.

Per questo la sua opera, come nota De Fusco, non può essere emblematicamente rappresentata da un "capolavoro" nel quale si possa riconoscere il culmine e la sintesi di una ricerca stilistica unitaria. Il suo "capolavoro" è la totalità della sua opera (costituita da migliaia di piccoli disegni e dipinti, in cui sperimenta molte tecniche diverse, al limite fra astratto e figurativo): una sorta di "diario intimo", di "cartografia" tracciata nel corso di tutta la sua vita creativa.

Il formato ridotto, così caratteristico dell'opera di Klee, è pienamente funzionale a questo carattere del suo lavoro. Esso, come la pagina di un diario, consente totale libertà di composizione, fuori da ogni costrizione.

3. *L'artista come tramite, l'arte come creazione del mondo*

L'artista *"rende visibile"*, è un "tramite" fra il mondo invisibile delle forze e il mondo delle cose visibili. Klee lo paragona a un albero [10].

Come ogni essere umano l'artista è "gettato" in un mondo enigmatico in cui coesistono in modo caotico, spirito e materia, conscio e inconscio, passato, presente e futuro. L'uomo *"è un essere che, non richiesto del suo parere, è stato gettato in un mondo proteiforme, in cui bene o male gli tocca raccapezzarsi"* [11].

In questo terreno, che è la totalità inestricabile del reale, l'artista, come ogni uomo, affonda le sue radici, si pianta, si orienta in qualche modo. Ma ciò che lo distingue, in quanto artista, è il fatto che, attraverso di lui, questo mondo preme per rendersi visibile. L'artista *"premuto e commosso dalla potenza del flusso della linfa, lo dirige nell'opera secondo la sua visione"*. L'artista assorbe le "sostanze" che provengono dalla profondità del mondo, del suo corpo, del suo inconscio e, con i mezzi specifici della sua arte, genera "foglie e frutti", ossia opere in cui riesce a dare forma visibile a ciò che è invisibile e non ha forma. L'artista crea forme a partire dalla realtà ancora non formata, allo stato "molecolare" e non a partire da un sistema predefinito di regole e convenzioni.

Quindi per Klee l'artista crea non in quanto puro occhio o puro spirito o in quanto forza primigenia della natura, ma a partire dalla sua concretezza di uomo "piantato nella terra", attraversato da quelle tensioni, forze, sogni, pensieri, percezioni, ricordi, desideri che abitano ciascuno di noi.

È immediato il riferimento a Fiedler e alla sua idea dell'artista che colui che dà forma a un mondo privo di forma e lo fa in quanto uomo intero a partire dalla sua esperienza del mondo. La dimensione di "normalità", quella per la quale Klee è stato definito "un genio borghese" [12], ci appare in questa luce non un semplice dato biografico ma parte integrante del suo modo di intendere l'arte.

La metafora dell'artista-albero rimanda immediatamente a un'altra metafora, quella dell'artista-mago. Anche il mago è un tramite attraverso cui si manifestano forze invisibili, ma in questo caso non per una virtù generativa naturale, come nell'albero, ma grazie a un sapere e a un procedimento; la seconda metafora ci aiuta a guardare dall'interno il processo di creazione artistica, così come Klee lo concepisce.

Come il mago, l'artista deve mettersi al servizio di forze misteriose, lasciarle manifestare nella loro potenza. Perché l'operazione magica abbia successo occorre seguire un rituale preciso. Analogamente il fare artistico deve essere molto rigoroso, un rigore che consiste in una prima fase nel lasciare agire le forze della figurazione per se stesse senza imporre loro nessuna "intenzione" preconcetta. Quello che si chiede all'artista è il controllo, il rigore formale nel rispetto di ciò che gli elementi fondamentali della figurazione (linea, chiaroscuro, colore) vogliono essere.

In una fase ulteriore l'artista, di fronte a questa configurazione astratta, si pone all'ascolto delle forze del suo inconscio, si lascia andare ai ricordi, alle associazioni mentali, ai suggerimenti che vengono dal suo corpo e dalla sua psiche, quasi in uno stato di *trance*. Così le forme astratte cominciano a suggerire qualcosa, a diventare figure.

Anche in questo caso l'artista non impone nulla, ma lascia che forze profonde emergano e si manifestino, come in una sorta di sogno a occhi aperti.

A questo punto l'immagine (il frutto dell'albero), sta nascendo e comincia un' ultima fase nella quale l'artista, come una levatrice, non deve fare altro che aiutarla a nascere, dandogli tutto ciò che le serve per venire alla luce: precisando il senso della visione che le forze astratte della figurazione gli hanno suggerito.

Avviene nel quadro qualcosa di analogo alla creazione nel mondo:

a partire da un caos di forze nasce un mondo di forme. *"Da elementi formali astratti, al di là della loro riunione in entità concrete ovvero in cose astratte quali numeri e lettere, viene alla fine a crearsi un cosmo formale, il quale mostra tali somiglianze con la Creazione, che basta un soffio per attuare l'espressione del religioso, la religione"*[13] Per questo Klee definisce l'arte *"allegoria della Creazione"*[14]. Argan per questo aprirsi dell'interiorità alla dimensione cosmica, riconosce nell'arte di Klee il momento più profondamente religioso dell'arte moderna [15].

4. *Gli elementi della figurazione*

Come Kandinsky, Klee cerca di definire gli elementi fondamentali della figurazione.

Questi sono per lui la linea, il tono chiaroscurale e il colore, che esprimono rispettivamente valori di misura, di peso e di qualità. *"La linea è l'elemento minimo che non include altri valori oltre quelli di misura"* e il suo simbolo è il regolo graduato con le sue diverse misure. *"I valori di chiaroscuro implicano necessariamente i valori di misura. Ovvero, nella realtà non c'è chiaroscuro visibile che non abbia una estensione e quindi dimensioni misurabili."* Il loro simbolo è la scala dei pesi di chiaroscuro con le diverse gradazioni di bianco e di nero. *"I valori di qualità implicano necessariamente valori di misura e di peso. Ovvero, nella realtà non c'è colore che non esprima un certo valore di chiaroscuro".* Il loro simbolo è la ruota dei colori.

Klee individua quindi *"tre direttrici, tutte intersecantesi nell'ambito del puro colore, mentre in quello del chiaroscuro se ne ritrovano solo due, e una soltanto infine nell'ambito della linea pura. Le tre direttrici definiscono quindi, in base alla loro partecipazione, tre ambiti, per così dire inscatolati l'uno nell'altro "*[16].

Si tratta di un *"congegno molto preciso e delicato"*, che va maneggiato con rigore da scienziato sperimentale, rispettando la natura essenziale di ciascun elemento ed evitando *"confusioni e ambiguità"* non necessarie, dato che le possibilità di combinazione degli elementi formali di base (lasciati nella loro purezza) sono già infinite. Ad esempio per Klee una linea è in sé un puro valore di misura e come tale è preferibile usarla, (ossia come una semplice linea nera) senza colore o chiaroscuro; *"l'uso di linee colorate o assai sbiadite, o altre ambiguità, come gradazioni grigie leggermente cangianti dal giallognolo all'azzurrognolo"* può essere giustificato solo da particolari necessità interiori di espressione.

Questo approccio razionale, analitico e sperimentale lega Klee a Kandinsky e viene sviluppato da entrambi dal punto di vista teorico e didattico nel periodo d'insegnamento presso la Bauhaus.

A questa fase appartiene il *"Quaderno di schizzi pedagogici"*[17] pubblicato nel 1925 nella collana dei *Bauhausbücher*. Qui il tema della ricerca di Klee è quello della "composizione" inteso non in senso "classico" di ricerca di un equilibrio e un'armonia. Si tratta di comprendere come le forme astratte ossia le "forze" della figurazione possano generare il movimento stesso della vita, ossia creare un mondo di forme "viventi" dotate in un proprio dinamismo. Klee esplora la dinamica della linea, i ritmi strutturali, la crescita e il movimento, in strutture organiche come un muscolo o una foglia o meccaniche come un mulino; individua i *"simboli della funzione motoria"*, come la trottola, il pendolo, il cerchio, la freccia, tutti intesi come *"organi motori della composizione"*, concorrenti, con i loro bilanciamento reciproco, a produrre, insieme al movimento del campo cromatico, un *"movimento infinito"*, ossia una composizione dotata di un proprio interno dinamismo vitale.

5. *Il procedimento della "dimensione invertita"*

Consideriamo ora più in dettaglio il processo creativo di Klee che abbiamo sommariamente delineato, basandoci sulla delucidazioni che egli fornisce nella conferenza tenuta a Jena il 26 Gennaio 1924, dal titolo *"Sull'arte moderna"*, nella quale, come dice egli stesso, prova ad accompagnare il lettore a *"dare uno sguardo all'officina di un pittore"* [18].

Il procedimento tipico di Klee è una sorta di "dimensione invertita" [19] che va dall'astratto verso il figurativo, (mentre per definizione l'astratto è ciò che viene "dopo" il concreto, in un certo senso "estratto" da esso, come sua struttura essenziale).

Il punto di partenza è un lavoro di tipo quasi "musicale" sulla forma astratta, a partire da un tema sviluppato in modo rigoroso, rispettando la natura e la logica degli elementi formali. Già in questa prima fase si comprende cosa significhi per l'artista farsi "tramite": vuol dire lasciare agire le forze della figurazione per quello che vogliono essere, senza introdurre nulla di soggettivamente arbitrario. Ma si tratta di una logica non costrittiva e riduzionista, come quella di Mondrian ma aperta e generativa, capace di proliferare all'infinito. Klee non esclude neanche elementi formali che possano contraddire dialetticamente la costruzione iniziale, al fine di renderla ancora più ricca e dinamica, rispondente a una logica formale più complessa.

Il passaggio cruciale è quello successivo, allorché, assorto nella composizione di forme e colori secondo una logica astratta, l'artista intravede qualcosa; da quelle forme e colori vede emergere figure, espressioni, movimenti. Queste figure si insinuano nel ragionamento costruttivo e astratto, così come i *lapsus* spuntano inaspettati da crepe del discorso cosciente. Pensata in questo modo, la creazione artistica ricorda anche il Sogno, nel quale le immagini si formano a partire dai mutevoli stati notturni del nostro corpo e del nostro cervello, ma soprattutto ricorda, come abbiamo detto, la Natura creatrice che a partire da forze e processi invisibili e informali genera tutto il mondo degli esseri e forme visibili. Attraverso lo "strumento ottico" costituito da quelle forme astratte, l'artista vede apparire le immagini che il suo "inconscio" gli suggerisce. Dunque il mondo che prende forma davanti ai suoi occhi è la sua stessa realtà profonda di essere allo stesso tempo materiale e spirituale, (il suo Sè in termini psicanalitici).

In questo processo l'artista non prevede nulla, è una sorta di bambino concentrato nel gioco divino della forma, sorpreso egli stesso dalle assonanze e dalle corrispondenze che gli si rivelano. Il risultato, scrive Klee, sono *"immagini che potrebbero definirsi astrattamente costruzioni ma che volta a volta possono assumere concretamente, a seconda dell'associazione mentale richiamata, nomi come: stella, vaso, pianta, animale, testa, uomo"* [20].

Comincia da questo momento una fase che è allo stesso tempo di interpretazione e di ulteriore elaborazione. E' questa la fase in cui si rivela il potenziale dinamico ed evocativo delle forme astratte, e che un mondo prende concretamente forma, che l'immagine astratto diventa figura dotata di un senso, anche se pur sempre sfuggente.

Il potenziale evocativo della forma si manifesta progressivamente su tre piani: figura, atteggiamento, movimento. Ogni immagine astratta, si presta ad essere, con un po' di fantasia, rapportata a immagini note. Nasce così un'associazione mentale con una figura (un cerchio ricorda una testa, un quadrato una casa, ecc.). A questo punto, se si accetta di seguire questo filo interpretativo, si possono inserire nella composizione astratta nuove forme (questa volta vagamente rappresentative) che rimandano a quella figura intravista e che, per una misteriosa "armonia prestabilita", finiscono per completare e sviluppare il discorso formale impostato in partenza. Così ad esempio un in reticolo ortogonale nel quale si intravede un villaggio tunisino basta aggiungere dei semicerchi per alludere a delle cupole.

Ma i puri elementi formali possiedono anche una valenza espressiva in se stessi, come insegnava la teoria dell'*Einfühlung*. Ed ecco che allora la figura emersa dalle forme astratte si arricchisce, ancora una volta in modo imprevisto, di una carica emotiva. Una testa può essere gialla o rossa, o nera, fatta di linee spezzate o continue, e di conseguenza possedere una diversa "espressione". "*Le figure oggettive ci guardano, ilari o severe, più o meno tese, consolatrici o spaventevoli, sofferenti o sorridenti, ci guardano in tutte le antitesi della dimensione psichico-fisionomica, la cui gamma può estendersi fino al tragico o al comico*"[21].

L'ultima dimensione suggerita dalla composizione astratta di partenza è quella del movimento. In altri termini le figure hanno un "atteggiamento" non solo emozionale ma anche dinamico, nella loro relazione con il mondo (un effetto di movimento o di stasi, di liberazione o costrizione, di velocità o lentezza, ecc.). E' il momento conclusivo, in cui gli elementi spaziali della forma acquisiscono una dimensione temporale, l'opera arriva a creare quel movimento che è il marchio della vita stessa, nascono dei personaggi, degli ambienti e delle storie.

Dalla prima intuizione di un'associazione delle forme astratte con una figura, si passa a una enigmatica narrazione, il quadro comincia a suggerire una storia, un mondo prende forma. Ricordiamo ancora quanto scriveva Fiedler a proposito dell'arte: "*è a ciò che ancora non esiste in alcun modo per lo spirito umano che essa dà forma ed esistenza. Non parte dal pensiero, dal prodotto dello spirito per scendere alla forma e alla figura, ma ascende al contrario dall'informe e dal non-figurato alla forma, alla figura: e nel compimento di questo percorso è tutto il suo significato spirituale*"[22]. Come osserva De Fusco, in questa relazione incerta fra forme e contenuti è uno dei principali elementi di fascino dell'arte di Paul Klee[23].

6. *Il rigore e l'ironia*

L'arte di Klee è stata accostata ai lavori dei bambini o dei malati di mente. Vi è sicuramente una dimensione "infantile" in una certa ingenuità delle sue immagini, così come è vero che la sua pittura ci porta in regioni lontane dal dominio di una rassicurante razionalità. Tuttavia questi accostamenti trascurano l'essenziale del processo creativo di Klee: il rigore nell'uso dei mezzi formali.

Il problema della padronanza dei mezzi figurativi, la necessità di conoscerli coltivarli e impiegarli con rigore è centrale per Klee. Sono questi i mezzi specifici dell'artista, gli "strumenti ottici" che applicati al mondo dell'esperienza, rivelano una realtà che esiste, ma non vediamo normalmente (sono come il microscopio di un biologo). Klee riferisce nei suoi diari di aver compiuto continui esperimenti sulla forma: di disegno puro; di pura pittura chiaroscurale; di colore. E ancora ricorda di avere poi tentato tutte le possibili sintesi combinando e ricombinando, sempre però cercando di conservare la purezza degli elementi.

Le forze fondamentali che l'artista padroneggia sono quelle della figurazione, sono esse le formule dell'artista mago. Rigore formale vuol dire lasciarsi guidare da esse, dalla loro logica, dalla loro natura, non avere fretta di esprimersi con immediatezza, come fanno un bambino o un folle. Solo il rigore formale è la garanzia che l'artista sia veramente "mediatore" e che le sue immagini non siano la mera esternazione di un sogno o di una ossessione personale, ma vere "scoperte", veri atti di creazione. L'artista deve farsi prendere per mano dalla forma, seguirla dove essa lo vuole portare (lui usava dire che egli *"portava la linea a passeggio"* come si porta a passeggio un cane che va annusando trascinandoci con sé di qui e di là) e così cominciare a "sognare a occhi aperti". Scrive Klee: *"Ciò che da questo impulso nasce – si chiami come si vuole – sogno, idea, fantasia – è da prendere in seria considerazione solo quando si unisca agli adeguati mezzi figurativi, in una sintesi integrale. Allora quelle stranezze diventano realtà, realtà dell'arte che rendono l'esistenza un po' più ampia di quanto comunemente non appaia* "[24].

L'opera di Klee si sviluppa fra astrazione e figurazione invitandoci a un movimento interpretativo che si muove nei due sensi: a partire dalla configurazione astratta emergono figure, ma le figure hanno senso solo in quanto parte di una configurazione astratta, proprio come nella realtà il senso di ogni cosa è nell'essere una "compagine" di forze e processi. In questo senso il processo della dimensione invertita consente di rappresentare quella "realtà ampliata" di cui Klee parla in *Confessione creatrice,* allorché l'oggetto viene riconosciuto come parte di un sistema complessivo di relazioni.

E' forse qui il senso insieme tragico e ironico dell'arte di Klee: da un universo astratto, regolare, ordinato secondo leggi universali e oggettive, nasce un mondo di piccoli esseri imperfetti, a volte comici, a volte dolenti. Scrive Marcel Franciscono : " [I quadri di Klee] *non solo sono densamente popolati di figure, ma l'universo di Klee è dovunque antropomorfizzato [...] con relativamente poche eccezioni essi dipendono per molto del loro effetto dal nostro riconoscimento di un'espressione facciale, di un gesto di un tipo umano, e a volte anche di una posizione sociale. In questo senso Klee continuò per tutta la vita il suo lavoro di caricaturista, con una infinità di sottigliezza e variazioni. [...] Come lavori di un caricaturista, i quadri di Klee sono sempre governati da uno spirito beffardo. Infatti uno dei suoi più forti legami con il primo romanticismo tedesco è il suo uso di quella che è comunemente nota come l'ironia romantica: cioè, la aperta esibizione nell'opera di una divina superiorità rispetto alla propria creazione. Era una nozione sicuramente familiare a Klee dalla letteratura. Il risultato è una invariabilmente comica riduzione delle figure, che tuttavia non le svaluta del tutto come esseri umani, al contrario di quanto fanno i dadaisti"* [25.].

Klee con romantica ironia, guarda con un certo distacco alle figure che emergono dal suo mondo di forme astratte; ma in effetti non rende mai nemmeno le sue stesse geometrie qualche cosa di assoluto. Esse stesse con la loro fattura mai meccanica, con la scelta della piccola dimensione, si presentano come nient'altro che un'ipotesi provvisoria di ordine, il massimo a cui l'uomo moderno possa aspirare. In questo distacco ironico che trascende non solo il contenuto dell'opera, ma il proprio stesso operare, è l'essenza divina della Creazione.

Osserva ancora Franciscono: *"L'ironia di Klee è altamente ambivalente. Come pochi artisti di questo secolo, è capace di generare un genuino affetto verso le sue figure, spesso commoventi, qualche volta toccate dal pathos. Al cuore del suo lavoro vi è una costante visibile tensione tra una sprezzante visione dell'umanità e il suo desiderio di un ideale. In gran parte l'ideale è espresso attraverso un ordine astratto e colori radianti. [...] Essi sembrerebbero dover essere il mezzo più ovvio per veicolare il suo sentimento dell'ideale; ma appena per come Klee lo espone, l'ideale è indefinito e forse indefinibile. [...] I suoi paesaggi "mistici" e immagini di altri mondi per quanto belli possano essere, sono altrettanto ridotti in scala e importanza, sono messi in questione quanto le sue figure umane; così come le su figure umane, per quanto possano essere meschine condividono il suo universo ordinato di forme e colori. [...] Klee era scettico verso ogni credenza irriflessa, e la sua soluzione come artista era sostituire a queste credenze i suoi poteri di controllo formale.*

I suoi quadri maturi trasmettono una sorta di rassegnazione o accettazione verso le follie e le indegnità del mondo, non eliminate, ma rese benigne nella misura in cui sono concepite come parti di uno schema più grande. Ma il suo lavoro implica anche che lo schema in sé stesso è solo un tentativo, Klee indubbiamente credeva in una realtà ordinata, ma il suo lavoro come nel suo insieme non nega altre possibilità. Esso è presentato, coscienziosamente, ironicamente, come semplicemente una visione soggettiva, perfino un capriccio, invece che come il riflesso di una certezza" [26].

7. Klee e la pittura espressionista : un confronto

Riprendere ora il confronto fra Klee e gli altri esponenti dell'Espressionismo può aiutarci a precisare la specificità del suo contributo.

Kandinsky è uno spiritualista, che considera spirito e materia come mondi separati. Klee è immanentista, non crede nella reale distinzione fra spirito e materia, ma nella continuità dell'universo, inteso come una realtà "proteiforme" in cui diverse dimensioni coesistono. Per Kandinsky l'arte non deve cercare di penetrare nel mondo fenomenico, ma liberarsene, facendosi astratta per suscitare pure risonanze nell'anima. Per Klee l'arte deve restare agganciata alla realtà dell'esperienza per ampliare la coscienza che ne abbiamo. L'atto creativo di Kandinsky è una sorta di rapimento mistico, tentativo di abbandonare la materialità per attingere un mondo puramente spirituale. L'atto creativo in Klee è una sorta di rito magico che si compie in modo lucido e misurato, al quale partecipa la totalità dell'uomo con la sua ragione, i suoi desideri, le sue paure, i suoi ricordi. Per Kandinsky è essenziale la relazione fra pittura e musica, ed egli concepisce i suoi quadri come composizioni musicali, "sinfonie" di forme e colori. La pittura di Klee non cerca solo risonanze musicali, ma anche letterarie.

In confronto con gli espressionisti della *Brücke* non la violenza e l'immediatezza, ma l'ironia, il distacco caratterizzano Klee, *"genio borghese"* dalle trasgressioni tutte interiori. Nella *Brücke* il sentimento è espresso nella sua immediatezza, mentre in Klee l'espressione è sempre mediata, filtrata dalla forma astratta, suggerita più che dichiarata. In entrambi i casi il dato sensibile è deformato, ma il senso di questa deformazione è del tutto diverso. Per Klee deformare, non significa investire la forma dell'oggetto con la violenza del sentimento, come negli espressionisti della *Brücke*. Scrive Klee: *"Nell'opera d'arte, che abbiamo paragonato alla chioma dell'albero, si tratta di una deformazione resa necessaria dall'ingresso nelle specifiche dimensioni figurative, perché si compia la rigenerazione della natura"* [27]. In Klee un ricordo, un dato soggettivo, è deformato, non a partire dal sentimento interiore, ma al contrario facendone un frammento di un mondo astratto di forme. Anche qui l'immagine può essere sconcertante e "deformata" rispetto alla nostra immagine ordinaria delle cose. Ma il risultato non è un "urlo", quanto una sorta di distanziamento, quella sorta di ironia filosofica, che è il tono che percorre tutta la sua opera, e che è l'esito del suo stesso procedimento creativo: cogliere la relatività del dramma dell'individualità, mostrarcelo attraverso la pittura come il frammento di una totalità, alla luce della quale il senso delle cose si complica e si fa incerto.

8. *Alcune opere di Paul Klee*

Seguendo la logica della "dimensione invertita" proviamo a leggere alcune opere di Klee, per cercare di esemplificare il metodo della dimensione invertita, facendoci guidare anche dai titoli. Infatti al contrario di Kandinsky, in Klee il titolo non è solo un mero indice identificativo, ma già parte dell'opera, una traccia per una sua possibile interpretazione. Non pretendiamo ovviamente di individuarne o addirittura esaurirne il senso, cosa impossibile per qualsiasi opera d'arte e tanto meno per un'opera come quella di Klee il cui fascino è proprio nella complessità dei registri e nella conseguente ambiguità e incertezza interpretativa.

Cupole rosse e bianche (1914) è uno degli acquerelli realizzati nel corso del viaggio in Tunisia. A proposito di essi Klee parla del suo tentativo di trovare una sintesi fra *"architettura della città e quella del quadro"*.

Da un astratto reticolo ortogonale, nasce l'associazione di idee con l'immagine di una città araba con i suoi volumi semplici e compatti. Il tema suggerisce a sua volta i toni di colore, più terrestri in basso (verde e marrone), in alto i blu e i rossi arancio del cielo nelle varie ore del giorno. In questo reticolo poi, l'inserimento di semicerchi basta a suggerire delle cupole.

La macchina cinguettante (1922) è una delle numerose opere di Klee che rappresentano apparecchi pseudo-meccanici. Sullo sfondo azzurro cielo, sottili linee variamente inclinate, innestate su una verticale e una orizzontale, diventano zampette di uccelli. A questo intreccio astratto si aggiungono elementi figurativi che sviluppano il tema del titolo: gli artigli che si tengono alla corda, gli accenni di piume, i becchi aperti da cui forse esce un suono, e la base stabile della "macchina", (tutti ridotti in termini di pure linee). E poi infine una maniglia per azionare il meccanismo, la quale invece appare quasi un *object trouvé*. Una macchina assurda che nasce da un puro gioco di linee e che è quasi un ossimoro, un patetico automa che cerca di riprodurre la vita. Una critica al razionalismo meccanicistico e uno sguardo ironico alla sua assurda pretesa di dominio sulla Natura.

In *Senecio*, (1922), un cerchio diviso verticalmente a metà e ulteriormente suddiviso da altre forme geometriche, diventa un volto a cui Klee dà il nome di *Senecio* (che è il nome di una pianta velenosa, ma rimanda anche a Seneca). L'espressività ambigua della figura, risultato imprevisto del movimento diverso delle sopracciglia (ottenute con un triangolo e un cerchio), dell'inclinazione degli occhi, della piccolissima bocca ridotta a due quadratini sfalsati, insieme ai colori vivaci, ne fanno una "maschera" ironica, ma allo stesso tempo enigmatica.

Figure geometriche dai colori saturi su uno sfondo delicato richiamano un paesaggio di case fra cui vola in cielo un pallone aerostatico, nel dipinto *Pallone rosso* (1922). Il tema è ulteriormente sviluppato con l'aggiunta di piccoli elementi che integrano l'immagine e ne orientano la lettura: la navicella per i passeggeri con una gòmena di ancoraggio; le linee in alto a sinistra che alludono a un albero che si vede per metà; i due trapezi ai lati del rettangolo scuro in basso che ce lo fanno leggere come una finestra o una porta aperta.

Ne *Il funambolo* (1923), a partire da una croce decentrata ottenuta con leggere campiture ad acquerello, nasce la suggestione di una verticale in equilibrio precario su una orizzontale. L'asse orizzontale diventa la corda tesa sulla quale si muove un funambolo disegnato con puri tratti lineari. Questi si muove fra un mondo di sopra libero e aereo e uno di sotto, affollato da strutture che alludono anche a una profondità prospettica. Il funambolo, come l'artista, è sospeso fra cielo e terra, in una instabile e pericolosa posizione di confine; anela al distacco, alla libertà del cielo, ma non può perdere il necessario contatto con il mondo terreno.

Gatto e uccello (1928) presenta una immagine dai colori vivaci e quasi infantile da cui traspare però un incombente senso di minaccia. Il gatto, tutto testa e con uno sguardo ipnotico, ci osserva dritto negli occhi, ma in realtà pensa alla sua preda: l'uccello che, come in trasparenza, vediamo volare nella sua mente. L'animale, assolutamente immobile, è tutto concentrato in questo unico pensiero, il punto di massima concentrazione del suo desiderio è nel muso e in quella specie di cuore che è il suo naso rosso intenso. Ma questo felino che ci guarda mentre pensa alla sua preda ci inquieta, ed ecco che i sensi possibili dell'immagine si moltiplicano: il nostro essere comunque alla mercè di forze che potrebbero annientarci in ogni momento, la nostra debolezza rispetto all'indifferenza della natura, ecc.. L'immagine apparentemente semplice e infantile acquista via via sempre più ricchezza e profondità di significato, sempre maggiore intensità emotiva.

L'opera *Strade principali e secondarie* (1929) fu realizzata da Klee al ritorno dal suo viaggio in Egitto fra il dicembre 1929 e il gennaio 1930. Tutto pare cominciare da una griglia di linee orizzontali intersecate da linee inclinate convergenti verso l'alto, e campiture a scacchiera, alternate nei toni complementari dell'arancio e dell'azzurro. Da questa immagine astratta emerge la figura di un paesaggio in prospettiva, forse una grande pianura agricola vista dal cielo, che può ricordare i campi nelle fasce coltivate lungo il Nilo. L'elemento "figurativo" si impone con evidenza nell'interruzione in alto delle linee convergenti di fronte a quello che sembra quasi un orizzonte, forse un fiume, solcato dalle linee orizzontali della corrente di colore azzurro e grigio. A una scala di maggiore dettaglio, la texture tormentata delle campiture richiama ancora altri percorsi, l'usura del tempo, con le tracce lasciate dall'uomo.

All'inizio degli anni trenta Klee compie una ricerca di tipo quasi "divisionista", lavorando con piccole macchie di colore accostate, con un effetto che ricorda i mosaici bizantini che lo affascinarono a Ravenna.

In *Giardino del castello* (1931) l'accostamento delle piccole "tessere" di colore crea un gioco di forme e colori che allude in maniera vaga a un paesaggio fatto di vegetazione e di costruzioni. Ma tutto è volutamente lasciato nell'ambiguità e nella vaghezza. Spingendoci a cercare di riconoscere, di dare un senso concreto a queste forme a partire dall'indicazione del titolo, in realtà Klee ci porta a fare quello che lui continuamente fa nella sua pittura, cogliere figure in una campo di forme astratte.

In *Ad Parnassum*, (1932), il tema formale di base è il movimento ottenuto sovrapponendo linee nere e nettamente marcate a un reticolo instabile, dinamico e cangiante fatto di piccole "tessere" di colore. Emerge il moto in ascesa e in profondità di una linea nera spezzata che richiama alla mente il profilo di un monte (il *Parnaso* del titolo, sede di Apollo e delle Muse). Sviluppando l'associazione dell'immagine astratta con un paesaggio, ecco le dominanti calde in basso/vicino e fredde in alto/lontano e gli inserti figurativi e quasi letterali: la porta arcuata in basso (come la soglia in un percorso iniziatico) e in alto il sole (a cui il dio Apollo è associato nella mitologia classica) .

In *Danze causate dalla paura*, (1938) su un fondo marrone vengono lasciate alcune aree senza colore o con un colore più sbiadito. Queste forme variamente inclinate rimandano a corpi in movimento. A quelle quadrangolari basta aggiungere un cerchio e quattro linee nere perché diventino uomini che danzano. Le forme triangolari invece hanno gambe, ma strane teste ad uncino, che hanno poco di umano. Così le figure umane sembrano muoversi e danzare spinte dalla paura, per sfuggire ad esseri alieni e ostili (ma potrebbe essere anche il contrario, o altro ancora). Infine le aree puntinate conferiscono una certa consistenza materica al piano sul quale ha luogo questa scena inquietante.

NOTE

[1] M. Franciscono, *Paul Klee: his work and his thought*, The University of Chicago Press, 1991, p. 2.

[2] P. Klee, *Schöpferische Konfession*, Berlin 1920, tr. it. *Confessione Creatrice*, in P. Klee, *Confessione creatrice e altri scritti*, Abscondita, Milano 2004, p.13.

[3] P. Klee, Wege des Naturstudiums, Weimar, 1923, tr. it. *Vie allo studio della natura*, in P. Klee, in *Confessione creatrice e altri scritti* , p.25.

[4] P. Klee, *Visione e orientamento nell'ambito dei mezzi figurativi e loro assetto spaziale*, in P. Klee, *Confessione creatrice e altri scritti*, p.48.

[5] P. Klee, *Confessione creatrice*, p. 18.

[6] P. Klee, *Confessione creatrice*, pp. 19-20.

[7] G. C. Argan, *L'arte moderna, Dall'illuminismo ai movimenti contemporanei*, 1988, p. 299.

[8] R. De Fusco, *Storia dell'arte contemporanea*, Laterza, Bari 2010, p. 60.

[9] *Ibidem*.

[10] P. Klee, *Visione e orientamento*, p. 34.

[11] *Ibidem*.

[12] R. De Fusco, *Storia dell'arte contemporanea*, op. cit., p.59. De Fusco cita un ricordo del figlio di Klee: *"Molti riconobbero l'importanza di Klee per lo sviluppo dell'arte del XX secolo fin da quando era ancora in vita; altri tuttavia lo definirono con ironia, o apostrofandolo come schizofrenico, degenerato, pazzo, alienato e pervertito. Per parte mia non vorrei attribuire importanza troppo grande a tutte queste osservazioni critiche; fin dalla mia prima infanzia ho conosciuto mio padre abbastanza bene per sapere come egli fosse sano e normale nell'anima e nel corpo e per sapere quale coerenza abbia avuto il suo sviluppo umano e artistico"*.

[13] P. Klee, *Confessione creatrice*, p. 19.

[14] P. Klee, *Confessione creatrice*, p. 20.

[15] C. G. Argan, *Paul Klee*, in *Studi e note*, Bocca, Roma, 1955, p. 194.

[16] P. Klee, *Visione e orientamento*, p. 39..

[17] Klee, *Pädagogisches Skizzenbuch*, 1925, tr. it. *Quaderno di schizzi pedagogici*, Abscondita, Milano 2002.

[18] P. Klee, *Visione e orientamento*, p. 34. P

[19] L'espressione è adottata da R. De Fusco in *Storia dell'arte contemporanea*, op. cit. p. 58.

[20] P. Klee, *Visione e orientamento*, p. 44.

[21] P. Klee, *Visione e orientamento*, pp. 46-47.

[22] K. Fiedler, *Uber die Beurteilung von Werken der bildenden Kunst*, 1876, tr. it., *Del giudizio sulle opere d'arte figurativa*, in R. Salvini, *La critica d'arte della pura visibilità e del formalismo*, Garzanti, Milano, 1977, p.65.

[23] R. De Fusco, *Storia dell'arte contemporanea*, p. 61.

[24] P. Klee, *Visione e orientamento*, 51.

[25] M. Franciscono, op. cit. , pp. 112-114.

[26] *Ibidem.*

[27] P. Klee, *Visione e orientamento*, 37.

Paul Klee
La condizione umana, 1914
acquerello su carta, cm. 14 x 13

Paul Klee
La macchina cinguettante, 1922
acquerello su carta, cm.41 x 30

Paul Klee
Senecio, 1922
olio su imprimitura di gesso su garza su cartone,
cm. 40 x 30

Paul Klee
Pallone rosso, 1922
olio su imprimitura di gesso su garza su cartone,
cm. 30 x 30

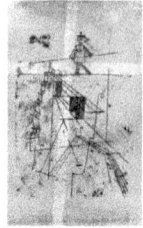

Paul Klee
Il funambolo, 1923
olio, matita e acqurello con inchiostro su carta, cm. 47 x 32

Paul Klee
Strade principali e secondarie, 1929
olio su tela, cm.83 x 67

Paul Klee
Gatto e uccello, 1928
olio su tela, cm. 38 x 53

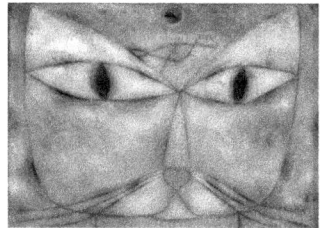

Paul Klee
Danze causate dalla paura, 1938
acquerello su carta, cm. 48 x 31

Paul Klee
Giardino del castello, 1931
olio su tela, cm. 67 x 55

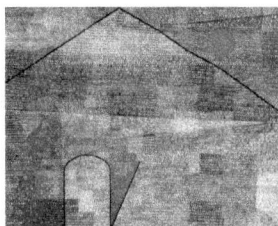

Paul Klee
Ad Parnassum, 1932
olio su tela, cm.100 x 126

Il Futurismo

1. *Marinetti e il movimento futurista*

Il Futurismo rappresenta il contributo originale dell'Italia alle avanguardie storiche. Come nota De Fusco, dell'avanguardia presenta i caratteri tipici: fa riferimento a un programma esposto nella forma canonica di una serie di "manifesti"; attorno a questo programma coagula varie espressioni artistico-culturali (letteratura, teatro, pittura, scultura, architettura, ecc.); è caratterizzato da un attivismo tutto orientato alla rottura con il passato e all'esaltazione dello *Zeitgeist*.

Il Futurismo come movimento è in qualche modo una creazione personale del poeta e letterato Filippo Tommaso Marinetti (1876-1944). Il *manifesto del Futurismo*, a sua firma, venne pubblicato in francese sul quotidiano parigino *Le Figaro*, il 20 febbraio 1909. In quel momento non esisteva ancora alcun dipinto o scultura futurista, ma Marinetti intuiva che in una società di massa è la notizia a creare il fatto; e infatti il messaggio fece breccia in una giovane generazione assetata di rinnovamento in ogni campo.

E' grazie alla straordinaria energia e alle risorse finanziarie di Marinetti che il movimento divenne noto in Italia e in Europa. Nei primi anni del Futurismo (1909-1916), esisteva a Milano un ufficio stampa che si occupava della pubblicazione e distribuzione di libri, opuscoli e manifesti. Gran parte delle pubblicazioni futuriste erano distribuite gratuitamente. L'ufficio inoltre registrava dettagliatamente tutto quello che nel mondo si pubblicasse sul Futurismo.

Il lancio internazionale della pittura futurista avvenne nel febbraio del 1912 a Parigi con una mostra collettiva presso la galleria

Bernheim-Jeune. La fase più significativa del movimento, il cosiddetto "primo Futurismo", si esaurisce con la prima guerra mondiale.

Ancora controverso è il tema dei rapporti (e reciproche influenze) del Futurismo italiano con le avanguardie francesi e il Futurismo russo. Furono comunque rapporti attraversati da forti tensioni, come dimostrano la polemica fra Apollinaire e Boccioni sulla priorità nell'uso del termine "simultaneità" o la contrastata accoglienza che Marinetti ricevette nel 1914 da parte dei futuristi russi.

Riportiamo una cronologia dei manifesti futuristi che da sola rende l'idea dell'ampiezza d'interessi e della tendenza alla teorizzazione, alla divulgazione e al proselitismo, tipici del movimento: 1909, "*Uccidiamo il chiaro di luna*" (Marinetti); 1910, *Manifesto dei pittori futuristi* (Boccioni, Carrà, Russolo, Severini, Balla), *Manifesto tecnico dei pittori futuristi* (Boccioni, Carrà, Russolo, Severini, Balla), *Manifesto tecnico della scultura futurista (Boccioni)*; 1911, *Manifesto dei musicisti futuristi* (Pratella); 1914, *Architettura futurista* (Boccioni), *Architettura futurista* (Sant'Elia); 1915, *Il teatro futurista sintetico* (Marinetti, Settimelli, Corra); 1916, *La cinematografia futurista* (Marinetti, Corra, Settimelli, Ginna, Balla, Chiti) ; 1917, *Manifesto della danza futurista* (Marinetti).

2. *Il Futurismo come "stile di vita"*

Il Futurismo voleva essere in primo luogo un modo di intendere la vita. Come ha scritto Maurizio Calvesi, il Futurismo "*era un modo di intendere radicalmente l'esistenza come slancio, avventura, perpetua sfida all'inerzia .... rivolta dell'azione sulla contemplazione, della estemporaneità sulla riflessione, dell'anarchia sulla socialità [...] è il Futurismo che per primo si qualifica apertamente come "stile di vita", coordinando in un unico programma ogni tipo di attività artistica ed anche pratica*" [1].

Ma la vita stessa veniva letta dai futuristi in chiave estetica. Scrive ancora Calvesi: "*Il Futurismo è il primo movimento d'avanguardia che si presenta con caratteri non specificamente orientati in un singolo settore di attività, ma come una proposta integrale di rinnovamento della cultura e del comportamento stesso, realizzando così, con una formula del tutto nuova e rivoluzionaria, una tendenza all'incontro diretto e alla continuazione fra arte e vita, che era partita dall'estetica inglese di fin de siecle*" [2].

Il contesto in cui nasce il movimento è l'acuirsi del conflitto fra vecchio e nuovo nella società italiana a cavallo fra XIX e XX secolo, allorché questa, in ritardo, rispetto a paesi come l'Inghilterra e la Francia, è investita da rapidi processi di modernizzazione. Nonostante l'inerzia di una società borghese oppressiva, con i suoi pregiudizi e il suo conformismo, e il conservatorismo della cultura accademica, la moderna società industriale di massa stava nascendo anche in Italia, introducendo rapidamente nuovi modi di vita individuali e collettivi, e una nuova sensibilità. Già nel 1908 Marinetti, nella poesia *"All'automobile da corsa"* aveva descritto l'esperienza del pilota di un'auto lanciata a grande velocità, non solo in termini del sentimento di potenza e di ebbrezza del pilota, ma come sconvolgimento delle tradizionali scale di riferimento spazio-temporali nella relazione fra l'uomo e il mondo.

Nel conflitto fra vecchio e nuovo i futuristi sono "le truppe d'assalto" della modernità, del mondo nuovo della macchina e delle grandi folle urbane, concepito come affermazione di una creatrice "volontà di potenza", in cui si riconosce in pieno il senso futurista dell'esistenza. Anche la dimensione "distruttiva" del Progresso, inclusa la guerra, è accettata con entusiasmo, come componente necessaria di ogni atto autenticamente creativo.

Per i Futuristi occorreva una vera rivoluzione della cultura e della società, che le scuotesse dalla loro inerzia, ma la stessa la violenza e i toni enfatici con cui la propugnavano, erano in fondo un indice delle particolari condizioni della cultura e della società italiane d'inizio secolo. Come osserva Calvesi *"il carattere oltranzistico del Futurismo è in chiara relazione con la situazione italiana, che non aveva alle spalle una tradizione moderna, né di linguaggio, né di pensiero sull'arte; la violenza senza confronto con cui il Futurismo dichiara i suoi assunti avanguardistici e si scaglia teatralmente a pugni tesi contro l'archeologismo congenito della cultura italiana, costituisce in effetti una reazione esattamente proporzionale al ristagno di questa cultura"* [3].

Ancora in questa condizione "arretrata" sul piano dei processi di modernizzazione economica e sociale torva un contesto favorevole la tendenza tipica dei futuristi a investire di una carica "estetica" i simboli della modernità vissuti ancora con una sorta di "meraviglia": l'automobile come belva che sprigiona la sua potenza, la velocità come nuovo orizzonte della percezione e delle relazioni degli uomini fra loro e con il mondo, la metropoli come teatro del movimento turbinoso e incessante di folle anonime.

Se il nome "Futurismo" rimanda a questi ideali, il termine simmetrico, "Passatismo" denota il nemico da combattere in ogni campo: l'ottuso e inerte conservatorismo che si oppone al Nuovo e che si manifesta istituzionalmente, in particolare in Italia, nella sacralizzazione della tradizione da parte della cultura accademica. Nello scritto *Guerra, sola igiene del mondo*, del 1915, Marinetti fornisce la seguente definizione di passatismo: "*Stato d'animo statico, tradizionale, professorale, pessimistico, pacifista, nostalgico, decorativo, esteta*" [4].

3. Il dinamismo universale

Dai manifesti e dalle opere dei futuristi emerge la concezione di un universo dinamico, attraversato da linee-forza, non fatto di "oggetti", ma di "eventi", nel quale ogni cosa non è, ma accade. La cosa è un coagulo di forze, la realtà un incessante divenire. Le filosofie della Vita, da Nietzsche a Bergson, e la cultura dell'Einfuhlung sono i riferimenti più immediati di tale concezione. D'altra parte il tema della natura dinamica della realtà, vista come sistema di relazioni virtualmente estese all'intero universo, non è esclusivo dei futuristi. Esso ricorre spesso nelle teorizzazioni delle avanguardie storiche. Più specificamente futurista è forse l'accentuazione della natura "fisica" di tali relazioni, "*sottolineando a suo modo*" come osserva Calvesi, "*con l'insistenza sull'elemento fisico, sulla riduzione meccanica dell'uomo e sulla "psicologia della materia", quel tratto positivista che è comune a tutti i movimenti di reazione allo spiritualismo simbolistico, dal fauvismo, al cubismo, allo stesso surrealismo*" [5].

Questo "tratto positivista", ossia la tendenza cioè a leggere "materialisticamente" il dinamismo universale come una vera e propria lotta fisica di forze, (che poi nella pittura diventa lotta di direzioni, di piani, linee e colori), si esprime teoricamente nel concetto di "trascendentalismo fisico". Con questo ossimoro Boccioni intende indicare qualcosa che va al di là dell'oggetto come entità isolata (lo "trascende"), ma che tuttavia continua ad appartenere all'ambito della realtà fisica. Nel Catalogo della mostra dei pittori futuristi del 1912 si legge: "*Nessuno si accorge che gli oggetti cosiddetti inanimati rivelano, nelle loro linee, della calma o della follia, della tristezza o della gaiezza. Ogni oggetto, rivela, per mezzo delle sue linee, come si scomporrebbe secondo le tendenze delle sue forze ... Ogni oggetto influenza l'oggetto vicino, non per riflessi di luce (impressionismo), ma per una reale concorrenza di linee e delle reali battaglie di piani, secondo le legge di emozione che governa il quadro.... Tutti gli oggetti, secondo ciò che il pittore Boccioni chiama felicemente trascendentalismo fisico, tendono verso l'infinito, mediante le linee-forze, delle quali la nostra intuizione misura la continuità"⁶.*

Queste forze sono invisibili, ma agiscono sulla nostra sensibilità, su un piano di assoluta immanenza, in quanto la sensibilità stessa è forza ed energia, e duque appartiene al campo universale di forze. Per questo, quando i futuristi affermano che l'arte deve esprimere "stati d'animo", non si riferiscono alla soggettività privata del poeta, intimista o borghese, ma al fatto che l'artista con la sua sensibilità è capace di percepire dentro di sè il "dinamismo universale" di cui è parte.

Occorre per questo una sensibilità liberata dalle vecchie abitudini visive che tendono a presentarci il mondo come congelato in cose e oggetti isolati e statici. Bisogna sentire, cogliere "empaticamente" in noi la realtà come processo dinamico e interconnesso. Nel *Manifesto tecnico della pittura futurista* si legge: *"Tutto si muove, tutto corre, tutto volge rapido. Una figura non è mai stabile davanti a noi, ma appare e scompare incessantemente. Per la persistenza dell'immagine sulla retina le cose in movimento si moltiplicano, si deformano, susseguendosi come vibrazioni nello spazio che percorrono: così un cavallo in corsa non ha quattro gambe, ma ne ha venti e i loro movimenti sono triangolari"⁷.*

Scopo della pittura è esprimere e rendere visibile questo universo dinamico: *"bisogna dare la sensazione dinamica, cioè il ritmo particolare di ogni oggetto, la sua tendenza, il suo movimento, o per dir meglio la sua forza interna [...] Noi dobbiamo disegnare queste linee forze ... Noi interpretiamo la natura riportando sulla tela queste linee come principi o prolungamenti dei ritmi che gli oggetti imprimono alla nostra sensibilità"⁸.*

4. Rappresentare una realtà dinamica e simultanea

Per i futuristi bisogna uscire dall'equivoco secondo cui la pittura tradizionale, fondata sui canoni di un realismo naturalistico sarebbe "oggettiva". Essa ci presenta una realtà "congelata" secondo convenzioni rappresentative ormai sorpassate. *"Tutto in arte è convenzione, e le verità di ieri sono oggi, per noi, pure menzogne. Affermiamo ancora una volta che il ritratto, per essere un'opera d'arte, non può nè deve assomigliare al suo modello, e che il pittore ha in sè i paesaggi che vuol produrre"* [9].

Per rappresentare la realtà come effettivamente è, cioè come "dinamismo universale" bisogna in primo luogo superare la "convenzione" fondamentale del realismo di matrice rinascimentale, ossia la prospettiva e l'idea di spazio a cui fa riferimento. Per i futuristi lo spazio non è un neutro contenitore di oggetti, isotropo e misurabile, ma un campo di forze. *"Per dipingere una figura non bisogna farla: bisogna farne l'atmosfera. Lo spazio non esiste più. Una strada bagnata dalla pioggia e illuminata da globi elettrici si inabissa fino al centro della terra. Il sole dista da noi migliaia di chilometri, ma la casa che ci sta davanti non ci appare forse incastonata nel disco solare?"* [10].

In questo nuovo spazio, cosa e ambiente si compenetrano, la cosa-evento non coincide con una porzione chiaramente delimitata dello spazio, ma con l'inviluppo dei suoi movimenti, delle forze che da esso emanano, delle relazioni con il mondo circostante nel corso di una certa durata. Così la sua vera forma si estende oltre i suoi limiti fisici di oggetto; l'impenetrabilità stessa dei corpi viene meno, perché più cose-evento possono condividere, nella sovrapposizione delle loro durate, una stessa porzione di spazio. Nel *Manifesto della pittura futurista* è scritto: *"Chi può credere ancora all'opacità dei corpi, mentre la nostra acuità e moltiplicata sensibilità ci fa intuire le oscure manifestazioni dei fenomeni medianici? Perché si deve continuare a creare senza tener conto della nostra potenza visiva che può dare risultati analoghi a quelli dei raggi X? [...] Le sedici persone che avete intorno a voi in un tram che corre sono una, dieci, quattro, tre, stanno ferme e si muovono, vanno e vengono, rimbalzano sulla strada divorate da una zona di sole; quindi tornano a sedersi, simboli persistenti della vibrazione universale, e talvolta sulla guancia di una persona con cui parliamo nella via, noi vediamo il cavallo che passa lontano, i nostri corpi entrano nei divani su cui ci sediamo e i divani entrano in noi, così come li tram che passa entra nelle case le quali a loro volta si scaraventano sul tram e con esso si amalgamano"* [11].

La pittura e la scultura devono rendere con un'immagine (per sua natura statica) il senso di tale realtà dinamica: rendere visibile *"la sensazione dinamica* eternata come tale" e non il semplice oggetto come una sorta di fermo immagine, che non è altro che un *"momento fermato del dinamismo universale"*[12].

Il concetto chiave per comprendere questa nuova visione della cosa in quanto evento è quello di "simultaneità". Simultaneità significa pensare che i momenti successivi, ad esempio di un corpo in movimento, sono "simultanei", ossia compresenti nell'evento "corpo in movimento". Ma simultaneità significa anche compresenza di ciò che è separato nello spazio. La cosa non è mai un'entità isolata; dell'evento fa parte integrante l'ambiente, ossia l'insieme delle relazioni mutevoli che in momenti successivi la cosa stabilisce con il mondo circostante. A una dilatazione dell'oggetto nello spazio corrisponde una sorta di contrazione del tempo.

Ciò in termini pittorici implica rappresentare la realtà in modo nuovo a partire dalla dissoluzione della presunta consistenza "oggettiva" delle cose.

In questa direzione l'impressionismo aveva fatto un primo passo. Ma la compenetrazione fra oggetto e ambiente, che l'impressionismo limitava al colore, doveva evolversi sul piano della forma. *"Noi vogliamo universalizzare l'accidentale creando leggi da ciò che ci ha insegnato da cinquant'anni l'istante impressionista; in luogo dell'accidente fissato, noi diamo l'accidentalità definita in una forma che è la sua legge di successione"* [13]. Occorreva reagire contro il dissolvimento impressionista ,*"solidificare l'impressionismo"* senza però ricadere in una costruzione statica: concepire l'oggetto come un *"nucleo" (costruzione centripeta" dal quale partono le forze (linee-forme-forza) che lo definiscono nell'ambiente (costruzione centrifuga) ... Noi creiamo con ciò una nuova concezione dell'oggetto: l'oggetto-ambiente, concepito come una nuova "unità indivisibile"* [14].

Dunque per il futurismo non si tratta solo di dissolvere l'oggetto ma ricostruirlo in modo nuovo e "sintetico". I futuristi (Boccioni in primo luogo) intendono introdurre una nuova "convezione rappresentativa" secondo cui la forma rappresenta l'oggetto come simultaneità, e quindi deve essere una forma "aperta" e capace di includere dentro di sé lo spazio e il tempo. Si tratta di un'idea che contesta il principio classico della forma, fondato sui valori della stabilità, del limite, della compiutezza, della perfetta autosufficienza. Allo stesso modo essa rifiuta l'idea che la bellezza (secondo i canoni classici) sia lo scopo della pittura (la cosiddetta polemica "antigraziosa"). Questo radicale rifiuto della tradizione era particolarmente provocatorio e rivoluzionario in una nazione come l'Italia che si considerava erede e custode della cultura classica. Pensato nei termini del conflitto fra Vita e Forma di cui parla Simmel, si piò dire che nei futuristi osserviamo il tentativo di elaborare un'idea anti-classica di forma che contenga in sé l'energia della Vita. Ma proprio in questo, in questo non negare e svalutare la forma in maniera assoluta (come fa l'Espressionismo della Brücke ad esempio), quanto nel ricercare una nuova idea di forma, una nuova "convenzione rappresentativa", i futuristi, manifestano, forse loro malgrado, l'appartenenza a una tradizione profondamente attenta ai valori della Forma come quella italiana.

Questa nuova concezione della rappresentazione muta il rapporto del fruitore con l'opera. Se il contenuto di questa non è una forma statica da contemplare, ma un mondo di forze e tensioni, comprenderla significa partecipare ad essa, sentire in se stessi la lotta che in essa ha luogo. *"Queste linee forze devono avviluppare e trascinare lo spettatore, che sarà in qualche modo obbligato anch'egli a lottare coi personaggi del quadro."* Una particolare attenzione i futuristi prestano alla ricerca di tecniche capaci di provocare il massimo coinvolgimento dello spettatore, per fare in modo che questi si trovi quasi "risucchiato" nel quadro e vi partecipi con la propria energia e sensibilità.

5 *La tecnica della pittura futurista*

La tecnica è per i pittori futuristi un tema cruciale. Essi ricercano e sperimentano nuovi modi di rappresentazione adeguati alla loro concezione della realtà, della vita e dell'arte. Sul piano linguistico si può dire che il Futurismo, in una certa misura, sviluppi e generalizzi l'approccio della cultura dell'*Einfühlung* a partire dal concetto centrale di "linea forza", estendendo il linearismo dinamografico enunciato da Van de Velde nel 1902, alla dimensione dello spazio. Ma il loro punto di partenza in pittura è il divisionismo. Nel *Manifesto tecnico della pittura futurista* si dichiara: *"non può sussistere pittura senza divisionismo. il divisionismo, tuttavia, non è nel nostro concetto un mezzo tecnico che si possa metodicamente imparare ed applicare. il divisionismo, nel pittore moderno, deve essere un complementarismo congenito, da noi giudicato essenziale e fatale [...] il complementarismo congenito è una necessità assoluta nella pittura, come il verso libero della poesia e come la polifonia nella musica"* [15].

Ma la tecnica divisionista non è usata dai futuristi solo come una formula per rinnovare la rappresentazione di oggetti ancora concepiti in senso tradizionale; la scomposizione divisionista del colore è assunta per creare effetti luminosi e spaziali che consentano di dilatare i corpi fondendoli fra loro e con lo spazio.

Il fitto tessuto di punti pittorici dei divisionisti, si dilata in tratti più ampi ed espressivi. Questi segni pittorici ingiganditi e l'effetto della relazione fra i colori usati in senso non naturalistico conferiscono ai dipinti futuristi una dimensione astratta non immediatamente "mimetica". Ma i futuristi, se escludiamo il caso particolare della serie delle "compenetrazioni iridescenti" di Giacomo Balla, non abbandonano mai il referente oggettivo; essi cercano di rendere visibile quel mondo di forze, di energia e movimento che è nelle cose; intendono "espandere" la nostra visione della realtà, così come Klee e i surrealisti, ciascuno a proprio modo, cercheranno di fare.

Può essere utile confrontare su questo punto la pittura di Klee e quella di Boccioni in quanto entrambi giungono a una sorta di coesistenza fra astrazione e figurazione. Klee cerca di rendere visibile un mondo mentale e onirico, Boccioni vuole rivelare un mondo fisico ed energetico. Klee parte dall'astrazione per far emergere forme figurative, in Boccioni il punto di partenza è l'immagine reale che viene sottoposta a una sorta di vento impetuoso, a una corrente di movimento che ne rivela l'energia e il dinamismo, le direttrici e i piani strutturali, rendendola in tal modo "astratta".

Proprio in una eccessiva attenzione all'oggetto, nell'essere ancora in fondo, una forma di rappresentazione che lo scrittore e critico Guillaume Apollinaire vedrà un limite della pittura futurista. *"Mentre i nostri pittori d'avanguardia non dipingono più alcun soggetto nei loro quadri il "soggetto" è quello che le tele dei "pompiers" hanno di più interessante. I futuristi italiani pretendono di non rinunciare al beneficio del soggetto è questo potrebbe essere lo scoglio contro il quale potrebbe infrangersi tutta la loro buona volontà plastica"* [16]. Secondo Apollinaire invece la novità più importante delle ricerche artistiche in atto in Europa (per lui quelle cubiste) era nella irrilevanza del soggetto del dipinto, nel concentrarsi sulle questioni plastiche come tali, sui temi del linguaggio, affermando così la realtà autonoma dell'opera d'arte come oggetto e non più mera "rappresentazione".

6. La "profezia futurista"

Tanti aspetti del Futurismo, dall'approccio estetizzante verso la realtà e la politica, al mito della macchina, all'ebbrezza per la velocità, all'esaltazione della guerra, ci sembrano oggi ingenui, discutibili o perfino inquietanti, quando letti alla luce della storia successiva del Novecento.

Tuttavia, per tanti aspetti, la "profezia" futurista sembra essersi realizzata a più lunga scadenza. Sono i futuristi i primi ad aver tematizzato una certa esperienza moderna della realtà, al punto che oggi per noi sono per noi un dato quotidiano e ovvio cose che essi preconizzavano, scandalizzando e disorientando l'uomo comune di un secolo fa.

Il fatto che viviamo in universo dinamico e instabile, fa parte ormai dell'esperienza comune.

L'integrazione tra uomo e ambiente, l'idea che la materia sia alla fine solo energia, sono concetti entrati a far parte della nostra cultura corrente.

Che la cultura non consista solo negli studi umanistici e storici, ma sia altrettanto debitrice alla scienza, alla tecnologia, all'ambiente stimolante delle grandi metropoli, ai mass-media, oggi è un dato acquisito.

Il "tempo reale" introdotto dai moderni mezzi di comunicazione ci fa vivere quotidianamente l'esperienza della la simultaneità annullando le distanze. La frammentazione del reale, il fatto che il mondo più che di oggetti sia fatto di flussi dei quali ogni cosa è solo una instabile incarnazione, sono per noi esperienze concrete grazie alle reti di comunicazione sempre più pervasive, o anche a un nuovo rapporto con il nostro corpo frutto dei progressi della biologia e della genetica.

7. Giacomo Balla

Giacomo Balla (1871-1958) è il più "anziano" fra i firmatari del manifesto della pittura futurista. Partito dal realismo di Pelizza da Volpedo, passato al divisionismo, attraverserà tutta l'esperienza storica del Futurismo, diventando il leader del cosiddetto "secondo Futurismo", successivo alla prima guerra mondiale.

I dipinti del ciclo *Compenetrazioni iridescenti* (1912-14), per quanto totalmente astratti, non possono essere collocati nella linea dell'astrattismo, in quanto non sono mai stati considerati da Balla concretizzazioni della sua idea di pittura, ma sperimentazioni sugli effetti ottici di dinamismo prodotti dalle diverse combinazioni dei colori dell'iride all'interno di patterns geometrici ripetitivi.

Un problema tecnico tipico della pittura futurista è come rendere il movimento e di conseguenza il tempo. Balla in *Dinamismo di un cane al guinzaglio* (1912), sovrappone i vari stadi del movimento, come nelle immagini stroboscopiche ottenute per sovraimpressione di una sequenza di fotogrammi successivi. Boccioni giudica inadeguata questa soluzione, perché essa non fa che rappresentare l'oggetto fermo colto in istanti successivi, ma non rappresenta "quell'altra cosa" che è l'oggetto che si muove, una realtà sintetica che si dispiega nel tempo e nello spazio. Alla *"ripetizione di gambe, di braccia, di figure, come molti hanno stupidamente supposto"*, Boccioni contrappone la ricerca intuitiva *"della forma unica che dia la continuità nello spazio"*. Come diceva in quegli stessi anni il filosofo francese Henry Bergson, il tempo della coscienza, ma anche il tempo della vita in generale, è "durata"; non è meccanica successione di istanti ("tempo spazializzato"), ma sintesi che conserva il passato crescendo su sé stessa come un gomitolo o una valanga che si espandono aggiungendo sempre nuovo filo o nuova neve e allo stesso tempo diventando continuamente qualcosa di nuovo.

In *Mercurio passa davanti al sole visto da un cannocchiale* (1914), Balla, appassionato di astronomia, parte da un evento realmente avvenuto nel 1914, sviluppando la ricerca sul dinamismo e sulla scomposizione della forma a opera della luce. La luce bianca e abbagliante del sole filtra alle spalle del pianeta il cui movimento espansivo con andamento concentrico, arriva a invadere l'intero quadro. Due linee convergenti verso l'alto, introducono la direttrice dello strumento ottico di osservazione puntato verso il cielo.

8. Umberto Boccioni

Umberto Boccioni (1882-1916) è il pittore che rappresenta più compiutamente la proposta futurista in pittura e scultura, integrando teoria e prassi. E' lui, da solo o in collaborazione con altri, l'autore dei manifesti della pittura, scultura e del primo manifesto dell'architettura futurista.

Particolarmente influenzato nella sua formazione da Previati in pittura e Medardo Rosso in scultura, tutta la sua maturità artistica coincide con gli anni migliori del movimento, quelli immediatamente precedenti la Grande Guerra. L'opera futurista di Boccioni comincia nel 1910, dopo una fase iniziale di formazione in cui concorrono sollecitazioni diverse: il divisionismo in primo luogo, ma poi anche il simbolismo, l'espressionismo e l'*Einfuhlung*; è interessato anche allo studio della società moderna nei suoi diversi aspetti. Di questo periodo sono il *Ritratto della madre* del 1907, l'*Autoritratto* e *Officine a Porta Romana*, del 1908.

Nella pittura futurista di Boccioni (fra il 1910 e il 1916) vediamo svilupparsi con coerenza l'idea di pittura enunciata nei manifesti futuristi. Non si tratta ovviamente in Boccioni di una meccanica applicazione di precetti quanto piuttosto di un "circolo virtuoso" fra teoria e pratica, in cui una ricerca specificamente pittorica cerca di diventare consapevole di sé attraverso l'elaborazione teorica, verificandone allo stesso tempo le ipotesi. Così nel periodo fra il 1910 al 1916 (anno della prematura morte per una caduta da cavallo) Boccioni elabora i temi fondamentali della sua pittura: dinamismo basato sulle linee-forza, compenetrazione dei piani, fusione fra gli oggetti e fra oggetto e ambiente, uso anti-naturalistico ed "energetico" del colore, polemica contro i canoni estetici tradizionali.

Boccioni cerca di rappresentare la realtà complessa di un evento come simultaneità. In *Visioni simultanee* (1911) il tema è una donna affacciata alla finestra su una scena metropolitana. Il viso della donna appare sia di profilo che di fronte, riflesso nel vetro della finestra. Attorno ad essa un dinamismo incessante, in basso le forme curve del suo abito e in alto la prospettiva esasperata degli edifici, corrispondente alla sua visione dall'alto. Le forme si compenetrano, il tram giallo, i passanti, i profili delle case, tutto il mondo esterno penetra letteralmente nella testa della donna che lo sta osservando. Il colore contribuisce a dare forza emotiva e intensità all'immagine.

Nel trittico degli *Stati d'animo* del 1911, Boccioni affronta un tema (il viaggio in treno) che gli consente di verificare la possibilità della pittura di stabilire una relazione immediata fra stato d'animo e movimento. Ne *"Gli addii"* un treno a vapore irrompe nella scena lungo la diagonale della composizione con un massimo di effetto dinamico fendendo il "mare" della folla e generando onde che trascinano con sé e separano fra loro le figure . In *"Quelli che restano"*, la dominante delle linee verticali e il colore tendenzialmente monocromo e poco saturo, intendono trasmettere empaticamente la condizione fisica e psicologica di staticità e inerzia di chi resta, di chi è abbandonato. In *"Quelli che vanno"* protagonista è la sensazione di quelli che viaggiano in treno, presi in un movimento lineare, come un vento che trascina con sè e rende instabili gli oggetti, che tendono a fondersi fra loro nelle forme e nei colori.

Ne *La risata* (1911) la protagonista è una donna in un caffè, ambiente metropolitano, dinamico e multisensoriale per eccellenza. A partire dal suo viso si irradia una risata come una onda di energia che si propaga in ogni direzione, invadendo lo spazio e investendo chi la circonda. Il centro del quadro è occupato dal giallo del cappello con la piuma di struzzo, colore dalla forza espansiva. Le forme si decompongono alla luce delle lampade elettriche, simbolo della modernità contrapposto da Marinetti al *"chiaro di luna"* della poesia tradizionale.

Il dipinto *Elasticità* (1912), ritrae un uomo a cavallo in movimento sullo sfondo di un panorama urbano e industriale. Il dinamismo elastico del cavallo genera una sorta di *"vibrazione universale"*, che si propaga a tutto il mondo circostante. Nasce un forma nuova che non è più un semplice fotogramma di un oggetto in movimento, ma qualcosa di diverso e nuovo. Scrive Boccioni: *"un cavallo in movimento non è un cavallo fermo che si muove, ma è un cavallo in movimento, cioè un'altra cosa che va concepita ed espressa come una cosa completamente diversa"* [18].

Il tema della costruzione di una forma sintetica, nuova e complessa, che includa in sé la dinamica potenziale o in atto di un oggetto è centrale in Boccioni, non solo in pittura, ma anche in un campo, come la scultura, in cui la dissoluzione della forma definita, la compenetrazione con lo spazio, sembrerebbero un compito "contro-natura". Nel manifesto della scultura egli scrive: "*Spalanchiamo la figura e chiudiamo in essa l'ambiente proclamiamo che l'ambiente deve far parte del blocco plastico come un mondo a sé e con leggi proprie; che il marciapiede può salire sulla vostra tavola, e che la vostra testa può attraversare la strada, mentre fra una casa e l'altra la vostra lampada allaccia la sua ragnatela di raggi di gesso.*

Proclamiamo che tutto il mondo apparente deve precipitarsi su di noi, amalgamarsi, creando un'armonia con la sola misura della intuizione creativa; che una gamba, un braccio o un oggetto, non avendo importanza se non come elementi del ritmo plastico, possono essere aboliti, non per imitare un frammento greco-romano, ma per obbedire all'armonia che l'autore vuol creare.

Un insieme scultoreo, così come un quadro, non può assomigliare che a se stesso, poiché la figura e le cose devono vivere in arte al di fuori della logica fisiognomica"[17].

La scultura in bronzo *Forme uniche nella continuità dello spazio*, del 1913, raffigura un uomo che cammina. Alcune parti del corpo, come le braccia, mancano del tutto, mentre la forma si concentra nel tronco e nelle gambe, di cui è sottolineato il dinamismo e l'energia. Cavità, rilievi, pieni e vuoti si alternano producendo un effetto di chiaroscuro continuamente variabile. Anche la linea di contorno si sviluppa come una sequenza di curve ora concave, ora convesse: in tal modo i contorni irregolari non limitano la figura. Ciò che vediamo non è l'immagine "oggettiva", ma la "forma sintetica" di un corpo che, nel suo movimento, si espande e contrae, appropriandosi dello spazio.

9. *Carlo Carrà e Gino Severini*

Sia per Carlo Carrà (1881-1966) che per Gino Severini (1883-1966), il Futurismo è una fase importante, ma limitata nel tempo, di una lunga carriera prolungatasi ben oltre i limiti cronologici del movimento.

Carrà proviene da una formazione di realismo divisionista ed è attirato in primo luogo dalla componente libertaria presente nell'ideologia del movimento. Il suo quadro futurista più importante, non a caso, è *I funerali dell'anarchico Galli* (1911). L'episodio raffigurato, di cui Carrà fu testimone, è quello dei tumulti avvenuti nel corso del funerale di un anarchico ucciso durante uno sciopero generale a Milano, nel 1904.

Ricorda lo stesso Carrà: *« Io che mi trovavo senza volerlo al centro della mischia, vedevo innanzi a me la bara tutta coperta di garofani rossi ondeggiare minacciosamente sulle spalle dei portatori; vedevo i cavalli imbizzarrirsi, i bastoni e le lance urtarsi, sì che a me parve che la salma cadesse da un momento all'altro e che i cavalli la calpestassero − il che mi fece dettare per il manifesto tecnico della pittura futurista la frase "noi mettiamo lo spettatore al centro del quadro"* [19].

Il conflitto, lo scontro violento, sono i temi tipicamente futuristi del dipinto. I gruppi contrapposti della polizia a cavallo e dei manifestanti diventano ondate che si propagano sulla tela attorno alla bara rossa e si infrangono con clamore le une contro le altre. L'uso del colore, tutto basato sui toni terrosi e scuri, rende il senso drammatico e quasi apocalittico della lotta. Solo in fondo, proprio al di sopra della bara, lo spazio diventa più aperto e luminoso, forse una promessa per un futuro di libertà.

La grande tela di Gino Severini *Danse du Pan-Pan au Monico* (1911) ci trasporta in una serata al *Monico*, un affollato *café chantant* di Parigi, dove ballerine dai costumi coloratissimi si esibiscono al ritmo frenetico di una musica incalzante. Severini è interessato al cubismo, verso il quale richiama l'attenzione degli amici Boccioni e Carrà. In quest'opera abbandona il tocco divisionista, ma di quella lezione ha conservato la giustapposizione dei colori complementari, ora sotto forma di sfaccettature schematiche e vorticose al punto da far sembrare la scena come vista attraverso un caleidoscopio. La superficie del dipinto è un campo di forze pulsanti al ritmo della musica e del ballo. L'opera fu apprezzata da Apollinaire (in generale non tenero con i futuristi) e da lui giudicata la migliore fra quelle esposte alla mostra futurista di Parigi del 1912 [20].

NOTE

[1] M. Calvesi, *Importanza di Marinetti*, in *Le due avanguardie*, Laterza, Bari 2008, p. 172.

[2] M. Calvesi, *Profilo del Futurismo*, in *Le due avanguardie*, Laterza, Bari 2008, p. 47.

[3] M. Calvesi, *Profilo del Futurismo*, p. 48.

[4] F.T. Marinetti, *Guerra sola igiene del mondo*, Edizioni futuriste di Poesia, Milano 1915.

[5] M. Calvesi, *Importanza di Marinetti*, p. 172.

[6] U. Boccioni, C. Carrà, G. Russolo, G.Balla, G. Severini., *Prefazione al Catalogo delle Esposizioni di Parigi, Londra, Berlino, Bruxelles, Monaco, Amburgo, Vienna, ecc.*, Febbraio 1912.

[7] U. Boccioni, C. Carrà, G. Russolo, G.Balla, G. Severini., *Manifesto tecnico della pittura futurista*, 11 aprile 1910.

[8] U. Boccioni, C. Carrà, G. Russolo, G.Balla, G. Severini., *Prefazione al Catalogo delle Esposizioni di Parigi, Londra, Berlino, Bruxelles, Monaco, Amburgo, Vienna, ecc.*, Febbraio 1912.

[9] U. Boccioni, C. Carrà, G. Russolo, G.Balla, G. Severini., *Manifesto tecnico della pittura futurista*, 11 aprile 1910.

[10] *Ibidem.*

[11] *Ibidem.*

[12] *Ibidem.*

[13] Cit. in M. De Micheli, *Le avanguardie Artistiche del Novecento*, Feltrinelli, Milano 2005, p. 254.

[14] Cit. in M. De Micheli, op. cit., p. 255.

[15] U. Boccioni, C. Carrà, G. Russolo, G.Balla, G. Severini., *Manifesto tecnico della pittura futurista*, 11 aprile 1910.

[16] G. Apollinainre, *Chroniques d'art 1902-1918*, Gallimard, Parigi 1960, p. 271.

[17] U. Boccioni, *Pittura scultura futuriste*, Edizioni Futuriste di Poesia, Milano 1914, p. 187.

[18] U. Boccioni, *La scultura futurista*, aprile 1912.

[19] C. Carrà, *Tutti gli scritti*, Feltrinelli, Milano 1978, p. XXXVIII.

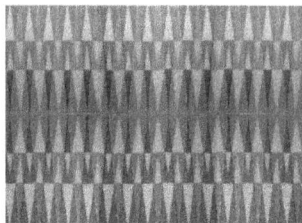

Giacomo Balla
Compenetrazione iridescente n.4, 1912-14

Giacomo Balla
Dinamismo di un cane al guinzaglio, 1912
olio su tela, cm.791 x 110

Giacomo Balla
Mercurio passa davanti al sole, 1914
olio su tela, cm. 61 x 50

Umberto Boccioni
Autoritratto, 1908
olio su tela, cm. 100 x 100

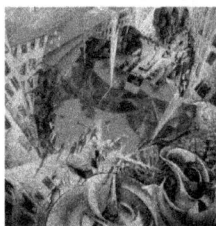

Umberto Boccioni
Visioni simultanee, 1911
olio su tela, cm. 100 x 100

Umberto Boccioni
Gli addii, 1911
olio su tela, cm. 71 x 94

Umberto Boccioni
Quelli che restano, 1911
olio su tela, cm.70 x 95

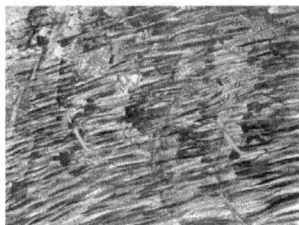

Umberto Boccioni
Quelli che vanno, 1911
olio su tela, cm. 70 x 95

Umberto Boccioni
La risata, 1911
olio su tela, cm. 110 x 145

Umberto Boccioni
Elasticità, 1912
olio su tela, com. 100 x 100

Umberto Boccioni
Forme uniche nella continuità dello spazio, 1913
scultura in bronzo

Carlo Carrà
I funerali dell'anarchico Galli, 1911
olio su tela, cm. 200 x 260

Gino Severini
Danse du Pan Pan au Monico, 1911
olio su tela, cm. 280 x 400

Il Cubismo

Il critico Louis Vauxcelles, a proposito delle opere di Georges Braque esposte al *Salon d'Automne* del 1908, scrisse: "*Braque costruisce tipi metallici e deformi di una semplificazione terribile. Maltratta le forme, riduce tutto, luoghi, figure, case, a schemi geometrici, a cubi*" [1]. Come già nel caso dei Fauves, da una connotazione negativa attribuita da Vauxcelles nasce il nome di un movimento artistico: il Cubismo.

I suoi fondatori furono Pablo Picasso (1881-1973) e Georges Braque (1882-1963), ai quali si uniranno poi, tra gli altri, Juan Gris (1887-1927), Fernand Leger (1881-1955) e Jean Metzinger (1883-1956).

Il Cubismo ha la sua fonte in Cezanne: la funzione conoscitiva dell'arte; l'idea di un processo che nasce sempre dall'elaborazione di un dato referenziale; la pittura come attività conformativa e costruttiva che produce un ordine formale autonomo. Ma rispetto a Cezanne c'è la volontà di affrontare questi temi in modo radicale fino a contestare l'idea tradizionale di pittura: l'autonomia formale è spinta fino all'elaborazione del concetto di "quadro-oggetto"; il riferimento alla natura tende a ridursi a un pretesto; la dimensione conoscitiva è sviluppata in senso intellettuale più che sensibile. I cubisti svolgono con la loro pittura una ricerca sul linguaggio, sulla dimensione costruttiva e oggettuale del quadro, sui temi dello spazio e del tempo, che, nel giro di pochi anni, arriverà a sovvertire le tradizionali convenzioni della rappresentazione e a costituire un riferimento per i successivi movimenti astrattisti.

La vita relativamente breve del movimento viene di solito suddivisa in tre fasi: *Primo Cubismo* (1907-09); *Cubismo analitico* (1909-12); *Cubismo sintetico* (1912-14).

1. Les demoiselles d'Avignon

L'opera che segna il passaggio di Picasso al Cubismo è *Les demoiselles d'Avignon* (1907).

Questo grande dipinto, precede immediatamente la fase cubista di Picasso; come scrive De Fusco "*... sintesi di molte precedenti esperienze ed anticipatore di futuri sviluppi, è quasi certo che questo quadro deve al suo carattere eterogeneo e incompiuto la sua maggiore valenza eversiva...*"[2]. La parte più innovativa e "cubista" dell'opera è quella centrale, dove sia i corpi che lo sfondo sono ridotti a squadrate geometrie. La prospettiva è eliminata. Lo spazio non è un contenitore neutro, ma si deforma e scompone insieme alle figure. Queste sono rese senza chiaroscuro, sagome campite da "colore locale", non influenzato dalle fonti di luce.

Invece le teste delle figure laterali, chiaro riferimento a maschere primitive, sono trattate con maggiore attenzione alla resa volumetrica, tramite violenti segni di rosso, verde e blu, che fissano le parti in ombra dei volti. In queste teste si riconosce la componente «espressionista» di Picasso, presente nelle sue opere precedenti e destinata a scomparire nella fase cubista.

2. Il primo Cubismo

Del cosiddetto "primo Cubismo", emblematici sono i paesaggi eseguiti da Braque fra il 1907 e il 1908, a l'Estaque, piccolo porto di pescatori presso Marsiglia.

In *Maison a L'Estaque* (1908) notiamo il passaggio da un approccio "naturalistico-imitativo" a uno "costruttivo" del paesaggio, che sviluppa la lezione di Cezanne nel senso della riduzione dell'immagine a quei volumi geometrici elementari a cui, secondo il maestro di Aix-en-Provence, poteva ricondursi la rappresentazione della natura. Se confrontiamo questo dipinto con un paesaggio di Cezanne, notiamo come in Braque questo compito sia svolto in senso quasi ingenuamente letterale: i dettagli scompaiono per evidenziare la solidità elementare delle case all'interno di una maglia di orizzontali e verticali, interrotte solo dalle linee a 45 gradi dei tetti e degli alberi; non c'è prospettiva; tutto è fatto della stessa materia, non c'è atmosfera, né il senso dello spazio inteso come vuoto che separa fra loro le cose; i colori sono ridotti alla combinazione di marroni, verdi e grigi. Come nota la Nigro Covre: *"il punto di partenza del processo è Cezanne; solo che questi era, in un certo senso, "più avanti" rispetto alle loro posizioni, nelle ultime versioni della Sainte-Victoire e nei paesaggi dello Chateau-noir dipinti fra il 1904 e il 1906, in cui aveva reso alla pennellata una sua consistenza plastica autonoma dagli elementi del paesaggio. In Cezanne, in altri termini, il "cubo" emergeva dalla consistenza delle macchie regolari di colore e non da un processo di stereometrizzazione dei dati naturali"* [3].

Se Cezanne cerca sempre di mantenersi in equilibrio tra sensazione e coscienza, già in questa prima fase si vede come nei cubisti la coscienza, con la sua opera di astrazione e sintesi tenda a prevalere sul dato sensibile; si rivela la dimensione "intellettualistica" del movimento, di cui è un sintomo anche la perdita di rilevanza del colore con la conseguente tendenza al monocromo[4].

3. Il Cubismo analitico

La seconda fase, quella del "Cubismo analitico", è il risultato "a quattro mani", della condivisione di intenti fra Pablo Picasso e George Braque, i quali in questo periodo non firmano né datano le loro opere.

La lezione di Cezanne è ripresa ora in maniera più matura, in quanto processo di costruzione dell'immagine e non come solidificazione geometrica della natura, eliminando quel residuo "naturalistico" implicito nella definizione plastica del volume, tipica del primo Cusbismo.

Proprio come Cezanne, i cubisti si impongono una limitazione di partenza: ricostruire l'immagine a partire da elementi specificamente pittorici. In questo caso sono tratti neri orizzontali e verticali che definiscono l'ossatura dell'immagine, sovrapposti a una fitta trama di piccole pennellate come tasselli di colore tendenzialmente monocromo dai toni desaturati e terrosi, senza distinzione fra figura e sfondo. Questa scelta rivela uno spostamento rispetto a Cezanne in senso intellettualistico. I dati mimini del linguaggio pittorico non sono più le pennellate "costruttive" di colore locale (immediatamente legate all'esperienza visiva dell'oggetto), ma già una selezione preliminare degli elementi di base della figurazione (tratti lineari e una trama di colori tendenti al monocromo) scelti in funzione della loro valenza essenzialmente costruttiva piuttosto che "mimetica". Il piano della tela diventa una sorta di "tavola operatoria" su cui l'oggetto viene deco-struito e ricostruito, e l'opera diventa sempre più una realtà autosuffi-ciente, retta da proprie leggi, che non vive più come rappresentazione (cioè realtà «parassitaria» la cui funzione e il cui valore stanno nel suo rimandare alla realtà rappresentata).

Assumendo come esempio il ritratto di Daniel-Henry Kahnweiler (1910) di Picasso, vediamo come le innovazioni linguistiche di questa fase "analitica" rispetto alla precedente si traducano in una destruttu-razione e frammentazione realizzata sia in termmini di forma che di colore. Sul piano della forma osserviamo una frammentazione dei volumi, e l'intenzione di strutturare l'immagine operando a una scala più minuta, che articola ulteriormente volumi e superfici in una serie di tratti lineari. Attraverso il reticolo della fitta trama di pennellate colora-te avviene una ulteriore destrutturazione: i piani non sono più trattati per campiture, ma con tasselli di colore che a un certo punto ten-dono ad acquisire una loro autonomia rispetto all'ossatura strutturale dell'immagine, a fondersi in effetti tonali d'interferenza e d'impasto (in questo periodo il colore tende alla monocromia la famosa "grisaille" cubista).

Fondamentalmente rispetto a Cezanne, nei cubisti si opera uno scarto che riguarda l'idea della pittura come forma di conoscenza[5]. Per Cezanne il riferimento è l'esperienza visiva in presenza della natu-ra, colta nel punto di incontro fra sensazione e coscienza, mentre nei cubisti quello che viene dipinto è già un oggetto mentale. Lo scopo è rendere l'immagine mentale e non l'esperienza visiva. Questa differen-za di approccio è sintetizzata nella celebre affermazione di Picasso: "Io non dipingo ciò che vedo, dipingo ciò che so".

L'effetto di totale destrutturazione e frammentazione dell'imma-gine nel Cubismo analitico può leggersi come il risultato coerente di tale scarto: si ricostruisce sul piano bidimensionale della tela non l'im-magine sensibile ma quella mentale dell'oggetto, un'immagine che ha già in sé una dimensione oseremmo dire "costruttivista", in quanto assemblaggio di frammenti eterogenei (oggetti parziali, ricordi, sen-sazioni, della più svariata origine e natura), ben lontana dalla solidità dell'oggetto inteso come entità definita e misurabile in uno spazio pro-spettico. Da ciò deriva un nuovo modo di fruizione dell'opera d'arte. L'osservatore non può più perdersi in una estatica contemplazione, ma deve attivamente intervenire nella ricostruzione dell'immagine che "ha bisogno" del suo intervento mentale di ricostruzione e connessio-ne, in un processo che ha necessariamente una durata.

Come noterà Juan Gris vi è una consonanza di questa ricerca pit-torica con la fenomenologia di Edmund Husserl e il suo concetto di *"intuizione eidetica"*, secondo cui la nostra idea di un certo oggetto è una sorta di sintesi di una ininterrotta varietà di apparenze e prospettive diverse acquisite successivamente nel corso del tempo.

Il tempo inteso come "durata" è la dimensione nella quale l'imma-gine mentale dell'oggetto si costruisce e in questo senso la dimensio-ne temporale entra nella costruzione dell'immagine cubista. Tuttavia sarebbe meccanico e semplicistico ridurre la rappresentazione cubista della realtà alla semplice sovrapposizione di immagini dell'oggetto col-te da punti di vista diversi, in momenti successivi, riducendo a una sorta di "ricetta pratica" quanto afferma Metzinger nel 1911: "*I pittori cubisti hanno sradicato il pregiudizio che imponeva al pittore di restare immobi-le, ad una determinata distanza di fronte all'oggetto e di non fissarne sulla tela nient'altro che una fotografia retinica più o meno modificata dal sentimento per-sonale [...] I pittori cubisti si sono presi la libertà di girare attorno all'oggetto e darne, sotto il controllo dell'intelligenza, una rappresentazione concreta fatta di più aspetti successivi. Il quadro possedeva prima di oggi lo spazio, ecco che oggi si irra-dia anche nella durata. Il dipinto non è una porzione morta di spazio*"[6]. Inoltre notiamo che quella sorta di accumulazione dei punti di vista che si realizza nel Cubismo analitico, va forse letta non in senso relativistico, ma piuttosto come la volontà di superare la relatività del singolo punto di vista, allo scopo di cogliere la "cosa in sè".

Un ulteriore probabile riferimento filosofico, per la larghissima diffusione delle sue teorie nella cultura francese dei primi del Nove-cento, ben oltre gli ambienti filosofici, può riconoscersi in Bergson per il suo concetto di "durata"[7]. Per lui il tempo della coscienza è sintesi, crescita che conserva in sè ogni momento del passato e non mera suc-cessione meccanica di istanti.

Anche il tema della negazione dello spazio prospettico e della fusione fra figura e sfondo, in questa fase è radicalizzato ulteriormente. Mentre i volumi del primo Cubismo portano ancora in sé l'idea di uno spazio che li contiene (per quanto non prospettico), le trame di tratti lineari neri e piccole pennellate di colore negano qualsiasi spazio rappresentato, costruendo fisicamente sulla tela uno spazio sostanziato di segni, fino a produrre un ricco tessuto pittorico, nel quale la figura e lo sfondo appaiono indissolubilmente fusi.

Una ulteriore radicalizzazione riguarda il rapporto con il soggetto del quadro. Il Cubismo analitico esibisce una provocatoria indifferenza per il soggetto, trattato solo come l'occasione per arrivare ad una costruzione dell'immagine. La *natura morta* è un suo tema ricorrente. La banalità degli oggetti rappresentati consente di concentrarsi sul dato formale, nulla o poco concedendo al contenuto emozionale o espressivo. Nella natura morta si ha la piena libertà di disporre gli oggetti in funzione delle proprie esigenze di sperimentazione pittorica, della propria ricerca linguistica.

Il quadro cubista, fattosi costruzione autonoma rispetto alla realtà, di cui pure ha bisogno come riferimento, tende a confermare la sua autonomia di oggetto stabilendo un legame fisico con la realtà attraverso l'inserimento di elementi extra-pittorici, anche ricorrendo alla tecnica del *collage* (pezzi di carta incollata, in genere pagine di giornali, materiali vari come sabbia, pezzi di vetro, stoffe, paglia intrecciata) e del *trompe l'oeil*. Ciò ci introduce a un'acquisizione fondamentale del Cubismo: la maturazione del concetto di *quadro-oggetto* secondo il quale il quadro prima di rappresentare la realtà, è una realtà, un oggetto fra gli altri oggetti; prima che rimandare ad altro da sé, "presenta" se stesso, esibisce la propria concretezza fisica e il procedimento che lo costituisce. Afferma Picasso *"io non lavoro sulla natura ma con essa ... Io tratto la pittura come tratto le cose"*.

Nonostante la programmatica "indifferenza" rispetto al contenuto rappresentativo, il riferimento alla realtà resta imprescindibile per i cubisti. Picasso ironizzava su *"coloro che cercano di dipingere l'invisibile, quindi l'indipingibile"*. Di qui, la sua mancanza di interesse per una pittura astratta, anzi la convinzione della sua impossibilità: *"Non esiste l'arte astratta"*, dice Picasso, *" bisogna sempre partire da qualcosa. Dopo di che si possono rimuovere tutte le tracce della realtà"*.

Come osserva Clement Greenberg il riferimento alla natura per i cubisti, non è un partito preso "realista", ma una necessità pittorica strettamente legata alla loro idea di quadro-oggetto. Solo trasponendo la struttura dell'oggetto, nella struttura bidimensionale del quadro, in base a una relazione con la natura , che non è più di mimesi ma di analogia, il pittore cubista riesce a dare consistenza formale al quadro come struttura autonoma: *"Il Cubismo, che attuò la rottura con l'aspetto della natura, si assegnò inizialmente il compito di fissare su una superficie piatta un'immagine concettuale il più completa possibile della struttura degli oggetti e dei volumi [...] Ma alla fine non trovarono un modo più completo di descrivere la struttura degli oggetti su una superficie piatta (le cianografie e i disegni degli ingegneri lo facevano meglio e avevano tolto questo compito alle competenze dell'arte), i cubisti trovarono invece la struttura del dipinto. Non l'avevano mai dimenticata, infatti era il loro scopo principale, e la loro ricerca di un modo migliore di trascrivere i rapporti tra volumi era stata concepita non come un progetto scientifico ma, in definitiva, come la ricerca di un mezzo per produrre dipinti più fermamente organizzati. Cosa, che come avevano pensato, richiedeva un'imitazione della natura più vera e completa [...] Arrivarono a rendersi conto che solo trasponendo la logica interna con cui gli oggetti sono organizzati in natura, si poteva dare forma estetica all'irriducibile "piattezza" che definiva il piano pittorico nella sua qualità inviolabile di oggetto materiale. Questa "piattezza" diventò il presupposto decisivo e onnipotente dell'arte pittorica e l'esperienza della natura vi poté essere trasposta solo per analogia, non per imitazione. Così il pittore smise di interessarsi all'apparenza concreta, diciamo, di un bicchiere e cercò invece di avvicinarsi per analogia al modo in cui la natura aveva sposato i con torni dritti che definivano il bicchiere verticalmente a quelli curvi che lo definivano orizzontalmente. La natura non offriva più apparenze da imitare, ma principi da eguagliare"* [8].

In effetti il Cubismo analitico raggiunge una sorta di limite, fra figurazione e astrazione e un tratto distintivo rispetto alle correnti astrattiste che a esso faranno riferimento può essere visto proprio nel fatto che *"conserva più di una valenza ambigua, irrazionale, prevalentemente intuitiva, così come s'addice ad un linguaggio prettamente pittorico, geloso e reticente della sua logica poetica"* [9].

Secondo Greenberg questo necessario riferimento alla natura, è presente anche nell'arte di Mondrian (che per la sua pittura parla di *superrealismo*) e proprio la pretesa di farne a meno, fa sì *"che le opere astratte dell'ultimo Kandinsky e dei suoi seguaci non riescano ad ottenere coerenza e sostanzialità, restando per la maggior parte semplici pezzi di decorazione arbitraria*" [10].

4. Il Cubismo sintetico

Il Cubismo sintetico si presenta al pubblico nell'ottobre del 1912 in una mostra dal titolo *Section d'Or* (La sezione aurea). Quello che si contesta al Cubismo analitico è il carattere eccessivamente intellettualistico, una certa staticità e la tendenza al monocromo. Dopo aver sfiorato l'ermetismo nella fase analitica, con il Cubismo sintetico i segni appaiono più distesi e leggibili. L'intenzione è sempre quella di cogliere nella realtà strutture essenziali attraverso un processo di ricostruzione, ma qui il procedimento in qualche modo si inverte, trasformandosi da "analitico" in "sintetico". La svolta si deve soprattutto all'apporto di Juan Gris, iniziato al Cubismo da Picasso e Braque, ma poi a sua volta in grado di influenzarli. Al contrario di Picasso e Braque, Gris tende a teorizzare. La matematica, la geometria, la filosofia l'affascinano.

Gris scrive che se Cezanne va verso l'architettura, il Cubismo sintetico parte dall'architettura; non scopre nelle cose reali delle strutture geometriche, ma parte da forme geometriche per "dedurre" da queste le immagini delle cose, con un processo di concretizzazione, dall'astratto al concreto. Gli oggetti ritornano, ma come concretizzazioni di forme astratte che ne sono in qualche modo le "idee platoniche". Scrive Juan Gris "*Lavoro con gli elementi dello spirito, con l'immaginazione; tento di concretizzare ciò che è astratto, vado dal generale al particolare, ciò significa che parto da un'astrazione per arrivare a un fatto reale. La mia arte è un'arte di sintesi, arte deduttiva [...]. Cezanne da una bottiglia fa un cilindro; io, da un cilindro faccio una bottiglia, una certa bottiglia; Cezanne va verso l'architettura, io parto dall'architettura, è per questo motivo che compongo con delle astrazioni (i colori) e compongo quando queste sono diventate oggetti*" [11].

L'oggetto, non più analizzato e frammentato, viene riconosciuto nella sua fisionomia essenziale, ma senza soggezione verso le regole dell'imitazione naturalistica e, in particolare, fuori da qualsiasi riferimento alla profondità spaziale. In termini linguistici ciò si traduce in una perdita di rilevanza della volumetrica plasticità delle cose. Il problema dell'artista non è più la riconquista volumetrica dei corpi a partire dalla loro frammentazione come nel Cubismo analitico, ma la composizione di forme piatte e colorate con l'introduzione di una più ricca gamma cromatica.

5. *La questione della "quarta dimensione"*

Il passo citato di Metzinger a proposito del muoversi del pittore intorno all'oggetto, fu interpretato da alcuni critici in relazione al tema della "quarta dimensione", proponendo interpretazioni fisico-matematiche del Cubismo, inteso come ricerca volta a rappresentare non più solo lo spazio, ma uno *spazio-tempo* in qualche modo collegato alle ricerche della fisica relativistica. Chi sostenne con più convinzione questa tesi fu Sigfried Giedion, che scrisse a questo proposito: *"Il Cubismo rompe con la prospettiva rinascimentale. Esso considera gli oggetti relativamente: cioè da parecchi punti di vista, nessuno dei quali ha il predominio assoluto. Nel sezionare gli oggetti a questo modo, esso li vede simultaneamente da tutti i lati, da sopra e da sotto, dall'interno e dall'esterno. Esso gira intorno agli oggetti e penetra il loro interno. In tal maniera alle tre dimensioni del Rinascimento, se ne aggiunge una quarta: il tempo"*[12].

E' vero che il Cubismo si afferma negli stessi anni in cui una certa concezione oggettivista della verità scientifica tipica del positivismo ottocentesco è messa in crisi da nuove teorie scientifiche e filosofiche, che mettono in dubbio la portata e validità delle tradizionali categorie di spazio e tempo e insieme affermano l'imprescindibilità del "punto di vista" dell'osservatore nella ricerca scientifica. Ma i riferimenti del Cubismo alla quarta dimensione o alle geometrie non euclidee sono, come nota De Fusco, niente più che stimoli e suggestioni, che nascono in un momento in cui un ripensamento del rapporto dell'uomo con il mondo, attraversava la cultura europea in ogni campo. Quello della ricerca di una nuova spazialità non prospettica è un tema specificamente linguistico e pittorico esplorato dai cubisti, e prima di loro da Cezanne; per spiegarne la presenza non c'è bisogno di tirare in ballo il riferimento diretto alla teoria della relatività.

Se consideriamo il Cubismo analitico, a cui prima di tutto si riferiscono queste considerazioni sullo *"spazio-tempo"*, la sua ricerca è svolta esclusivamente attraverso la pittura. I suoi enunciati teorici sono frutto della riflessione di critici (in primo luogo Guillaume Apollinaire), mentre i suoi "inventori", Picasso e Braque, avevano una estrema reticenza a parlare della loro arte ed erano contrari all'eccesso di teorizzazione. A tal proposito ricordiamo una dichiarazione di Picasso: *"Matematica, trigonometria, chimica, psicanalisi, musica e non so cosa ancora sono state apparentate al Cubismo per spiegarlo. Tutto ciò non è stato che letteratura, per non dire non senso, e ha condotto al cattivo risultato di accecare la gente con delle teorie"*.

NOTE

[1] L. Vauxcelles, *Exposition Braque*, in "Gil Blas", 14 novembre 1918.

[2] R. De Fusco, *Storia dell'arte contemporanea*, Bari 2010, p. 102.

[3] J. Nigro Covre, *Arte contemporanea: le avanguardie storiche*, Carocci editore, Roma, 2014, p. 38.

[4] Come nota ancora la Nigro Covre *"il Cubismo nasce quando l'operazione intellettuale sull'immagine prende le distanze dalla sensibilità"*. *Ivi*. p. 42.

[5] J. Metzinger, *Note sur la peinture*, Pan, Ottobre-Novembre 1910, cit. in E.F. Fry, *Cubismo*, Mazzotta, Milano, 1967.

[6] Come nota M. M. Antliff nel caso dei movimenti cubisti e futuristi, *"la definizione qualitativa del tempo elaborata da Bergson fu centrale per le loro teorie estetiche e sociali, che contestavano le nozioni quantitative e razionali di tempo promosse da altri soggetti"*. Cfr. M. Antliff, *Inventing Bergson. Cultural Politics and Parisian Anvant-Garde*, Princeton, 1993.

[7] J. Metzinger, *Cubisme et Tradition*, Paris-Journal, 16 agosto 1911; cit. in E.F. Fry, op. cit.

[8] C. Greenberg, *Il ruolo della natura nella pittura modernista*, tr. it, in *Clement Greenberg L'avventura del modernismo*, Johna & Levi editore, Milano, 2011, pp. 88-89.

[9] R. De Fusco, op. cit., p. 123.

[10] C. Greenberg. op. cit., p. 90.

[11] J. Gris, *Quelques notes sur mes recherches*, in "Cahiers d'Arts", 1927, cit. in De Fusco, op. cit., p. 120.

[12] S. Gedion, *Spazio, tempo e architettura*, Hoepli, Milano 2004, p. 274.

Pablo Picasso
Les demoiselles d'Avignon, 1907
olio su tela, cm. 244 x 233

Georges Braque
Maison a L'Estaque, 1908
olio su tela, cm.72 x 59

Pablo Picasso
Ritratto di Daniel-Henry Kahnweiller, 1910
olio su tela, cm. 100 x 72

Juan Gris
Giornali e fruttiera, 1916
olio su tela, -

L'astrattismo in Russia

Negli anni immediatamente successivi alla rivoluzione dell'ottobre 1917, fino alla metà degli anni '20, cioè fino all'imporsi del realismo socialista come "arte di Stato", prevale ancora nella cultura russa la convinzione che un'arte nuova, che rompa i ponti con la tradizione, sia indispensabile per la costruzione di una nuova società. In particolare l'avanguardia astrattista, con la sua idea dell'arte come attività formativa e non imitativa, trova un terreno fertile in un momento di effervescenza rivoluzionaria, nel quale gli artisti si sentono parte di un impegno concreto e collettivo di "ricostruzione", sostenuti in questo anche dalle istituzioni educative pubbliche. Questo contesto storico conferisce alle sperimentazioni e al dibattito dell'avanguardia russa, connotati unici nel panorama dell'avanguardia europea.

1. Le prime avanguardie

1.1. *Arte e Rivoluzione*

Come osserva Mario de Micheli la prima guerra mondiale e la Rivoluzione di Ottobre fanno da spartiacque fra la prima fase (1905-14) e la seconda fase (1917-26) dell'avanguardia in Russia.

All'inizio del '900, esisteva ancora in Russia quell'alleanza fra intellettuali borghesi e rivendicazioni popolari che in Europa occidentale si era spezzata con il fallimento delle rivoluzioni del 1848. Fino al 1905 la cultura russa, in letteratura come nelle arti figurative, era ancora legata alla grande tradizione del realismo ottocentesco, connotato da una forte componente di critica sociale. Sempre più stridente era la condizione di arretratezza della Russia zarista rispetto agli altri paesi europei in via di "modernizzazione", sia dal punto di vista economico, che da quello sociale e politico. In un regime politico ancora assolutista, la grande maggioranza della popolazione era composta di contadini che vivevano in condizioni di endemica povertà e totale subalternità, formalmente liberati solo nel 1861 dal regime della «servitù della gleba».

Una lacerante crisi nel rapporto fra intellettuali e società in Russia si produsse con la rivoluzione del 1905. Presa fra le spinte estreme del comunismo delle forze popolari e la durissima repressione zarista, un'intera generazione di intellettuali russi vide naufragare i suoi sogni umanitari e si chiuse sempre più in se stessa, allontanandosi dall'impegno sociale. Questo nuovo atteggiamento sfociò spesso in *"posizioni di isolamento estetizzanti o tendenti al misticismo, in sperimentazioni a volte esasperate, che andavano dal decadentismo ai puri giochi intellettuali"* [1]. Ma è in questo clima di incertezza che la cultura russa, abbandonato il realismo ottocentesco, si apre alle avanguardie europee, in particolare fauve, futurista e cubista, anche grazie al ruolo attivo di alcuni mercanti d'arte e galleristi. Queste tendenze dell'avanguardia occidentale si innestano in Russia su un substrato autoctono fortemente caratterizzato da un intenso spiritualismo e da un vivo interesse per la sintesi delle arti, in particolare quella fra pittura e musica, sintesi sperimentata in una tradizione teatrale particolarmente ricca e vivace. Come osserva la Nigro Covre *"Già nel corso del primo decennio del secolo, e ancor più fra il 1910 e il 1912, grazie soprattutto al collezionismo russo e alla vivace volontà di organizzare mostre – presente in artisti e critici soprattutto francesi, poi seguiti da Marinetti e dai futuristi italiani -, l'impronta realistico-accademica degli ambienti di Mosca e San Pietroburgo ha conosciuto un'apertura straordinaria alle novità europee .... Questo entusiasmo per la modernità non limita, tuttavia, il forte legame con il pensiero, la religiosità, le tradizioni culturali russe, profondamente fuse con le nuove forme espressive"* [2].

La rivoluzione del 1917 fu in generale vissuta dagli artisti di ogni tendenza, come l'inizio di una fase nuova. Come abbiamo accennato, il potere politico, fino alla metà degli anni Venti, non ostacolò il dibattito e le sperimentazioni artistiche. L'avanguardia fu sempre ampiamente rappresentata nelle esposizioni dell'arte russa tenute all'estero negli anni immediatamente successivi alla rivoluzione, e suoi esponenti di primo piano come Malevich, Chagall, Tatlin, Kandinsky e El Lissizky occuparono posizioni di rilievo nelle nuove istituzioni artistiche. Nel frattempo, dal punto di vista dei movimenti artistici, a una prima fase spontaneista, subentrò quella dell'associazionismo, col formarsi di gruppi spesso in polemica fra loro, in un clima di vivace dibattito culturale.

La questione centrale era il rapporto fra Arte e Società e, ancora più specificamente, il contributo che l'arte potesse e dovesse fornire alla costruzione della nuova società socialista. Ben presto la questione si pose nei suo termini più radicali: se, e in che senso, nella nuova società comunista ci fosse ancora spazio per l'Arte.

Il filosofo Bogdanov, con la sua *teoria delle tre vie al socialismo* (quella politica, quella economica e quella culturale), concepite come parallele e autonome, propose una sorta di ipotesi di compromesso che prevalse per un certo tempo: la ricerca artistica in senso tradizionale, come attività priva di scopo pratico, conservava una propria legittimità, in quanto poteva contribuire alla costruzione del socialismo lungo una delle tre "vie", quella culturale. Ma l'approccio di Bogdanov fu ben presto soppiantato da quelle posizioni che intendevano il rapporto arte-società in modo più diretto, se non strumentale. Il gruppo più impegnato nella direzione del superamento di posizioni individualiste e "borghesi", fu il LEF (*Fronte di sinistra delle arti*) fondato dal poeta Majakovskij. Per il LEF l'arte non poteva più essere gioco gratuito e individuale. Essa doveva farsi non solo espressione "culturale" dei nuovi valori e sentimenti che la rivoluzione aveva suscitato, ma anche strumento concreto della trasformazione della vita collettiva e individuale. Coerentemente con tale impostazione i «produttivisti» arrivarono a proclamare la fine dell'opera d'arte come oggetto privo di utilità pratica, senza tuttavia rinunciare alla convinzione che solo applicando alla produzione un approccio creativo e sperimentale, si potesse costruire quel paesaggio nuovo (dal mondo degli oggetti d'uso, alla città) in cui sarebbe sfociata necessariamente la piena realizzazione del comunismo. Come scrive De Micheli, gli artisti del LEF comprendevano che "*una simile impresa era possibile solo restando sul terreno dell'arte moderna, movendosi dall'interno della sua dialettica e sviluppando gli autentici valori espressivi nuovi, i procedimenti originali, le scoperte e le invenzioni più sicure dell'avanguardia. Essi insomma erano persuasi che non era possibile mettere il vino giovane, energico, frizzante della rivoluzione, nelle vecchie botti della tradizione ottocentesca*" [3].

Invece dopo la morte di Lenin, la linea ufficiale in campo artistico si appiattì sul recupero del realismo ottocentesco. Il trionfo del "*neo-verismo*" sovietico fu sancito nel 1926 dalla mostra "*Vita e costumi dei popoli dell'URSS*". Il problema del rapporto fra Arte e Società veniva così brutalmente risolto dal regime nei termini di una totale subordinazione alla politica, di un'arte ridotta a strumento di propaganda, secondo le formule del più vieto illustrazionismo. Due opere di riferimento per il successivo «realismo socialista» di epoca staliniana, sono *Il Bolscevico*, dipinto da Boris Kustodiev nel 1920 e *La cerimonia di apertura della Terza Internazionale*, di Isaak Brodsky, del 1924.

Ogni tentativo di rinnovamento estetico o di ricerca formale era ormai bollato come "piccolo-borghese", come "tradimento" della rivoluzione. Molti artisti pagarono con la vita, con la prigione o con il silenzio la fedeltà alla loro vocazione. Altri, come Gabo, Pevsner, Chagall o Kandinsky presero la strada dell'Occidente.

1.2. *Il Formalismo*

Le correnti dell'astrattismo russo (Raggismo, Suprematismo e Costruttivismo) sono essenzialmente "costruttive" e non espressioniste. Mentre Kandinsky, attraverso le "risonanze interiori" prodotte dalla composizione "musicale" degli elementi del linguaggio pittorico, cerca di esprimere una dimensione spirituale, situata oltre la materialità stessa del dipinto, per tali correnti (in ciascuna in modo diverso), la forma astratta costituisce una realtà in sé stessa, il cui significato è "immanente" e non "trascendente".

Questo punto di vista, che prima di essere anti-espressionista nasce come anti-simbolista, è oggetto in Russia una prima elaborazione teorica di grande rilievo nel campo della critica letteraria con due gruppi di ricerca: OPOJAZ (*Società per lo Studio del Linguaggio Poetico*) e il *Circolo Linguistico di Mosca*. Contro le teorie romantiche e simboliste della "profondità", questi studiosi non vedono più nel linguaggio poetico l'involucro che esprime un contenuto profondo, ma prima di tutto una realtà in sé stessa. Di conseguenza affermano che non basta analizzare i testi letterari in funzione della psicologia dell'autore e della cultura della sua epoca, del contenuto narrativo o ideologico, ma bisogna cercare di comprenderne la struttura "formale", ossia il modo di usare il linguaggio, di costruire la narrazione, perché è questo che fa di un testo un testo letterario. Si tratta quindi di un vero e proprio approccio "astrattista" alla letteratura, che cerca di comprenderne le strutture formali che sono, alla fine, lo specifico contenuto letterario dell'opera. Scrive Boris Ejchenbaum nel 1925: *"Il concetto di forma appare in un significato nuovo, non come involucro, ma come completezza, come qualcosa di concretamente dinamico, ricco di per se stesso di contenuto, indipendentemente da qualsiasi correlazione. In ciò si manifesta un deciso distacco dai principi del simbolismo, per il quale "attraverso la forma" deve trasparire un qualche "contenuto". Si supera pertanto anche l'estetismo, come dedizione ad alcuni elementi della forma, consciamente avulsi dal contenuto"* [4].

Nella sua volontà di *"creare una scienza letteraria autonoma che si basi sulle specifiche proprietà del materiale letterario"* [5] la concezione formalista della letteratura trova un corrispettivo, in pittura, nell'idea di quadro-oggetto elaborata dai cubisti. Ogni linguaggio artistico dispone di una "materia" specifica (parole, frasi, strutture narrative in letteratura, forma e colore in pittura, il suono in musica, ecc.) con cui *dà vita ad una realtà autonoma* rispetto al suo contenuto rappresentativo.

In Russia, la parabola del formalismo letterario è analoga a quella dell'astrattismo in pittura. Si sviluppa negli anni a cavallo della rivoluzione e viene poi emarginato e infine censurato allorché si afferma il "realismo socialista". Dalla fine degli anni venti ogni ricerca letteraria concentrata su problemi di linguaggio è condannata come "formalista" e reazionaria, perché distoglierebbe dai contenuti e dai temi concreti della società socialista. Fu allora che i critici e linguisti dell'*OPOJAZ* e del *Circolo Linguistico di Mosca* ricevettero, in senso dispregiativo, la denominazione di "formalisti".

1.3. Il Cubofuturismo

Sia le ricerche linguistiche dei formalisti che le prime avanguardie artistiche russe si definiscono inizialmente in opposizione al simbolismo, il movimento letterario e artistico nel quale si perpetuava la concezione romantica del linguaggio come veicolo di un contenuto profondo. Nella sua ricostruzione delle vicende dei gruppi formalisti, Ejchenbaum ricorda: *"Noi entrammo in guerra contro i simbolisti [...] La rivolta dei futuristi (Chlebnikov, Kruchënych, Majakovskij) che a quell'epoca si verificò contro il sistema poetico del simbolismo, costituì per i formalisti un appoggio, perché conferiva alla loro lotta un carattere di ancor più accentuata attualità"* [6].

L'esperienza futurista, già a partire dal 1910, segna l'inizio dell'avanguardia russa, sia in letteratura che in pittura. Nel futurismo russo la componente letteraria è particolarmente importante. Il suo manifesto viene pubblicato nel 1912 con il titolo «*Uno schiaffo al gusto del pubblico*». Il breve testo celebra la *"bellezza futura della parola autonoma (centrata su sé stessa)"*, ossia le potenzialità comunicative della parola, come elemento sonoro e visivo, svincolato dalla subordinazione al significato logico e al contenuto rappresentativo.

Con i futuristi italiani, quelli russi condividono l'atteggiamento anti-borghese e iconoclasta di rifiuto delle forme tradizionali nell'arte e nella vita, ma nella loro pittura convergono anche altre componenti: il cubismo con il suo approccio orientato verso la geometria e la costruzione di un linguaggio rigoroso, le tematiche della vita rurale e il richiamo all'arte popolare russa con il suo gusto per un brillante cromatismo. «Cubo-futurismo» è la denominazione, introdotta nel 1913 per designare questa sintesi specificamente russa, dalla vita relativamente breve (1913-1915), ma particolarmente importante come «incubatore» dell'astrattismo in Russia.

Spesso aspramente polemici furono i rapporti fra futuristi russi e italiani. Marinetti accusava i russi di non avere autentiche aspirazioni futuriste e di professare una sorta di "arcaismo nazionale", mentre questi accusavano gli italiani di essere ingenuamente consacrati al presente piuttosto che al futuro, e di professare un tendenzioso simbolismo romantico a buon mercato, che traspariva a dispetto di una superficie futurista. Diverso anche il rapporto con la prima guerra mondiale. Mentre Marinetti celebrò la guerra come *"sola igiene del mondo"*, Majakovskj si oppose con veemenza al massacro della Grande Guerra.

L'opera-simbolo di questa fase cubo-futurista dell'avanguardia russa è il dramma in musica *La Vittoria sul sole* rappresentato a San Pietroburgo nel dicembre del 1913, una sorta di "opera d'arte totale" con libretto del poeta Aleksei Kruchenykh (1886-1968), musiche di

Mikhail Matiushin (1861-1934), costumi e scenografie di Kazimir Malevich (1879-1935). I tre artisti avevano qualche mese prima dichiarato la volontà comune di abolire nell'arte la logica e il buonsenso assieme al sentimentalismo tardo-romantico; il mondo era per loro all'alba di una nuova era in cui la potenza creativa dell'uomo, liberata da vecchi vincoli fisici, culturali e sociali, avrebbe potuto espandersi nello spazio cosmico. Su questo vitalismo titanico e futurista, con il suo impeto dissacratorio, si innestava la sperimentazione di nuovi linguaggi artistici in campo poetico, pittorico e musicale, secondo tecniche di ispirazione cubista.

Per Kruchënych *La vittoria sul sole* doveva rappresentare il trionfo del "tecnico" sul "naturalistico". L'opera, in due atti, racconta nel primo la lotta grazie alla quale i *Futuriani* (titani che incarnano l'uomo del futuro) si liberano dalla tirannia del sole, visto come simbolo della tradizione e del passato, incarnazione delle leggi costrittive del mondo naturale e sociale. Nel secondo atto, nel mondo nuovo liberato dalla dipendenza dal sole, l'uomo riesce a esplicare la propria potenza, libero dalle costrizioni della fisica e della logica. Non c'è più legge di gravità, il tempo scorre al contrario, saltano le proporzioni e prospettive abituali, così come i normali rapporti di causa ed effetto. Anche il linguaggio non è più lo stesso. I vari personaggi parlano secondo una sintassi «cubista» decostruita, che riaggrega i frammenti verbali in modo imprevisto, generando un effetto di straniamento, ma anche di libertà creatrice. E' la lingua *transrazionale* teorizzata da Kruchenych, liberata dalle convenzioni e dai vincoli delle regole grammaticali e sintattiche, dalla soggezione al significato, simbolo della creatività liberata dell'uomo del futuro. Una lingua creatrice nella quale nuove parole sono in grado di creare nuovi contenuti.

Le scenografie di Malevich scompaginano l'ordine abituale delle forme nello spazio, e anticipano temi che ritroviamo nella sua pittura suprematista: un quadrato nero rappresenta il nuovo sole costruito dall'uomo, fonte di energia fisica e spirituale, non debitrice né della Religione né della Natura; il nero del pavimento e delle pareti denotano la sconfitta del sole naturale e l'avvento del buio. Ma riconosciamo anche un immaginario futurista, con le case cubiche, la locomotiva, l'aeroplano, le eliche, le ruote, la mitragliatrice e altri dispositivi meccanici.

1.4. *Il Raggismo*

Primo sviluppo del cubo-futurismo in direzione dell'astrattismo è il Raggismo di Mikhail Larionov e Natalia Goncharova. Il Raggismo fu definito da Majakovsky *"interpretazione cubista dell'impressionismo"*. In effetti, tra le linee di ricerca che portano all'astrattismo, vi è quella che, a partire da Turner e passando per l'impressionismo, arriva all'astrazione attraverso la dissoluzione della forma nella vibrazione cromatica della luce. E' questa la via dell'*Orfismo* e del *Raggismo*.

Il termine "orfismo", fu introdotto dal poeta Apollinaire, in un articolo del 1913, per designare l'opera del pittore francese Robert Delaunay (1885-1941) il quale aveva appena realizzato la serie *Le Finestre*. In *Finestre aperte simultaneamente* (1912) vediamo che si è quasi annullato il riferimento oggettivo. A parte la silhouette della torre Eiffel, il dipinto consiste nella sovrapposizione di aree colorate generate dall'eco centrifuga della forma della torre e da quella centripeta del riquadro della finestra. Ciò che prevale non è più la rappresentazione del reale, ma l'effetto ottico, generato dal contrasto di colori complementari, che si dispongono secondo un andamento ritmico che rimanda a una composizione musicale.

Il manifesto del Raggismo[7], firmato da Mikhail Larionov, è presentato in occasione di una mostra tenuta a Mosca nel 1913, ed è una dichiarazione di fede nell'arte astratta. Secondo Larionov il *"genio della nostra epoca"*, si esprime in un nuovo universo di oggetti (*"pantaloni, scarpe, sciarpe, tram, aeroplani, navi meravigliose"*) la cui forma risponde a una propria logica funzionale. Anche l'arte deve conquistare lo statuto di oggetto che si sviluppa secondo regole specifiche che sono *"le leggi della pittura quale entità autonoma»*. Questo significa una *"liberazione dell'arte"*, non più soggetta alla rappresentazione di un oggetto o all'espressione dell'interiorità, ma giudicata solo per i suoi valori formali, ossia *"solo dal punto di vista dei mezzi e delle leggi che ne hanno sorretto la creazione"*.

In questo modo la pittura può liberare il suo specifico potenziale, la sua essenza, che per Larionov *"è indicata dalla combinazione del colore, dalla sua maturazione, dal rapporto con le altre masse cromatiche e dall'intensità con cui è elaborata la superficie"* [8]. In questa tendenza all'astrazione il Raggismo ritiene di contrapporsi alla tradizione figurativa occidentale, recuperando lo spirito "decorativo" di quella orientale e russa.

I dipinti raggisti sono il risultato dell'intersezione di "raggi", ossia fasci e linee di colore luminoso che costruiscono nello spazio nitide strutture che ricordano "la geometria scintillante dei cristalli". Scrive Larionov: *"Lo stile della pittura raggista che noi promoviamo si occupa delle forme spaziali conseguite con l'intersezione dei raggi riflessi da vari oggetti e delle forme individuate dall'artista. In modo convenzionale, il raggio è rappresentato da una striscia di colore"* [10].

Ma quello dei raggisti non è astrattismo assoluto. La costruzione dell'immagine parte da una impressione, che diventa luce-colore, nello spazio "astratto" e autonomo della pittura; solo a partire da questa impressione *"incomincia la creazione delle nuove forme, la cui espressione e significato dipendono unicamente dal grado di saturazione di una tonalità cromatica e dal posto che occupa in rapporto alle altre diverse tonalità"* [9].

Dunque la luce-colore è individuata dai raggisti come lo specifico della pittura, il vero contenuto del linguaggio pittorico; essa mantiene un rapporto di analogia tra la realtà e la costruzione artistica, ma è trattata per se stessa, per i suoi valori autonomi di ordine costruttivo e comunicativo. Ad esempio in *Paesaggio raggista*, del 1912, gli alberi non solo si rivelano esclusivamente come colore e luce, ma l'intero paesaggio si mostra come realtà luminosa, come intreccio di riflessi.

In questa idea di pittura confluiscono varie suggestioni. Le geometrie astratte del *cubismo orfico* di Delaunay, con i loro ritmi musicali di compenetrazione e simultaneità del colore, sono investite da una energia e un dinamismo che richiamano la pittura futurista di Boccioni di quegli stessi anni.

Il Raggismo come movimento pittorico ebbe vita breve, ma aprì la strada all'astrattismo "assoluto" del Suprematismo e del Costruttivismo.

2. Malevich e il Suprematismo

2.1. *Nota biografica*

Kazìmir Malèvich nasce nel 1878 a Kiev da una famiglia di origine polacca. Nel 1907 si stabilisce a Mosca dove studia pittura. Dopo aver esordito nell'ambito del simbolismo e del primitivismo, tra il 1910 e il 1912 si avvicina all'avanguardia cubo-futurista. Nel 1913 disegna le scenografie per *La Vittoria sul sole*, mentre in pittura le sue composizioni cubo-futuriste si orientano verso quello che egli definisce "*alogismo*".

Espone per la prima volta il "*Quadrato nero su fondo bianco*" (il primo dipinto suprematista) alla mostra "*Ultima mostra futurista di pittura 0,10*", tenutasi a San Pietroburgo nel 1915, e in questa occasione pubblica "*Dal cubismo al suprematismo*", manifesto teorico del suprematismo. Subito dopo la rivoluzione svolge vari incarichi presso istituzioni e scuole d'arte. In occasione del primo anniversario della rivoluzione disegna decorazioni stradali e progetta l'allestimento dell'opera teatrale di Majakovskij "*Mistero Buffo*". Nel 1919 presenta il "*Quadrato bianco su fondo bianco*", con il quale si conclude virtualmente la sua produzione di pittore suprematista.

Nel 1919, su invito di Chagall, entra come docente nell'*Istituto Artistico di Vitebsk* e da allora, fino al 1927, si dedica all'insegnamento, alla scrittura e allo sviluppo del suprematismo oltre la pittura, nella dimensione dello spazio tridimensionale e dell'architettura. A Vitebsk fonda, con un gruppo di studenti, il movimento *UNOVIS* (*Sostenitori della nuova arte*), il cui obiettivo è immettere il linguaggio suprematista nella società, operando nei più diversi campi (dal manifesto, alla pittura monumentale, alla scenografia, alla ceramica, al design, all'architettura).

Nel 1924 si trasferisce con alcuni allievi presso l'*Istituto di Cultura artistica* di San Pietroburgo. Intanto comincia a prevalere nella cultura ufficiale sovietica un orientamento contrario all'arte d'avanguardia. Nel 1926 si tiene una mostra dei lavori dell'Istituto, nella quale vengono presentate anche le sue sperimentazioni tridimensionali, ma le critiche sono severe e l'Istituto viene chiuso nel dicembre dello stesso anno.

Nel 1927 Malevich ottiene, dopo molte difficoltà, il permesso di recarsi a Varsavia e Berlino per esporre le sue opere. Qui riscuote grande successo ed entra in contatto con la Bauhaus, a cura della quale vengono tradotti e pubblicati alcuni suoi scritti.

Alla fine dell'anno rientra in Russia e viene trasferito all'*Istituto Statale di Storia dell'Arte*. Ricomincia a dipingere, ritornando gradualmente alla figurazione, con soggetti del mondo contadino. Sempre più isolato, nel 1930 perde il posto presso l'*Istituto Statale di Storia dell'Arte*, mentre la sua pittura viene aspramente attaccata per il suo "formalismo". Muore nel 1935. A capo del letto, per sua espressa volontà, viene collocata l'opera-manifesto del suprematismo, *Quadrato nero su fondo bianco*.

2.2. *La fase del cubo-futurismo e dell'alogismo*

Malevich approda al Cubo-futurismo fra il 1910 e il 1913. AL 1913 risale il ritratto cubo-futurista del musicista Mikhail Matiushin. La figura è scomposta in forme geometriche, secondo una approccio cubista che però non tende mai al monocromo né alla estrema frammentazione del cubismo analitico di Picasso e Braque, ma piuttosto ricorda il cubismo più "solido" di Gleizes, Metzinger e altri cubisti "minori", in Russia molto apprezzati. Colpisce nel dipinto una sorta di mancanza di coerenza linguistica non estranea al cubismo stesso e che prelude in Malevich a quello che egli chiamerà "alogismo". Nella composizione sono inseriti frammenti figurativi resi in maniera quasi iperrealistica, come uno scorcio di testa con i capelli e la scriminatura tipica di Matiushin, la tastiera di un pianoforte vista di fronte, il frammento di un cassetto in legno di una scrivania, che rimanda all'impegno intellettuale e teorico di Matiushin.

Nella fase "alogica", fra il 1913 e il 1914, Malevich realizza in pittura un'operazione analoga a quella che in poesia andava compiendo il poeta futurista Kruchenykh inventore del linguaggio *zaum* (transrazionale): un linguaggio anarchico e privo di senso comune che comunicava attraverso il suono delle parole e l'onomatopea piuttosto che attraverso il loro significato. Il tema comune a Malevich e Kruchenykh è quello della liberazione della forma dalla subordinazione al contenuto rappresentativo, per attivare un pensiero e una comunicazione a-logici. Nel 1913 Malevich scrive: "*Abbiamo rifiutato la ragione basandoci sul fatto che un'altra ragione si è sviluppata in noi, la quale, a confronto con quella che abbiamo rifiutato, possiamo chiamare l'al di là della ragione, ma che, anch'essa è governata da una legge, una costruzione, un senso, ed è soltanto nel comprenderlo che giungeremo ad un'opera fondata sulla legge di questo al di là della ragione realmente nuovo*" [11].

Nel dipinto *Alogismo. Mucca e violino*, del 1913, Malevich giustappone, in una composizione di tipo cubista, un violino e una mucca, resi in maniera piattamente realistica. Sul retro del quadro annota: "*Confronto a-logico tra due forme 'violino' e 'mucca', come momento di lotta contro la logica, la naturalezza, il senso comune e il pregiudizio borghesi.*" Qui Malevich, usa ancora la rappresentazione, ma in modo *a-logico*, rappresentando una relazione priva di senso comune, al fine di contestare la subordinazione del significante al significato, e affermare la libertà nell'uso della forma rispetto a qualsiasi contenuto rappresentativo. Il passo ulteriore, che consisterà nel fare del tutto a meno di ogni rappresentazione, lo compie nel 1915 con l'approdo all'astrazione assoluta e la creazione del Suprematismo.

2.3. *Il Suprematismo*

Il Suprematismo è presentato in occasione della esposizione "*Ultima mostra futurista di pittura 0,10*", tenutasi a San Pietroburgo nel 1915, in cui Malevich espone trentacinque dipinti astratti, che consistono in composizioni di forme geometriche elementari di colore uniforme, su fondo bianco. Uno di questi dipinti è appeso vicino al soffitto fra due muri e si rivolge allo spettatore da questo spazio angolare: si tratta del «*Quadrato nero su fondo bianco*». Di una radicalità assoluta, la proposizione plastica di Malevic è pensata come lo stimolo per un rinnovamento dello sguardo, ma anche della vita.

La nuova visione pittorica di Malevich è parte di una nuova concezione dell'uomo fondata sul concetto di sensibilità. Ricordiamo che in Malevich la riflessione filosofica è un'attività parallela e non semplicemente accessoria rispetto a quella artistica. Un suo riferimento teorico fu il filosofo russo Uspenskij il quale nei suoi scritti carichi di misticismo ed esoterismo contrapponeva alla logica aristotelica una intuizione creatrice.

Nel Manifesto del suprematismo si legge: "*In una certa misura l'essere umano si può paragonare ad un radioricevitore complesso, che intercetta e realizza tutta una serie di ondate di sensazioni diverse, l'insieme delle quali determina una certa visione del mondo*" [12]. Quindi l'uomo è innanzitutto un coagulo di sensibilità, un "ricevitore" che intercetta impulsi dal mondo. La nostra reale identità, sta in un certo modo particolare di «ricevere» e selezionare gli impulsi, di sentire il mondo. Quindi la sensibilità, di cui parla Malevich non va intesa in senso psicologista o romantico, e nemmeno come sensibilità estetica in senso stretto, ma come il modo fondamentale in cui l'uomo si relaziona con il mondo, è nel mondo. Essa viene prima di tutto, prima della razionalità, della logica, o di quello che Malevich, citando Schopenhauer, chiama il «mondo della rappresentazione».

Tutto ciò che l'uomo crea (dagli oggetti d'uso, alle forme della cultura e della religione) nasce dal bisogno fondamentale di estrinsecare la sensibilità, è la materializzazione di un certo modo di "sentire" il mondo. Scrive Malevich: *"Le sensazioni nate nell'essere umano sono più forti dell'uomo stesso, devono erompere per forza e ad ogni costo, devono acquistare una forma, devono essere comunicate e sistemate. L'invenzione dell'areoplano ha origine nella sensazione della velocità, del volo, che ha cercato di assumere una forma, una figura; l'aereo non è stato costruito per il trasporto di lettere commerciali fra Berlino e Mosca, ma per obbedire all'impulso irresistibile della percezione della velocità [...] Dalla sensazione di Dio è sorta la religione e dalla religione è sorta la Chiesa. Dalla sensazione della fame sono sorti i criteri della praticità e da tali concetti sono sorti i mestieri e le industrie [...] L'insieme dei riflessi delle varie sensazioni nella coscienza determina la "concezione del mondo" dell'essere umano"* [13].

Anche gli oggetti comuni d'uso sono in effetti materializzazioni della sensibilità: *"Le sensazioni del correre, stare fermo o sedere sono anzitutto sensazioni plastiche, che stimolano la creazione degli "oggetti d'uso" corrispondenti, determinandone anche gli aspetti essenziali. La tavola, il letto, la sedia non sono oggetti utili, bensì forme di sensazioni plastiche. Quindi la convinzione generale che tutti gli oggetti d'uso quotidiano siano il risultato di riflessioni pratiche si basa su false supposizioni"* [14].

Dunque la realtà della vita è sensibilità; essa solo è assoluta e permanente; di essa il nostro mondo, fatto di oggetti materiali e forme culturali, è un'estrinsecazione storica, transitoria e relativa. Tuttavia l'uomo vive tutto proiettato verso tale mondo oggettivo e relativo. Questo riguarda sia il rapporto con noi stessi che con le cose. La nostra vita *"è una rappresentazione teatrale in cui la sensibilità inoggettiva viene presentata mediante l'apparizione oggettiva"*, ma noi scambiamo la rappresentazione per la realtà stessa: *"se si interpella qualcuno domandandogli chi egli sia, quello risponde "Sono ingegnere, contadino, ecc.", insomma risponde con la definizione della parte che interpreta in qualche dramma delle sensazioni"* [15].

Guardiamo alle cose solo in funzione della loro utilità immediata, dimenticandoci che esse non sono che un certo modo di dare forma alla sensibilità, che *"l'origine di qualunque creazione di forma è sempre, dovunque e soltanto la sensibilità"* [16].

L'arte, creatrice di forma al di là di ogni utilità o scopo, è l'unica attività umana che abbia per oggetto la sensibilità in quanto tale. Nell'arte di tutti i tempi, (secondo un'ottica *puro-visibilista*) ciò che conta, ciò che ha un valore assoluto e permanente, è la sensibilità formale, ossia ciò che resta quando sia astrae dal suo contenuto rappresentativo. *"Il valore stabile, autentico dell'opera d'arte (a qualsiasi scuola appartenga) e il suo vero contributo alla conoscenza consiste esclusivamente nella sensibilità espressa"* [17].

Il limite dell'arte del passato sta nel fatto che è sempre stata subordinata al piano dei bisogni materiali o religiosi e il suo fine è stato frainteso come rappresentazione, "imitazione della natura" per esprimere certi contenuti al servizio del potere (la Chiesa o lo Stato). Ma il fatto che possiamo ancora cogliere la bellezza di un'opera d'arte del passato dopo che la sua funzione pratica o ideologica si è esaurita, dimostra per Malevich che quest'ultima è relativa e caduca, mentre il contenuto in termini di sensibilità è assoluto ed eterno. *"La bellezza di un tempio antico non deriva dal fatto che esso ha servito d'asilo a un determinato sistema di vita oppure alla religione corrispondente, ma perché la sua forma è derivata da una percezione pura di relazioni plastiche. Tale percezione artistica (che nella costruzione del tempio diventò forma) è preziosa e viva per noi in tutti i tempi, mentre il sistema di vita nel quale il tempio fu costruito è ormai morto"* [18].

L'umanità deve evolvere in ogni campo nel senso di un affrancamento del potenziale creativo della sensibilità dalla subordinazione alla rappresentazione. Sul piano socio-culturale più generale questo significherà la conquista di una integrità dell'umano, liberazione di un punto di vista sulla realtà che merita pari dignità di quelli logico, dei bisogni materiali, ed etico, dei valori morali e religiosi. Si può dire che la dimensione dell'estetico o della sensibilità in senso lato, tendano a travalicare in Malevich il campo ristretto dell'Arte, per essere riconosciute come dimensioni fondamentali della coscienza umana, a cui va riconosciuto il diritto contribuire a dare forma al mondo fisico e sociale. Ritroviamo qui quella prospettiva utopica di fusione fra arte e vita che appartiene a tanti movimenti d'avanguardia. Questo processo di affrancamento della sensibilità su scala sociale può risultare favorito

nelle condizioni del mondo moderno, secondo Malevich, : *"la vera utilità, non caduca, del mondo dell'industria e della macchina non è nel soddisfare ai
singoli bisogni, ma nel liberare l'uomo dalla fatica, per lasciare all'uomo il tempo
libero per quello per cui è nato, la creazione artistica"* [19].

Per Malevich col Suprematismo l'arte ha imboccato per la prima volta la strada della sensibilità pura, ossia dell'astrazione assoluta,
sottratta a ogni fine pratico e ad ogni obbligo rappresentativo. Scrive
Malevich: *"Per suprematismo intendo la supremazia della sensibilità pura nelle
arti figurative* [...] *i suprematisti hanno abbandonato la rappresentazione del volto
umano e dell'oggetto naturalistico in genere, e hanno cercato nuovi segni per interpretare la sensibilità immediata e non i riflessi divenuti "forme" delle varie sensazioni, e ciò perchè il suprematista non guarda e non tocca: egli percepisce soltanto
[...] Ho riconosciuto che la "cosa" e la "rappresentazione" erano state prese per
l'immagine stessa della sensibilità e ho compreso la falsità del mondo della volontà e
della rappresentazione [...] Il suprematismo è l'arte pura ritrovata, quell'arte che
con l'andar dei tempi è diventata invisibile, nascosta dall'infittirsi delle "cose"* [20].

2.4. *La pittura suprematista*

Il *"Quadrato nero su fondo bianco"* è il gesto radicale con il quale Malevich nega l'arte come rappresentazione. E' un gesto iconoclasta che
fa il deserto, terra bruciata di ogni tradizione formale e di ogni contenuto oggettivo. Malevich nell'opuscolo da lui distribuito alla mostra
"Ultima mostra futurista di pittura 0,10", afferma: *"Mi sono trasformato nello
zero delle forme e mi sono tirato fuori dal ciarpame dell'arte accademica"*. Questo "zero delle forme" non è solo fonte di angoscia per chi rimpiange
tutto quel mondo di oggetti, di valori e sentimenti che la pittura ha
sempre rappresentato, ma fonte di gioia per chi lo vede come la *tabula
rasa* indispensabile perché nasca un'arte libera di muoversi nel piano
della pura sensibilità.

Come abbiamo detto, il quadro spiccava tra gli altri, appeso in alto,
tra due pareti. Tale collocazione d'angolo era tipica delle icone nelle
izbe, le case tradizionali dei contadini russi. In effetti questo quadro
è per Malevic, come una icona: non una "rappresentazione", ma una
manifestazione, un "presentarsi" concreto della sensibilità nella sua
purezza, così come le *sante icone* per gli ortodossi non sono semplice

rappresentazione, ma manifestazione concreta del divino attraverso la mano del pittore, secondo la famosa frase di Basilio il Grande *"L'onore reso all'Immagine passa al Prototipo"*[21]. Qui sta una differenza profonda con l'astrattismo di Kandinsky: le forme astratte di Malevich non sono il tramite per un mondo spirituale trascendente, ma sono manifestazioni concrete della pura sensibilità, su un piano di immanenza.

Malevich stesso ci spiega così il significato di "Quadrato nero su fondo bianco": *"Il quadrato nero su fondo bianco è stato la prima forma di espressione della sensibilità non-oggettiva: quadrato = sensibilità, fondo bianco = il Nulla, ciò che è fuori dalla sensibilità".* Il bianco è scelto in quanto fornisce *"un'idea reale dell'infinito"*[22], ossia uno spazio senza gravità in cui possa liberamente manifestarsi la sensibilità incarnata nella forma e nel colore. Il bianco è "l'incolore" che si oppone all'azzurro del cielo, visto come simbolo della *"prospettiva delle false rappresentazioni"*, del *"mondo delle cose"*. Come espressione pura di una sensibilità costitutiva dell'umano il suprematismo recupera, secondo Malevich, una dimensione originaria e primitiva della pittura, quella del segno: *"Il quadrato dei suprematisti e le forme che ne sono derivate si possono paragonare ai segni dell'uomo primitivo, che nel loro insieme non volevano illustrare, bensì rappresentare la sensibilità del ritmo"*[23]. Ritorna in Malevich il tema del riaffiorare nella modernità di un tipo di sensibilità astratta che apparteneva all'umanità primitiva, già introdotto da Worringer in *Astrazione e Empatia*.

Nella pittura suprematista di Malevich possiamo distinguere tre gruppi di opere in base al colore delle figure su un fondo che resta invece sempre bianco: il periodo nero, quello colorato e quello bianco che si conclude con il «*Quadrato bianco su fondo bianco*» del 1919.

Rispetto ai successivi quadri suprematisti, nel «*Quadrato nero su fondo bianco*» manca il movimento; è una sorta di dichiarazione di principio; negazione della rappresentazione, affermazione della possibilità di fare a meno del mondo degli oggetti. Nei successivi dipinti suprematisti Malevic intraprende l'esplorazione del mondo della sensibilità pura: il quadrato si trasforma, prolifera e si mette in movimento. Scrive Malevich: *"Il quadrato si muta per formare figure nuove, gli elementi delle quali si compongono in una maniera o in un'altra, secondo le norme della sensibilità ispiratrice"* [24].

Tutto avviene nei termini di una radicale riduzione linguistica. I colori fanno tutt'uno con le forme per creare il vocabolario di base del suprematismo, fatto di quadrati, rettangoli, croci, cerchi, triangoli. Le forme astratte ci appaiono come esseri sensibili e instabili, in movimento e trasformazione, fluttuanti liberamente nello spazio infinito. Se Mondrian attraverso la riduzione linguistica, la griglia ortgonale e la ricerca di relazioni bilanciate, mira all'universale e all'equilibrio, Malevic cerca l'instabilità che è connaturata a ciò che è vivente: le sue figure sono enti sensibili e singolari, con le incertezze della loro geometria, con i loro scarti e rotazioni, con il loro colore individuale. In questa differenza può riconoscersi anche l'esito del diverso percorso pittorico dei due artisti verso l'astrazione: Mondrian vi giunge attraverso il cubismo in cui prevale la componente geometrico-intellettuale, Malevich attraverso il cubo-futurismo dinamico e a-logico.

Consideriamo tre opere del 1915. Nel "*Cerchio nero*" l'instabilità si manifesta nella relazione della figura decentrata con il contorno del dipinto; nella "*Croce nera*" e nel "*Quadrato rosso*" l'effetto di instabilità e sensibilità della forma è dato dallo scarto minimo delle figure geometriche della croce e del quadrato rispetto alla loro canonica regolarità. E' come se una forza o una regola più sottile le deformasse, suggerendo la possibilità di una sorta di "iperspazio" (idea diffusa in testi di autori che gravitavano attorno al filosofo Uspenskji), di una geometria non euclidea non più dominata dall'assioma delle rette parallele.

Nelle composizioni più complesse, rotazioni attorno a un assi multipli, moti pluridirezionali, più o meno lievi mancanze di parallelismo nelle figure solo apparentemente regolari, rettangoli orientati secondo direzioni diverse nello spazio bianco della tela, creano una specie di movimento assoluto, svincolato anche dalla orizzontale e dalla verticale (così importanti per Mondrian e ancora per certi versi "antropomorfici", in quanto legati al nostro modo di orientarci nello spazio dominato dalla forza di gravità).

Anche in Malevic abbiamo, come in Mondrian quadri che sono frammenti di uno spazio infinito, ma Malevich non vuole essere un "cartografo" ma un "ricevitore", capace di cogliere tutti i segnali di movimento, tutte le più piccole variazioni qualitative in uno spazio aperto senza gravità, senza nessun orientamento privilegiato. Se Mondrian cerca l'assoluto nell'universale e l'equilibrio, Malevich lo cerca nella singolarità e la tensione.

Come nota la Nigro Covre "*Un atteggiamento fondamentale distingue*

... l'astrazione maleviciana .... L'atteggiamento di Malevich nasce dalla meditazione sulla realtà, piuttosto che da un'esigenza puramente spirituale, e ciò lo distingue da Kandinskij; nasce dalla riflessione filosofica sui contrasti dinamici in una realtà altra rispetto a quella codificata dalla ragione occidentale, e ciò lo distingue dall'equilibrio e dall'armonia vagheggiati da Mondrian. Troppo spesso nell'area delle prime avanguardie, si è confusa la meditazione con lo spiritualismo o il misticismo della ragione; anche se in tutti e tre questi artisti esiste un documentato legame con la teosofia connesso a indubbie componenti neoplatoniche, la partenza di Malevich è una forma di realismo, non a caso collegato al rapporto con il dinamismo futurista, e in ciò è una delle principali ragioni del suo carattere peculiare" [25].

El Lissitzky leggerà la nuova spazialità suprematista in relazione alla nuova concezione dello spazio e dell'oggetto che andavano elaborando in quegli anni le scienze fisiche e matematiche. Come gli oggetti della nuova fisica e matematica non sono più entità concrete legate da rapporti di proporzione, ma entità astratte in trasformazione come variabili di funzioni, così nella pittura suprematista, si passa a un universo relazionale e "trasformazionale" in cui non ci sono oggetti, ma colori e forme che si evolvono per trasformazione di una funzione di base. Ciò che conta non sono gli oggetti ma *"la dinamica, la combinazione, la costruzione di dipendenze"* [26].

L'ultimo sviluppo del suprematismo di Malevich, è il *Quadrato bianco su fondo bianco*, del 1918. Il quadrato bianco è ruotato rispetto al fondo quadrato, sempre bianco. La serie "bianco su bianco" rappresenta l'estremo sforzo di rarefazione dell'immagine, l'astrazione che giunge alla negazione di ogni concretezza fisica. E' un punto oltre il quale non si può andare, oltre il quale la pittura è ridotta al silenzio.

E in realtà questa è l'ultima fase della pittura suprematista. Poi Malevich non dipingerà per quasi dieci anni dedicandosi alle esplorazione di forme "architettoniche" suprematiste nello spazio.

2.5. La *"conquista dello spazio"*

La sensibilità pura, per manifestarsi, ha bisogno di muoversi liberamente nello spazio. Affascinato dall'aviazione e profeta della conquista spaziale Malevic è uno fra i primi artisti del XX secolo, a sviluppare una nuova concezione dello spazio come luogo aperto e attraversato da correnti di energia, in un mondo nuovo in cui l'uomo dovrà riconsiderare tutti i propri riferimenti.

L'Architettura è lo sbocco naturale della ricerca di Malevich. Ma un'architettura non subordinata alla funzione, capace di metterci in relazione con lo spazio in termini di sensibilità pura, incarnando concetti basilari come come *"quiete"* come *"vastità"*, *"unità"*, liberi dalle leggi della gravità o dell'equilibrio statico. Scrive Malevich: *"L'arte nuova del suprematismo, che ha creato forme nuove e relazioni di forme nuove, a base di percezioni divenute figure, allorché tali forme e relazioni di forme dal piano della tela si trasmettono allo spazio, diventa architettura....Ora che l'arte è arrivata a sé stessa, alla sua forma pura, non applicata, per la via del suprematismo, e ha riconosciuto l'infallibilità della sensibilità non oggettiva, ora essa tenta di erigere un nuovo vero ordine, una nuova visione del mondo .....Il suprematismo apre all'arte nuove possibilità poiché, con la cessazione del cosiddetto riguardo della «corrispondenza allo scopo» diventa possibile trasportare nello spazio una percezione plastica riprodotta sul piano di una pittura. L'artista, il pittore, cioè, non è più legato alla tela, al piano della pittura, ma è in grado di trasportare le sue composizioni dalla tela nello spazio"* [27].

Questo passaggio alla ricerca tridimensionale avviene con i *Planit* e gli *Arkitekton*, appartenenti alla produzione degli anni Venti. I *Planit*, sono disegni, progetti di architetture utopiche, agglomerati tridimensionali di forme suprematiste concepite come abitazioni di uomini del futuro: essi saranno delle *aereocittà* che levitano nello spazio, come si deduce dal loro nome, "Pianeti". Gli *Arkitekton*, sono sculture suprematiste in gesso, interamente bianche, che si espandono per aggregazione di parallelepipedi proliferanti liberamente nello spazio. Elaborati nell'effervescenza dei laboratori delle scuole dirette da Malevich, gli *Arkitekton* sono da concepire come "base per l'architettura", ma un'architettura che, benché designata da un antico termine greco si rivolge interamente verso il futuro, alla ricerca di una nuova visione dell'universo e della vita, libera anche dal peso della gravità, come nel mondo nuovo del secondo atto de *La vittoria sul Sole* e quindi di fatto "a-tettonica".

NOTE

[1] Cfr. M. De Micheli, *Le avanguardie artistiche del Novecento*, Feltrinelli, Milano 2005, pp. 266 e ss.

[2] J. Nigro Covre, *Malevich*, Giunti, Firenze 2004, pp. 8-9.

[3] Cfr. M. De Micheli, op.cit., pp. 275-285.

[4] B. Ejchenbaum, *Teorija "formal'nogo metoda"*, 1927; tr. it. *La teoria del metodo formale*, in *I formalisti russi*, Einaudi, Torino 1968, p. 43.

[5] *Ivi*, p. 33.

[6] *Ivi*, p. 36.

[7] M. Larionov, *Manifesto del raggismo*, Mosca, 1913, tr. it. in M. De Micheli, *op. cit.*, pp. 387-388.

[8] *Ibidem.*

[9] *Ibidem..*

[10] *Ibidem.*

[11] Cit. in J. Nigro Covre, Malevich, op. cit. , p. 20.

[12] K. Malevic, *Manifesto del suprematismo*, San Pietroburgo, 1915, tr. it. in M. De Micheli, *op. cit.*, pp. 389-399.

[13] *Ivi*, p. 392 e p 395.

[14] *Ivi*, p. 398.

[15] *Ivi*, p. 396.

[16] *Ivi*, p. 392.

[17] *Ivi*, p. 389.

[18] *Ivi*, pp. 393-394.

[19] K. Malevic, *Manifesto del suprematismo*, p. 394.

[20] Ivi, p. 391.

[21] Basilio il Grande, *Trattato sullo Spirito Santo*, XVIII, 45.

[22] K. Malevic, *Manifesto del suprematismo*, p. 392.

[23] *Ivi*, p. 393.

[24] *Ibidem.*

[25] J. N. Covre, *Malevich*, op. cit., pp.25-26.

[26] E. Lissitzky, *"Proun. 1920-1921"*, tr. It in Vieri Quilici, *L'architettura del costruttivismo*, Laterza, Bari 1978, p. 99.

[27] K. Malevic, *Manifesto del suprematismo*, p. 399.

Boris Kustodiev
Il Bolscevico, 1920
olio su tela, cm. 100 x 140

Isaak Brodsky
Apertura della III internazionale, 1924
olio su tela, cm. 320 x 532

Kazimir Malevich
bozzetto per *La vittoria sul sole* , 1913

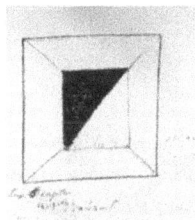

Robert Delaunay
Finestre aperte simultaneamente, 1912
olio su tela, cm. 46 x 37

Mikhail Larionov
Raggismo, 1913
--

Kazimir Malevich
Ritratto di Mikhail Matiushin, 1913
olio su tela, cm. 106 x 106

Kazimir Malevich
Alogismo. Mucca e violino, 1913
olio su tavola, cm. 49 x 26

Kazimir Malevich
Quadrato nero su fondo bianco, 1915
olio su tela, cm. 80 x 80

Kazimir Malevich
Quadrato bianco su fondo bianco, 1919
olio su tela, cm. 80 x 80

Kazimir Malevich
Suprematismo, 1915
olio su tela, cm. 95 x 65

Kazimir Malevich
Cerchio nero, 1915
olio su tela, cm. 80 x 80

Kazimir Malevich
Croce nera, 1915
olio su tela, cm. 80 x 80

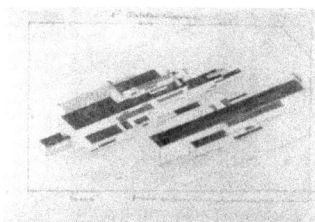

Kazimir Malevich
Quadrato rosso, 1915
olio su tela, cm. 80 x 80

Kazimir Malevich
Planit , 1924

Kazimir Malevich
Arkitekton, 1920

La pittura metafisica

1. *Arte come rivelazione*

Sia la Metafisica che il Surrealismo intendono l'arte come una forma di "rivelazione": essa avrebbe il potere di rivelare una dimensione profonda del reale, che resta in ombra nella nostra quotidianità, mostrando in tal modo come quest'ultima, con le sue ovvietà, le sue abitudini e la sua rassicurante razionalità, sia in effetti del tutto relativa e precaria; in effetti la realtà nella sua totalità è come un iceberg nel quale la maggior parte non è quella visibile, ma quella sommersa e sconosciuta. L'arte ha lo scopo di far emergere questa dimensione sommersa perchè solo così l'esistenza recupera l'integrità del suo senso, nella coesistenza del visibile, del razionale, del conosciuto con l'invisibile, l'irrazionale il mistero. La figura dell'artista metafisico o surrealista ha, per questo, sempre qualcosa dell'Oracolo, di colui che legge i segni visibili per cogliere un messaggio che proviene da potenze invisibili.

Il mistero, l'incertezza del senso dell'esistenza, ci si impongono in particolari momenti della vita, ad esempio quando un evento anomalo irrompe improvviso sconvolgendo (nel bene o nel male) la nostra "normalità". L'arte per la Metafisica e per il Surrealismo può generare un effetto simile di shock. Perché questo si produca nell'opera, ciò che è familiare deve essere affermato e contestato allo stesso tempo, in modo che l'osservatore sia costretto a compiere una sorta di "salto" dal noto all'ignoto. Per questo la pittura metafisica e quella surrealista sono tipicamente figurative e mai astratte. Più le cose ci paiono riconoscibili e "normali", più l'assurdo e il fantastico ci si presentano con una vividezza allucinatoria, e più forte sarà l'effetto di shock capace di far vacillare le nostre certezze, lo spaesamento che ci farà sentire per un momento estranei a ciò che ci è familiare. Per questo necessario riferimento alla dimensione dell'ordinario, quella metafisica e surrealista non è mai arte puramente fantastica.

Una differenza essenziale fra la Metafisica e il Surrealismo sta nel modo in cui si produce l'effetto di schock nell'osservatore.

Nella *Metafisica* la chiave è una sorta di "smemoramento", che spezza le trame logiche, apre nella compattezza della nostra visione ordinaria della realtà delle faglie attraverso cui ciò che è nelle profondità risale alla superficie; la rivelazione si compie nell'immobilità assoluta della contemplazione.

Nel *Surrealismo* si stabiliscono tra le cose delle relazioni incongrue. La rivelazione non si compie in una statica contemplazione, ma in un processo dinamico, percorrendo una catena di associazioni apparentemente arbitrarie, ma che come una sorta di linguaggio cifrato, simile a quello dei sogni, rivelano la logica profonda e misteriosa dell'inconscio.

2. *Un punto di vista anti-moderno*

L'orizzonte delle avanguardie, indipendentemente dal giudizio che ciascuna dà sulla modernità è, per definizione, quello della Storia. La proiezione verso il futuro, l'idea che l'umanità evolva nella Storia, accomuna il razionalismo del De Stijl ai sogni palingenetici degli Espressionisti.

La Metafisica e il Surrealismo invece, non solo non si identificano con la moderna forma di civilizzazione (non sono movimenti "modernisti"), ma svolgono una critica radicale alla Civiltà in quanto tale. Il risultato è che (a dispetto delle velleità rivoluzionarie del Surrealismo), ciò che viene messo in dubbio è la Storia come orizzonte di salvezza per l'uomo; ad essa viene contrapposta la permanenza di realtà profonde e "senza tempo" che la Civiltà vanamente si illude di controllare o nascondere.

La pittura Metafisica ci ricorda quel mistero dell'Essere, nel quale la nostra orgogliosa razionalità moderna dimentica di essere immersa. Il Surrealismo contesta il "progetto moderno", l'illusione di poter conoscere e trasformare il mondo solo sulla base della ragione; vede in tutto questo solo una "maschera" dietro cui si cela l'inconscio attraversato dalle pulsioni di Amore e di Morte.

3. *Giorgio De Chirico: nota biografica*

Giorgio De Chirico nacque nel 1888, da genitori italiani, a Volos in Grecia, dove il padre ingegnere era impegnato nella costruzione della prima rete ferroviaria. Studiò arte prima ad Atene e poi, fra il 1905 e il 1909, a Monaco dove fu affascinato dalla pittura romantico-simbolista di Arnold Böcklin e Max Klinger. In filosofia lo influenzarono soprattutto Schopenhauer, Nietzsche e Weininger.

Nel 1909 si trasferì in Italia e poi nel 1911 a Parigi, dove raggiunse il fratello minore Andrea. Qui entrò in contatto con gli ambienti dell'avanguardia artistica e realizzò i suoi primi dipinti metafisici. Allo scoppio della prima guerra mondiale, i fratelli De Chirico rientrarono in Italia per arruolarsi: Andrea partì per la Grecia, mentre Giorgio , dichiarato inabile, fu ricoverato per disturbi mentali a Ferrara, presso l'ospedale militare, dove incontrò Carlo Carrà.

A partire dal 1918 collaborò, insieme a quest'ultimo, alla rivista "*Valori plastici*", che svolse un importante ruolo nella cultura del primo dopoguerra, in un clima caratterizzato, in tutta Europa, dal cosiddetto "ritorno all'ordine" e dall'avvio di una riflessione critica sulle prime avanguardie. De Chirico aderì all'impresa con entusiasmo, pubblicando scritti di grande lucidità teorica e intensità lirica.

4. *Arte, follia e chiaroveggenza*

De Chirico espone la sua concezione della pittura nell'articolo "*Sull'arte metafisica*", pubblicato nel 1919 su "*Valori plastici*". Il punto di partenza è la distinzione fra una dimensione ordinaria della realtà e una metafisica o spirituale: "*... si può affermare che ogni cosa abbia due aspetti: uno corrente che vediamo quasi sempre e che vedono gli uomini in generale,* *l'altro spettrale o metafisico, che non possono vedere che rari individui, in momenti di chiaroveggenza o di astrazione metafisica...*" [1]. Deriva da Schopenhauer e Nietzsche la convinzione che la verità dell'Essere sia oltre le possibilità di comprensione del pensiero razionale. Come nota Maurizio Calvesi, per De Chirico "*il non-senso del mondo nasconde un senso più profondo e tuttavia indecifrabile, "metafisico", che non può essere descritto, ma solo rivelato da un'immagine che l'artista ha il potere di fissare*" [2].

Nella vita di ogni uomo, afferma De Chirico, ci sono rari momenti in cui gli si rivela l'aspetto spirituale e metafisico del mondo: sono i momenti nei quali certi oggetti, certe scene della vita quotidiana gli appaiono, improvvisamente e inspiegabilmente, sotto una luce diversa e misteriosa. La "potenza metafisica" (potremmo dire il potenziale di rivelazione e spaesamento) di queste esperienze è più forte che nel sogno, con cui pure quelle esperienze hanno una certa parentela, proprio perché esse ci sorprendono da svegli.

L'artista è colui che, grazie al suo talento e alla sua "chiaroveggenza", è capace di catturare questi momenti di "epifania". Da qui la definizione dell'arte come: "*la rete fatale che coglie al volo, come farfalloni misteriosi, questi strani momenti, sfuggenti all'innocenza e alla distrazione degli uomini comuni*" [3]. Lo scopo dell'arte è fissare questi momenti nei quali ognuno di noi intuisce improvvisamente che la realtà non si riduce a quello che Schopenhauer chiamava il "mondo della rappresentazione", alla ruota senza fine di cause ed effetti; che vi sono in essa un tempo e uno spazio ben più ampi e profondi, e che a questi si può accedere solo interrompendo, spezzando la compattezza della nostra percezione ordinaria delle cose.

Questi rari momenti della vita devono il loro potere di "rivelazione" al fatto che in essi si verifica una sospensione della logica, e grazie ad essi viviamo un'esperienza prossima alla follia. De Chirico ricorda la definizione che Schopenhauer dà del folle: "*Schopenhauer definisce il pazzo l'uomo che ha perduto la memoria. Definizione piena di acume, perché infatti ciò che fa la logica dei nostra atti normali e della normale nostra vita è un rosario continuo di ricordi dei rapporti tra le cose e noi e viceversa*" [4]. Il nostro rapporto razionale con il mondo è fondato sul fatto che ogni cosa ci viene incontro sempre all'interno di una trama logica di relazioni, da cui riceve il suo senso "normale", ovvio e abituale. Essere folli significa in qualche modo perdere la memoria, la coscienza di tali relazioni.

La condizione di chiaroveggenza o astrazione metafisica è dunque proprio quello sguardo "folle" che all'improvviso vede le cose quotidiane quasi senza riconoscerle, ciascuna come estranea, isolata in un suo mondo, come una sorta di apparizione misteriosa e inquietante, gravida di promesse o minacce.

De Chirico propone questo esempio: *"Pigliamo un esempio: io entro in una stanza, vedo un uomo seduto sopra una sedia, dal soffitto vedo penzolare una gabbia con dentro un canarino, sul muro scorgo dei quadri, in una biblioteca dei libri; tutto ciò non mi colpisce, non mi stupisce perché la catena dei ricordi che si allacciano l'un l'altro mi spiega la logica di ciò che vedo; ma ammettiamo che per un momento e per cause inspiegabili ed indipendenti dalla mia volontà, si spezzi il filo di tale catena, chissà come vedrei l'uomo seduto, la gabbia, i quadri, la biblioteca; chissà allora quale stupore, quale terrore, e forse anche quale dolcezza e quale consolazione proverei io osservando quella scena"* [5].

Lo stesso Schopenhauer in *Parerga e Paralipomena* aveva scritto: *"Per avere pensieri originali, straordinari, forse immortali, è sufficiente estraniarsi dal mondo e dalle cose per certi momenti in modo così totale che gli oggetti e i processi più ordinari ci appaiono assolutamente nuovi e ignoti, sicché in tal modo si dischiuda la loro vera essenza. Quel che si richiede non è qualcosa di difficile; ma non è assolutamente in nostro potere ed è appunto l'operare del genio"* [6].

5. La *"solitudine dei segni"* e la *"profondità abitata"*

De Chirico afferma di essere stato il primo ad aver introdotto la soppressione del senso logico in pittura e mostrato la realtà attraverso lo sguardo "smemorato" del folle. Il risultato è quella che egli chiama la *"solitudine dei segni"* [7] e che secondo lui caratterizza la pittura metafisica. Questa "solitudine" è, in ultima analisi lasciare le cose a sè stesse, non volerle immediatamente spiegare, usare, possedere. Solo se l'uomo (origine di quella trama di relazioni logiche in cui si consuma la nostra quotidianità) si fa da parte, ci si rivela "l'aspetto metafisico" delle cose.

Nel 1918 De Chirico scrive: *"il mondo è pieno di demoni" diceva Eraclito l'efesio, passeggiando all'ombra dei portici, nell'ora gravida di mistero del meriggio [...]"* e lancia una specie di parola d'ordine: *"Bisogna scoprire il demone in ogni cosa"* [8]. La sospensione della relazione logica, dissolve il senso ordinario, ma apre la strada a infiniti altri sensi. Lascia affiorare quel mondo misterioso, quella virtualità, quelle storie segrete che ogni cosa ha in se stessa, e che si perdono nel quotidiano, occultate dal puro valore di uso o di scambio. L'artista diventa il depositario di una sorta di conoscenza esoterica delle cose ordinarie: *"Noi che conosciamo i segni dell'alfabeto metafisico sappiamo quali gioie e quali dolori si racchiudono entro un portico, nell'angolo di una strada o ancora in una stanza, sulla superficie di un tavolo, tra i fianchi d'una scatola"* [9].

Ed ecco che una scena a prima vista banale, in cui non avviene nulla, anzi proprio per il fatto che non sta avvenendo nulla, ci appare gravida di misteriosi significati. De Chirico propone il paragone con il mare. *"L'opera d'arte metafisica è questo, all'aspetto serena; dà però l'impressione che qualcosa di nuovo debba accadere in quella stessa serenità e che altri segni, oltre quelli già palesi, debbano subentrare sul quadrato della tela. Tale è il sintomo rivelatore della profondità abitata. Così la superficie piatta di un oceano perfettamente calmo ci inquieta, non tanto per l'idea della distanza chilometrica che sta tra noi e il suo fondo, quanto per tutto lo sconosciuto che si cela in quel fondo"* [10].

Quella profondità, l'arte metafisica non pretende di mostrarcela direttamente, ma ce la fa intuire, quasi intravedere, attraverso una crepa nella compatta ovvietà del paesaggio quotidiano.

6. *L'estetica metafisica: la città e l'ideale classico*

L'estetica metafisica ha un rapporto privilegiato con la città. Scrive De Chirico: *"Nella costruzione delle città, nella forma architetturale delle case, dei giardini e dei passeggi pubblici, dei porti, delle stazioni ferroviarie, ecc., stanno le prime fondamenta di una grande estetica metafisica"* [11]. Questo rapporto privilegiato si spiega almeno in due sensi.

In primo luogo riguarda la città come "teatro" della vita moderna, enorme macchina in continuo movimento. L'effetto di sospensione, della catena di relazioni abituali, è qui ancora più forte e straniante, proprio perché qui, di solito, tutto ci appare necessariamente e logicamente connesso. Nel 1918, ritornando agli anni in cui era nata la pittura Metafisica, De Chirico ricorda la strana malinconia che lo prendeva contemplando una Parigi svuotata di suoni e di vita, nelle ore sospese del primo pomeriggio. Gli oggetti più comuni diventavano improvvisamente estranei ed enigmatici: un guanto da lavoro appeso a una porta, una testa in cartapesta nella vetrina di un negozio di parrucchiere, erano capaci di generare un "metafisico" senso di straniamento. La città, il luogo delle relazioni, ma anche della velocità, dell'effimero, della transitorietà, diventa la scena metafisica per eccellenza, se viene colta deserta e immobile, ridotta un silenzio: *"i demoni della città mi aprivano la strada"* scrive De Chirico [12].

In secondo luogo tale rapporto privilegiato riguarda la città come architettura e in particolare una qualità specifica di alcuni spazi urbani; qualità che i Greci per primi avevano compreso *"guidati dal loro senso "estetico-filosofico"* e che si ritrova in tante città italiane. E' quella *"tragedia della serenità"* il cui simbolo architettonico è il teatro greco e che si ritrova in luoghi urbani come *"i portici, le passeggiate ombreggiate, le terrazze erette come platee innanzi i grandi spettacoli della natura (Omero, Eschilo)"[13]*. Proprio nella loro qualità "classica" di sfondo discreto che inquadra le vicende quotidiane in un ordine e in un ritmo architettonico autonomo, in qualche modo sereno e indifferente come quello della Natura, questi spazi urbani diventano allo stesso tempo la scena di infinite storie possibili e l'immagine di una metafisica lontananza. Esattamente come il teatro greco che proietta le vicende tragiche sullo sfondo dell'ordine immutabile ed eterno della Natura.

Da punto di vista del linguaggio pittorico, per rendere il senso di questa solitudine/assenza, ogni cosa deve essere delineata nitidamente attraverso la netta definizione dei contorni, in una sorta di esasperazione della sua oggettualità. Siamo all'opposto della concezione futurista dello spazio, come campo di forze attraversato da correnti di energia, nel quale si perdono i confini fra le cose. Nella pittura metafisica di De Chirico lo spazio non è il medium della relazione fra le cose, pieno di tensioni e legami invisibili, ma il vuoto che le isola e le distanzia, ciascuna come in un universo a parte; non lo spazio-tempo dell'azione, ma uno spazio senza tempo, assoluto e immobile.

In questo senso la poetica metafisica di De Chirico incontra l'ideale formale classico, come senso del limite, ricerca della forma compiuta: *"La coscienza assoluta dello spazio che deve occupare un oggetto in un quadro e dello spazio che divide gli oggetti fra loro stabilisce una nuova astronomia delle cose attaccate al pianeta per la fatale legge di gravità. L'impiego minuziosamente accurato e prudentemente pesato delle superfici e dei volumi costituisce canoni di estetica metafisica.*"[14]. D'altra nche sul piano "ideologico", la ricerca di una dimensione "senza tempo" propria della metafisica converge in modo naturale con l'ideale classico, fondato sul concetto di stabilità, sulla fede in un ordine eterno e universale del Cosmo.

7. *Alcune opere metafisiche di Giorgio De Chirico*

La pittura metafisica nasce nel momento di massimo fermento delle prime avanguardie, ma in controtendenza rispetto ad esse. Più tardi, ricordando gli anni immediatamente precedenti lo scoppio della Prima guerra mondiale, De Chirico scrive: *"Intorno a me la masnada internazionale dei pittori moderni s'arrabattava stupidamente fra formule sfruttate e sistemi infecondi, io solo nel mio squallido atelier... cominciavo a scorgere i fantasmi di un'arte più profonda, più completa, più complicata, più metafisica"*[15]. Tuttavia la pittura di De Chirico, nonostante il suo realismo apparentemente "ingenuo", condivide con le avanguardie il punto di partenza, il rifiuto del realismo naturalista del XIX secolo, ossia l'idea di una pittura il cui scopo sia la semplice mimesi del visibile.

Il primo quadro metafisico fu *"Enigma d'un pomeriggio d'autunno"* del 1910, seguito dalla celebre serie delle "Piazze d'Italia" realizzata negli anni precedenti allo scoppio della Grande Guerra. Il soggiorno a Firenze, fra il 1906 e il 1907, ebbe una particolare importanza per la nascita della pittura metafisica. Fu qui che De Chirico entrò in contatto con Giovanni Papini e un ambiente culturale intriso del pensiero di Nietzsche e di Schopenhauer. Papini ne *Il tragico quotidiano* pubblicato nel 1906 aveva scritto *"Noi siamo abituati a questa esistenza e a questo mondo, non ne sappiamo più vedere le ombre, gli abissi, gli enigmi, le tragedie e ci vogliono ormai degli spiriti straordinari per scoprire i segreti delle cose ordinarie. Vedere il mondo comune in modo non comune: ecco il vero sogno della fantasia"*[16].

L'Enigma di un pomeriggio d'autunno, insieme a *L'Enigma dell'oracolo* e l'*Autoritratto (et quid amabo nisi quod aenigma est?)* partecipa al *Salon d'Automne* del 1912. E' la prima esposizione pubblica di dipinti di Giorgio De Chirico. A proposito di quest'opera egli ricorda : *"in un limpido pomeriggio autunnale ero seduto su una panca al centro di piazza Santa Croce a Firenze. Naturalmente non era la prima volta che vedevo quella piazza: ero uscito da una lunga e dolorosa malattia intestinale ed ero quasi in uno stato di morbida sensibilità. Tutto il mondo che mi circondava, finanche il marmo degli edifici e delle fontane, mi sembrava convalescente. Al centro della piazza si erge una statua di Dante, vestita di una lunga tunica, il quale tiene le sue opere strette al proprio corpo e il capo coronato dall'alloro pensosamente reclinato ... Il sole autunnale, caldo e forte, rischiarava la statua e la facciata della chiesa. Allora ebbi la strana impressione di guardare quelle cose per la prima volta, e la composizione del dipinto si rivelò all'occhio della mia mente. Ora, ogni volta che riguardo questo quadro rivedo ancora quel momento. Nondimeno il momento è un enigma per me, in quanto esso è inesplicabile. Mi piace anche chiamare enigma l'opera da esso derivata"* [17].

Le "piazze d'Italia" sono paesaggi urbani deserti, dalle architetture quasi "autistiche" con l'ordine ritmico dei loro portici e le loro bucature evidenziate dai tagli netti delle ombre, sotto una luce fredda, priva di densità atmosferica. In questa sospensione del tempo, le rare presenze che animano lo spazio architettonico e urbano, ne accrescono ulteriormente l'effetto di vuoto e di straniamento. Il significato concerto delle scene ci sfugge, ma proprio questa incertezza interpretativa è la frattura attraverso cui si fa luce la consapevolezza vaga, ma allo stesso tempo tangibile, di un senso più profondo.

Nel dipinto *L'enigma dell'ora* del 1911 è proprio un orologio, indice dello scorrere del tempo, ad apparire enigmatico nell'assoluta immobilità della scena, mentre le due figure umane una bianca in luce e una nera nell'ombra, alludono a segrete corrispondenze.

Ne *La ricompensa dell'indovino del* 1913, una statua classica distesa su un basso basamento, sembra quasi riposare assorta in un suo sogno privato, al centro della piazza, mentre sullo sfondo compaiono un treno e un orologio, simboli del movimento nello spazio e nel tempo, ma congelati in un presente immobile.

In *Mistero e malinconia di una strada* del 1914 il sentimento di inquietudine è innanzitutto trasmesso dalla netta divisione dell'immagine in due parti, fra luce e ombra, e dalle forti aberrazioni della prospettiva delle architetture. In primo piano la silhouette di una bambina che gioca correndo dietro a un cerchio, in direzione di una piazza seminascosta, dove si erge una statua che non vediamo, ma che proietta verso di lei una lunga ombra vagamente minacciosa. Un carrozzone vuoto sembra aspettare qualcosa, forse i mobili di uno dei tanti traslochi della famiglia De Chirico. Tutto è chiaro e riconoscibile, ma allo stesso tempo misterioso e inquietante.

In un'altra serie di dipinti De Chirico introduce accostamenti e rapporti di scala insoliti con effetti che anticipano il surrealismo. In *Canto d'amore* del 1914 l'ambiente è ancora una volta urbano, ma con oggetti fuori scala e fra loro antitetici nel carattere, accostati e in qualche modo equiparati. Affiancati, il calco della testa dell'Apollo del Belvedere (la purezza senza scopo della bellezza classica) e un guanto in lattice da lavoro (l'oggetto consumato dall'uso). Disposti in profondità, in primo piano una sfera, simbolo di perfezione incorruttibile, e sullo sfondo il treno, associabile ai ricordi familiari, ma anche al tempo che passa e consuma le cose. Equiparati alle forme assolute dell'arte classica anche gli oggetti quotidiani accedono a una dimensione "metafisica".

Ne *Le muse inquietanti*, 1917 la scena è una "piazza italiana", sul fondo della quale è riconoscibile il castello Estense di Ferrara, affiancato da una fabbrica dalle alte ciminiere. Le tre "muse" collocate su un piano inclinato che appare quasi il tavolato di un palcoscenico teatrale, sono "classiche" per il bianco che ricorda il marmo e le vesti drappeggiate. Ma le due in primo piano con le loro teste sproporzionate da manichino di sartoria hanno perduto la loro *aura*: una è ancora sul piedistallo; l'altra è addirittura seduta placidamente su una scatola, con la testa poggiata a terra. E' come se De Chirico dicesse che noi moderni possiamo vivere i valori della classicità solo in una forma parodistica. Le sue muse ci inquietano perché ci ricordano, la nostra distanza dal mondo classico, la nostra condizione di oblio, di dimenticanza di ciò che è assoluto ed eterno, oltre il tempo e le contingenze dell'esistenza. A proposito del rapporto di De Chirico con il classico scrive Calvesi: *"De Chirico ... si è sempre sentito, anche nel periodo "metafisico" un classico:anche se un classico moderno [...] Un classicismo stravolto, e se vogliamo disperatamente negato, come si può negare ciò che troppo si desidera, nell'incongruenza delle prospettive, nella loro perdita di costruzione e di significato; ma anche "approfondito", nella ricerca di quel senso superiore e "metafisico" che è una deformazione angosciante ma non un tradimento dell'idealità classica"* [18].

Nella serie *Mobili nella valle*, realizzata a partire dal 1926, gruppi di mobili tipici di un interno borghese, simbolo di intimità familiare, sono abbandonati all'aperto, in un paesaggio naturale. Scrive De Chirico: *"Dei mobili abbandonati in mezzo alla grande natura, è l'innocenza, la tenerezza, la dolcezza in mezzo alle forze cieche e distruttrici, sono bambini e vergini nel circo in mezzo ai leoni famelici: chiusi e difesi dalla loro innocenza essi sono là, lontani e solitari; così noi vediamo le grandi poltrone, gli ampi divani sulla riva di un mare mugghiante o in fondo a valli circondate da alte montagne"* [19].

NOTE

[1]   G. De Chirico, *Sull'arte metafisica*, in "Valori Plastici", a.1, n. IV-V, 1919, p.18.

[2]   M. Calvesi, *Da Metafisico a psicofisico*, in *De Chirico*, Giunti, Firenze 1988, p. 5.

[3]   G. De Chirico, *Sull'arte metafisica*, in "Valori Plastici", a.1, n. IV-V, 1919, p.15.

[4]   G. De Chirico, *Sull'arte metafisica*, op. cit, p. 18.

[5]   *Ibidem.*

[6]   A. Schopenhauer, *Parerga e Paralipomena*, Tomo II, Adelphi, Milano 1983, p. 105.

[7]   G. De Chirico, *Sull'arte metafisica*, p. 16.

[8]   G. De Chirico, *Zeusi l'esploratore*, in "Valori Plastici", a.1, n. I, 1919, p.10.

[9]   G. De Chirico, *Sull'arte metafisica*, op. cit., p. 17.

[10]   *Ibidem.*

[11]   *Ibidem.*

[12]   G. De Chirico, *Zeusi l'esploratore*, op. cit. p.10.

[13]   G. De Chirico, *Sull'arte metafisica*, op. cit., p. 17.

[14]   *Ibid.*

[15]   G. De Chirico, *Zeusi l'esploratore*, op. cit., p.10.

[16]   G.Papini, *Il tragico quotidiano*, in *Tutte le opere, 1. Poesia e fantasia*, Mondadori, Milano 1958, p. 482.

[17]   Cit. in G. Mori, *La Metafisica del quotidiano*, in *De Chirico*, Giunti, Firenze 1988, p.16.

[18]   M. Calvesi *Da Metafisico a psicofisico*, op. cit., p. 8.

[19]   G. De Chirico, *Il meccanismo del pensiero*, Einaudi, Torino, 1985, p. 279.

Giorgio De Chirico
Enigma di un pomeriggio di autunno, 1910
olio su tela, cm. 45 x 60

Giorgio De Chirico
L'enigma dell'oracolo, 1910
olio su tela, cm.45 x 60

Giorgio De Chirico
L'enigma dell'ora, 1911
olio su tela, cm. 55 x 71

Giorgio De Chirico
La ricommpensa dell'indovino, 1913
olio su tela, cm. 135 x 180

Giorgio De Chirico
Mistero e malinconia di una strada, 1914
olio su tela, cm.87 x 71

Giorgio De Chirico
Canto d'amore 1914
olio su tela, cm.100x72

Giorgio De Chirico
Le muse inquietanti, 1917
olio su tela, cm.73 x 60

Giorgio De Chirico
Mobili nella valle
olio su tela

Il Purismo

1. La categoria dell' "arte utile"

Con l'espressione "arte utile" Renato De Fusco designa un modo di intendere l'arte che accomuna movimenti d'avanguardia come il Costruttivismo, il Neoplasticismo e il Purismo[1]. L'arte non è più intesa da essi come una realtà a parte, da contemplare e interpretare, la cui "utilità" sociale si manifesterebbe essenzialmente in termini culturali o ideologici. L'arte è intesa invece come un produrre concreto che deve contribuire alla qualità dell'ambiente costruito in cui viviamo. Un'arte intesa in questo modo non intende rappresentare ma costruire; le sue produzioni non rimandano a un'altra realtà, ma sono in sé stesse realtà concrete, realtà-oggetto. E' un'arte tendenzialmente astratta. Solo i Puristi mantengono una dimensione referenziale costruendo le loro "nature morte" con un repertorio limitato di oggetti d'uso quotidiano.

Una "identificazione critica" con la modernità accomuna i movimenti riconducibili al concetto di "arte utile". Essi guardano alla moderna società industriale, al mondo della Tecnica, con occhi diversi rispetto al XIX secolo: nè come la forza distruttiva in procinto di annientare i paesaggi naturali e culturali tradizionali (si pensi alla critica anti-industriale di autori come John Ruskin o William Morris), ma nemmeno con l'accondiscendenza complice al «dato di fatto» tipica di una certa "vulgata" positivista. Essi hanno invece un approccio «progettuale», che guarda alla modernità oltre i limiti e le contraddizioni del presente, per le sue potenzialità creative e di emancipazione; concepiscono la modernizzazione delle società occidentali come un processo appena avviato, che l'arte intesa in senso nuovo, come attività razionale e costruttiva, potrà contribuire a orientare nella direzione del progresso, non solo materiale, ma anche sociale e spirituale. In questo senso tali movimenti manifestano una più o meno forte componente utopica tipicamente "modernista".

Uno sbocco coerente e radicale di questa impostazione è l'idea della «morte» dell'arte in senso tradizionale, con il suo "dissolversi" nel design e nell'architettura. Vediamo questo passaggio annunciato in teoria, e in alcuni casi compiuto nella pratica, nell'ambito di queste correnti dell'avanguardia. Esse comunque continuano per lo più a riconoscere un ruolo all'esercizio di un'attività conformativa svincolata da qualsiasi scopo immediato. Ma perché ciò non sia in contraddizione con il concetto di "arte utile", occorre che anche l'opera apparentemente fine a se stessa sia concepibile come parte del più ampio processo di costruzione della società e del suo ambiente.

In effetti si può dire che per movimenti come il Costruttivismo, il Neoplasticismo e il Purismo l'arte stia al design o all'architettura, come la scienza "pura" sta a quella "applicata". Nella scienza pura si compiono scoperte di ordine fondamentale che solo successivamente trovano applicazioni pratiche spesso impreviste; allo stesso modo l'arte è la «ricerca fondamentale» che scopre metodi, elabora ipotesi conformative in base alle quali costruire tutto un mondo di oggetti, un nuovo paesaggio a cui Arte e Tecnica (non più contrapposte fra loro) conferiranno qualità e chiarezza razionale.

In effetti la ricerca "pura" svolta nell'ambito di questo movimenti, è stata un'esperienza conformativa decisiva nella genesi del design e dell'architettura moderni.

2. Progetto e riproducibilità

Per poterne esssere il paradigma, l'arte deve introiettare il nuovo modo di essere dell'oggetto d'uso nella società industriale e di massa, al fine di rivelarne, attraverso le proprie sperimentazioni libere e prive di scopo immediato, il potenziale in termini creativi, promuovendo una moderna "cultura degli oggetti".

Il prodotto industriale si distingue da quello artigianale, essenzialmente per due caratteristiche: 1- La fase di ideazione e quella di esecu-

zione sono nettamente distinte, il che richiede la definizione preliminare di un progetto completo e dettagliato; - 2 - la produzione in serie
la quale richiede che l'oggetto possieda caratteristiche oggettivamente
descrivibili e riproducibili.

Il progetto dell'opera non è più inteso, dai movimenti dell'"arte
utile", nel senso di schizzo o studio preparatorio, ma come programma di realizzazione, anticipazione del processo realizzativo (come lo è
il progetto in architettura o nel design). Scrive De Fusco «*La presenza
del progetto è carattere individuante, conditio sine qua non dell'arte utile e tuttavia,
si tratta di un progettare che si differenzia da quello del design. Infatti, mentre per
quest'ultimo si tratta di un progetto per la costruzione di oggetti rispondenti ad una
specifica, pratica funzione, quello dell'arte utile serve a costruire «figure» ed oggetti
la cui funzione resta immaginaria o virtuale, donde la maggiore carica potenziale
e in pari tempo tutta l'ambiguità di questo tipo di arte*»[2].

Il concetto di riproducibilità viene assunto non in senso necessariamente letterale, ma per i suoi valori positivi di oggettività e accessibilità sociale, in contrapposizione con l'idea dell'opera d'arte come
oggetto eccezionale, espressione enigmatica e ispirata dell'ineffabile
interiorità dell'artista o *status symbol* destinato a una élite. Si mira a realizzare un'arte «oggettiva», sia eliminando dall'opera ogni componente
che possa rimandare alla soggettività, al tocco, al gusto o allo stato d'a-
nimo dell'artista, come avviene in Mondrian; sia arrivando a imporre
provocatoriamente l'opera come "oggetto reale nello spazio reale",
come fa Tatlin nei suoi *Controrilievi*.

Per la teoria accademica di Quatremere de Quincy le varie arti si
caratterizzavano in base ai diversi mezzi adottati per imitare la natura.
In un'arte non più intesa come imitazione, ma come costruzione, i
confini tradizionali fra le arti perdono di significato. Il colore, la forma
plastica, il movimento, la luce, ecc., sono solo diverse dimensioni di
un oggetto concreto. Questo superamento dei confini, nella pratica
artistica, può compiersi in diversi modi. In "opere d'arte totale" frutto
del concorso della varie arti quali la pittura, la scultura, la fotografia, la
grafica, il teatro, ma ciascuna secondo il proprio "specifico". Oppure
immaginando nuovi tipi di oggetti non più definibili in termini tradizionali, e che siano in se stessi allo stesso tempo pittura, scultura e
architettura (la teorizzazione più esplicita di questo tema è il concetto
di *Proun* elaborato dal costruttivista El Lissitzky).

224

3. Lo Spirito Nuovo: *Il lirismo e la macchina*

Il Purismo nasce nel 1918 con il saggio/manifesto *Après le Cubisme* firmato dal pittore Amédée Ozenfant (1886-1966) e dal pittore-architetto Charles-Eduard Jeanneret (1887-1965). La rivista internazionale di estetica *L'Esprit Nouveau*, pubblicata fra il 1920 e il 1925 da Ozenfant, Jeanneret e dal poeta e giornalista Paul Dermée, è l'organo ufficiale del movimento. Nel 1925 Jeanneret e Ozenfant pubblicano il saggio *"La peinture moderne"*.

Il clima culturale in cui si iscrive il Purismo è quel "ritorno all'ordine" che seguì alla catastrofe della prima guerra mondiale; un bisogno di solidità, ordine e chiarezza dopo le spregiudicate esperienze dell'anteguerra.

A prima vista non c'è nulla di più lontano dal concetto di "arte utile", della pittura teorizzata dal Purismo: una pittura come pura poesia, il cui scopo esclusivo è raggiungere quello che Ozenfant e Jeanneret chiamano il *"lirismo"*. Tuttavia l'interiorizzazione dei processi del mondo industriale e della macchina, sono fattori che caratterizzano il Purismo quanto gli altri movimenti dell'«arte utile».

Per i puristi l'uomo ha un bisogno vitale di ordine, di riconoscere una regolarità nel mondo, per orientarvisi, comprenderlo e padroneggiarlo. Lo stesso spettacolo della natura, a prima vista casuale e frammentario, diventa per lui un fenomeno estetico, solo quando svela un ordine di qualche tipo. La geometria nasce per rispondere a questo bisogno fondamentale: *"l'uomo è un animale geometrico"*[3] essi scrivono.

Il fine ultimo della pittura è sempre stato il "lirismo", inteso dai puristi come la pura espressione di questo bisogno fondamentale di ordine, attraverso la creazione di *"oggetti-sistemi compiuti"*. Il lirismo è *"elevazione in quelle regioni impersonali, disinteressate, fuori del tempo e lo spazio dei luoghi materiali, nelle quali convivono la matematica, la poesia, le arti più elevate e tutto ciò che il cuore e il cervello dell'uomo hanno di più sottile e di più puro"*[4].

Da questo passo risulta chiaro come il bisogno di ordine, di cui parla il Purismo, non sia di natura puramente intellettuale ed estetica, ma anche etica. Ordine significa logica e verità, ma anche equilibrio e armonia estetiche e spirituali; è una categoria dai confini ampi e indefiniti nella quale si manifesta il sogno utopico e insieme classico di ricostruire quella integrità fra il Vero, il Bene e il Bello, che, come aveva rilevato Max Weber, era andata perduta, con la razionalizzazione economica, sociale e culturale tipica delle moderne società occidentali.

Ozenfant e Jeanneret affermano l'esistenza di una relazione profonda tra il mondo della pura poesia e quello della pura necessità che domina nell'industria e nell'ingegneria moderna. Entrambi sono espressione di uno stesso "spirito geometrico", uno spirito di ordine e di chiarezza, di costruzione e di sintesi. Così fra campi un tempo visti come opposti diventa possibile uno scambio inedito: la pittura si farà "macchina", mentre il mondo delle macchine sarà visto come la prima inconsapevole incarnazione di una nuova estetica.

Nel numero 1 de *"L'Esprit Nouveau"* si legge: *"C'è uno spirito nuovo; uno spirito di costruzione e di sintesi guidato da una concezione chiara. Qualunque cosa se ne pensi, esso anima oggi la maggior parte dell'attività umana, [...] lo spirito di costruzione, di sintesi, di ordine e di volontà che si manifesta come una cosa nuova, non è meno indispensabile, che lo si sappia, alle arti alle lettere, che alle scienze pure o applicate, o alla filosofia, [...] l'arte, come la scienza, come la filosofia è ordine introdotto dall'uomo nelle sue rappresentazioni"*[5]. In questo "Spirito Nuovo" trova finalmente piena e libera soddisfazione quel bisogno di ordine che è nell'uomo. Pertanto nella moderna società industriale, nella scienza e nella tecnica, si manifesta un progresso non solo materiale, ma anche spirituale dell'umanità.

Le macchine o le architetture industriali, esclusivamente basate sulla logica e la necessità, incarnano in modo puro quei principi universali di ordine, commensurabilità, chiarezza che sono alla base dell'arte di tutti i tempi. Esse sono quindi l'incarnazione, inconsapevole e non ancora riconosciuta, della nuova estetica moderna. Scrivono Ozenfant e Janneret: *"Nessuno oggi nega l'estetica espressa dalle creazioni dell'industria moderna. Sempre più le costruzioni, le macchine vengono realizzate con proporzioni, giochi di volumi e materiali tali che molte di esse sono vere opere d'arte, perché implicano il numero, cioè l'ordine. Ora, gli individui che costituiscono il mondo dell'industria e degli affari e che vivono di conseguenza in quest'atmosfera virile in cui si creano delle opere innegabilmente belle, si credono assai lontani da ogni attività artistica. Hanno torto, perché essi sono fra i più attivi creatori dell'estetica contemporanea"*[6].

226

Per tutta una tradizione ottocentesca di critica alla modernità i valori dell'arte si contrapponevano a quelli dell'industria. Erano anzi l'ultimo baluardo contro un mondo sempre più meccanizzato in via di disumanizzazione. Invece per i puristi è esattamente il contrario: la cultura e l'arte del presente sono indietro rispetto alla vita. Devono mettersi al passo con lo "spirito geometrico" che anima il mondo moderno e che si manifesta in modo chiaro e coerente proprio nelle opere «utilitarie» e industriali.

Bisogna che questo stesso "spirito nuovo" investa l'arte, rendendola capace di rispondere ai nuovi bisogni spirituali e alla sensibilità più sottile ed esigente dell'uomo moderno, sempre più calato in una realtà metropolitana e industriale. Questo ideale di una convergenza fra Cultura e Tecnica, nel segno dell'affermazione progressiva di una razionalità universalmente umana, è il grande mito illuminista che attraversa le pagine dell'*Esprit Nouveau*, e guiderà anche l'attività di Jeanneret come architetto e teorico dell'architettura moderna.

4. *Evoluzione e compito della pittura*

Secondo i Puristi, il filo conduttore dell'evoluzione della pittura moderna è stato la liberazione dalla sua funzione rappresentativa per installarsi nel suo autentico dominio, il puro lirismo.

L'artista ha sempre cercato il lirismo, ossia l'espressione di valori di puro ordine, ma, in passato, era costretto a subordinare forma e colore a una finalità imitativa. L'evoluzione attuale della tecnica e dell'industria (prima di tutto con la nascita della fotografia e della stampa) ha liberato la pittura dal compito mimetico. Oggi, per la prima volta nella storia, l'artista non ha bisogno di imitare l'apparenza delle cose, ma può rivelare l'ordine in sé stesso, perseguire liberamente il proprio scopo di creare «oggetti-sistemi compiuti» per rispondere al bisogno umano di ordine. Ma questo non vuol dire che per i Puristi l'astrazione assoluta sia il destino ultimo della pittura moderna. Tale destino è piuttosto nella consapevole affermazione del concetto (di chiarma marca "puro-visibilista") che l'ordine e la struttura visiva, (in una parola "la forma") sono il vero contenuto dell'arte figurativa.

Il primo passo decisivo in questa direzione era stato compiuto, se-

227

condo Ozenfant e Jeanneret, dal cubismo di Picasso e Braque, i quali a loro volta avevano sviluppato le ricerche svolte nel mezzo secolo precedente da artisti come Ingres, Seurat, Cezanne e Matisse. *"Il cubismo considera il quadro come oggetto produttore di lirismo; questo lirismo visto come il solo fine di quest'oggetto. Tutte le libertà sono permesse al pittore, a condizione di provocare questo lirismo. Il cubismo ritiene che il quadro non debba nulla alla natura, e si serve di forme e colori non per il loro potere imitativo, ma per il loro valore plastico"*[7]. Il cubismo, nelle sue opere migliori, *"tende alla perfezione del cristallo. Queste opere sembrano ben rispondere ai nostri bisogni attuali"*[8].

Per i puristi, il Cubismo aveva messo la pittura sulla giusta strada della «pura plastica», ma lo aveva fatto in modo istintivo. La qualità dei suoi risultati era legata al rigore estremo di personalità eccezionali come Picasso e Braque. Purtroppo questa liberazione dall'imitazione era diventata negli epigoni una sorta di anarchia, una "moda" sovraccaricata da elementi simbolici, letterari, estranei a quella pura qualità conformativa che il cubismo aveva per la prima volta portato in pittura.

Lo scopo del Purismo è riprendere il filo dello sviluppo della pittura verso il puro lirismo plastico, liberando, "purificando" il cubismo dalle incrostazioni accumulate nel tempo, e facendone un vero e proprio linguaggio visivo, basato su una sintassi e una grammatica rigorosa delle forme e dei colori.

5. *Il quadro come macchina per generare emozioni*

La pittura purista prende le mosse dalla versione estrema del cubismo ossia il "cubismo sintetico" di Juan Gris con la sua concezione del quadro come *"architettura piatta e colorata"*. Essa vuole estrarre dall'esperienza ancora intuitiva e soggettiva del cubismo, "una teoria didattica" orientata alla costruzione plastica, che corrisponda ai bisogni della sensibilità moderna, una sensibilità che non sopporta e ammette più vaghezza e soggettivismo, ma richiede oggettività, precisione, logica, ordine.

I puristi passano dall'idea cubista del "quadro-oggetto" a quella del "quadro-macchina". La Pittura purista cerca di usare consapevolmente forme e colori come i tasti di un pianoforte che un musicista

228

preme producendo suoni e composizioni capaci di generare emozioni. Il dipinto è dunque una vera e propria macchina per produrre "un'emozione intellettuale e affettiva", una "macchina a reazione poetica". *"Partendo dunque da elementi formali e colorati e considerandoli come eccitanti ad azione specifica determinata, si può creare un quadro come una macchina. Il quadro è un dispositivo destinato ad emozionarci. Questa nozione è fondamentale nel Purismo"*[9].

In tal modo la pittura purista, orientata al puro lirismo, introietta il mondo dell'industria, si fa "macchina", dispositivo fatto di parti discrete che concorrono in modo logico e razionale allo svolgimento di una certa funzione. In questo senso il concetto industriale di funzionalità entra nel cuore stesso dell'opera d'arte. Ma la funzione dell'opera non sarà immediatamente pratica, e tuttavia assolutamente concreta : generare in modo consapevole emozioni pure, raggiungere il "lirismo".

6. *Il linguaggio della pittura purista*

Per renderlo capace di trasmettere emozioni pure, bisogna operare una riduzione del linguaggio pittorico, sfrondandolo da ciò che non è direttamente legato alla pura espressione plastica. Il "quadro-macchina" è un oggetto materiale, una costruzione fatta di forme e di colori sul piano della tela e non una rappresentazione che rimanda a un altro spazio, e per questo vanno escluse la prospettiva, il chiaroscuro e tutto l'apparato di tecniche mimetiche tradizionali. Tutto si riduce a forme piatte e colorate da cui è esclusa ogni spazialità prospettica, e in cui il fondo ha la stessa consistenza materica degli oggetti.

Non per questo il Purismo arriva a eliminare ogni riferimento alla realtà. Cerca invece di estrarre dalla realtà una struttura un ordine essenziale. Le forme con cui sono costruite le composizioni puriste sono sempre il risultato della riduzione di oggetti reali alla loro geometria essenziale. Dunque gli oggetti sono ancora presenti, ma non "rappresentati". La sagoma di una brocca o di una chitarra, non è l'imitazione di una certa brocca o chitarra, ma la sintesi della sua forma, la sua forma tipica o "idea platonica", divenuta una semplice forma piatta e colorata, tuttavia carica di un potenziale associativo ed emotivo.

Come scrivono Ozenfant e Jeanneret, i mezzi specifici della pittura, forme e colori, agiscono sull'osservatore secondo due dimensioni. La dimensione fisiologica della pura percezione ottica, per la quale ogni colore e ogni forma induce una sensazione qualitativamente diversa, in quanto stimolando in modo diverso il nostro sistema nervoso, produce in noi sensazioni cinestetiche diverse per dinamismo e intensità. La dimensione psicologica e associativa, grazie al fatto che ogni forma e colore rimanda immediatamente a esperienze vissute, alle cose viste e conosciute che hanno quella forma o quel colore, caricando l'immagine di una valenza affettiva ed emotiva. Solo possedendo entrambe le dimensioni l'oggetto-quadro potrà essere una "macchina a reazione poetica".

Come possiamo osservare in *Natura morta*, (1920) e *Natura morta piena di spazio* (1924) di Jeanneret o nelle opere di Ozenfat *Natura morta in grigio con bottiglia verde*, (1924) e *La brocca bianca* (1926), la composizione purista è basata su una griglia di verticali e orizzontali rispetto a cui le diverse forme geometriche appaiono come variazioni di un tema di fondo. Ne *"La peinture moderne"* si legge: *"Si possono ricondurre le sensazioni provocate dalle forme primarie, alle loro relazioni con la sensazione della verticale (caduta dei corpi) che è la sensazione fondamentale in relazione alla quale si comprendono tutte le altre sensazioni relative alla forma. Tutte le forme provocano sensazioni differenziali rispetto a quella della verticale"*[10].

Il Purismo non altera, frammenta o scompone l'oggetto come fa il Cubismo analitico, ma cerca di creare un concatenamento fra gli oggetti, senza perdere l'individualità e la chiarezza della singola forma. Per fare dell'immagine complessiva una "macchina" (o un *"oggetto-sistema compiuto"*), conservando la riconoscibilità delle forme singole in quanto entità "chiare e distinte", si adottano due espedienti fondamentali: la coincidenza dei contorni appartenenti a forme diverse; la sovrapposizione e intersezione "in trasparenza" delle forme piatte, con evidenziazione delle aree comuni. L'effetto è, come scrive De Fusco, quello di *"un cubismo raggelato e pietrificato"*[11]. Il rigore della costruzione fa assomigliare queste nature morte a delle specie di macchine immobili, ma questa è esattamente l'intenzione degli autori.

7. La poesia degli oggetti banali

Gli oggetti scelti sono quelli "banali", tipici delle nature morte (bottiglie, brocche, bicchieri, strumenti musicali, ecc.). Questa scelta è funzionale al vero fine dell'arte, che è quello di portarci in una dimensione di pure sensazioni plastiche. Le loro sagome familiari evitano di impegnare l'osservatore nella decifrazione del significato oggettivo dell'immagine, di distrarlo dalla pura percezione di forme e colori, con il risultato di rendere più diretta e chiara l'esperienza del "lirismo".

Ma vi è in questa scelta anche una componente ideologica e allo stesso tempo "pedagogica" di primaria importanza. Questi oggetti banali, sono immediatamente riconoscibili perché sono "oggetti tipo", forme essenziali e logiche che l'uso ha selezionato e fissato nel corso del tempo. Essi sono la risposta all'esigenza dello spirito di mettere ordine, di ridurre la molteplicità e la complicazione, all'unità e alla semplicità, eliminando ciò che è arbitrario, ogni inutile e illogica variazione. Essi educano la sensibilità estetica in senso moderno, verso la bellezza della forma logica e necessaria. Insegnano a vedere la bellezza del paesaggio quotidiano moderno, a saper cogliere la poesia profondamente umana incorporata in questi oggetti banali, le cui forme sono rimaste invariate da secoli. In questo senso la pittura purista vuole essere una forma di educazione e di conoscenza.

Lo scopo "didattico" del Purismo non è quello di rivelare un mondo di pure forme astratte posto oltre la realtà, ma insegnare a guardare alla realtà con spirito di chiarezza e di precisione; non è negare il mondo degli oggetti d'uso, ma scoprire in essi, proprio nei più banali, il senso universalmente umano dello "Esprit Nouveau" che anima il mondo moderno.

Il Purismo fornisce un contributo al superamento dell'antinomia arte-industria al centro dei dibattiti del XIX secolo, insegnando a cogliere una nuova bellezza frutto dello spirito dei tempi nuovi e che nella società industriale può nascere solo grazie alla macchina, identificandosi con la sua logica e il suo rigore, il suo spirito logico ed oggettivo. E' un passaggio determinante per la nascita del moderno disegno industriale.

8. *Dalla pittura all'architettura*

Se immaginiamo una sorta di virtuale prosecuzione dell' "arte utile" nell'architettura, possiamo dire che se il quadro di Mondrian è un "meta-progetto", e il *Proun* di Lizzitky un "meta-oggetto", il quadro purista è già una sorta di "prototipo" di un'architettura possibile.

La pittura purista sperimenta una nuova estetica della'architettura, prima ancora che possa realizzarsi in oggetti di design o in architetture. Janneret (ormai *Le Corbusier*) lo afferma esplicitamente: "*Oggi la pittura ha preceduto le altre arti. Per prima ha raggiunto un'unità al diapason con l'epoca*"[12], precisando che ci riferisce espressamente al contributo capitale del Cubismo e delle ricerche successive.

La pianta è per lui l'elemento generatore dell'architettura. Sono innegabili le somiglianze fra alcune piante di edifici di Le Corbusier e alcuni suoi dipinti puristi. Ma questo ovviamente fuori da ogni letterale trasposizione della pittura in architettura. E' lo stesso Le Corbusier d'altra parte a mettere in guardia contro quella che chiama "l'illusione delle piante", che consiste nel dare eccessivo peso, da parte dell'architetto, a qualità puramente grafiche della pianta, alle quali cioè non corrispondono qualità specificamente architettoniche[13]. Quello che invece succede in Jeanneret-Le Corbusier è che nell'esercizio "puro" della pittura maturano una logica e un linguaggio formale, che rispondono alle stesse leggi fondamentali che presiedono all'organizzazione logica e razionale, ma anche "poetica", dello spazio architettonico.

Scrive di sè Jeanneret, "*Le Corbusier nel periodo detto purista, dipinge soltanto oggetti banali, bicchieri, bottiglie e non esita ad accontentarsi di questi semplici supporti per tentare di attingere il fenomeno plastico. Non si rende conto, al momento, che i quadri di questo periodo rappresentano una parte effettiva della conquista delle forme attuali della plastica architettonica. Nel 1925, la meta è raggiunta. Tra le forme architettoniche nate col cemento armato e affini, e quelle della sua pittura, la simultaneità diviene completa*"[14].

NOTE

[1] R. De Fusco, *Storia dell'arte contemporanea*, Laterza, Bari 2010, pp. 275-280.

[2] R. De Fusco, op. cit., p. 280.

[3] A. Ozenfant e C. E. Jeanneret, *La peinture moderne*. Paris : Cres & c., 1925, p. 37.

[4] A. Ozenfant e C. E. Jeanneret, op. cit., p. 164.

[5] *L'Esprit Nouveau*, ottobre 1920, n°1 , pp. 3-4.

[6] *L'Esprit Nouveau*, luglio 1921, n°10 , p. 4.

[7] A. Ozenfant e C. E. Jeanneret, op. cit., p. 85.

[8] A. Ozenfant e C. E. Jeanneret, op. cit., p. 133.

[9] A. Ozenfant e C. E. Jeanneret, op. cit., pp. 166-167.

[10] A. Ozenfant e C. E. Jeanneret, op. cit, p. 166.

[11] R. De Fusco, op. cit., p. 281.

[12] Le Corbusier, *Vers une Architecture*, Cres, Parigi 1923; tr. it. *Verso una architettura*, Longanesi, Milano 1978, p. 9.

[13] *Ivi*, p. XL.

[14] Cit. in C. L. Ragghianti, *Le Corbusier a Firenze*, in "*Catalogo della mostra di Le Corbusier a Firenze*", 1963, p. XXVII.

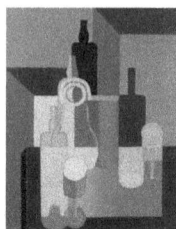

Amédée Ozenfant
Natura morta in grigio con bottiglia verde, 1924
olio su tela, cm. 65 x 50

Amédée Ozenfant
La brocca bianca, 1926
olio su tela, cm. 50 x 61

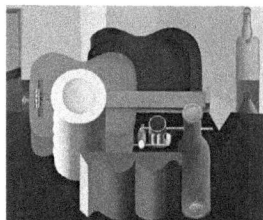

Charles-Édouard Jeanneret
Natura morta, 1920
olio su tela, cm. 81 x 100

Charles-Édouard Jeanneret
Natura morta piena di spazio 1924
olio su tela, cm. 60 x 73

Piet Mondrian e il Neoplasticismo

E' stato notato che il Neoplasticismo *"può considerarsi l'ultima fra le prime avanguardie, a esse legata per numerose componenti e rapporti, ma nello stesso tempo allineata ai movimenti che intendono superarle e contestarle"*, dal Purismo al tardo Espressionismo, dal Costruttivismo al Dadaismo[1].

Il termine *Neoplasticismo*, coniato da Piet Mondrian (1872-1944), compare per la prima volta in *Le néo-plasticisme*, traduzione francese del 1920 di un suo scritto del 1919 e corrisponde alla locuzione tedesca *neue Gestaltung* ("nuova configurazione" o "nuova conformazione").

Il movimento nacque attorno alla rivista olandese *De Stijl* (Lo Stile), fondata nel 1917 da Theo Van Doesburg (1883-1931) e da questi diretta fino all'anno della sua morte. L'ultimo numero di *De Stijl* fu pubblicato nel 1932. Scopo della rivista era accogliere e divulgare le più avanzate esperienze dell'arte moderna di tendenza astrattista. Come sintesi del suo programma può valere l'epigrafe all'introduzione del secondo anno: *"Il fine della natura è l'uomo, il fine dell'uomo è lo stile"*[2].

Il concetto di Stile viene qui assunto in un'accezione diversa da quella eclettica di "repertorio formale" intercambiabile. E' invece la capacità dell'uomo di pervenire ad una verità essenziale della Forma. E' in questi termini che concepivano lo stile sia Semper che Worringer, per quanto da punti di vista molto distanti. Gottfried Semper che con il suo *Der Stil* (1861-63) è uno dei riferimenti della componente materialistica e razionale del movimento neoplasticista in architettura. Wilhelm Worringer il quale, in *Astrazione ed Empatia* (1908), denomina *Stile* l'arte geometrica che nasce dal bisogno di Astrazione in opposizione al *Naturalismo* (l'arte organica che nasce dal bisogno di Empatia).

Al movimento aderirono, tra gli altri, i pittori Huszar e Van der Leck, lo scultore Wantogerloo, gli architetti Van't Hoff, Oud e Rietveld, ma le due figure di riferimento teorico del movimento furono Van Doesburg e Mondrian. Mentre Van Doesburg è il vulcanico "apostolo", Mondrian è il "monaco", artista rigoroso, ricercatore paziente e teorico riflessivo. Proprio questo rigore intransigente fu all'origine della definitiva interruzione della sua collaborazione con la rivista *De Stijl* già nel 1924, avvenuta a causa di divergenze con Van Doesburg.

1. *Il tragico*

Nella visione di Mondrian confluiscono componenti razionalistiche (cartesiana e spinoziana) e mistico-spiritualistiche (dalla teosofia, al romanticismo tedesco, a Schopenhauer e Nietzsche)[3]. In una lettera scritta nel 1909 allo scrittore Israël Querido, Mondrian, riconoscendo questa coesistenza di componenti, dichiara *"La mia opera rimane totalmente al di fuori del regno dell'occulto, sebbene io da parte mia mi sforzi di raggiungere una conoscenza occulta per meglio comprendere la natura delle cose"*[5].

Nella sua prospettiva utopica si intrecciano il «progetto moderno» di emancipazione dell'umanità sulla base della piena affermazione del valore della razionalità, e quello "teosofico" di una sua evoluzione spirituale verso la consapevolezza dell'armonia cosmica, intesa come "ricomposizione degli opposti" (maschile e femminile, spirito e materia, individuale e universale, ecc.)[4].

La visione salvifica di un mondo futuro si contrappone alla constatazione di una condizione di crisi del presente. Il Tragico è il termine con cui Mondrian denota tale condizione che riguarda, prima ancora che l'arte, la società e l'esistenza individuale. Il tema del tragico è un *leitmotiv* della cultura del primo Novecento dalla *Nascita della tragedia* di Nietzsche in poi. Per ricordare solo alcuni testi pubblicati negli anni che precedono la nascita di De Stjil, ricordiamo *"Concetto e tragedia della cultura"* di Georg Simmel (1911), *"Metafisica della tragedia"* di Gyorgy Lukacs (1911) e il saggio di Max Scheler *"Sul fenomeno del tragico"* del 1915. Persi i vecchi riferimenti assoluti, il conflitto tra valori contrapposti e ugualmente vitali, frutto della condizione moderna (il "moderno politeismo" di cui parla Max Weber), non riesce a risolversi in una sintesi pacificante.

La prima guerra mondiale fu una grande tragedia collettiva in cui le contraddizioni e i conflitti della modernità si mostrarono con spietata evidenza. In tal senso il particolare momento storico in cui De Stjil nasce rende ancora più attuale e drammaticamente urgente il tema della ricerca di una nuova, superiore armonia.

Mondrian definisce il Tragico come conflitto e dunque mancanza di equilibrio e armonia fra Universale e Individuale. Una duplice dimensione, metafisica e storica, è nel concetto di Tragico.

Mondrian concepisce l'esistenza e tutto il mondo delle forme individuali (il mondo della "rappresentazione" e del "divenire"), come una catena ininterrotta di cause ed effetti, in cui ogni cosa è rivolta alla conservazione della propria esistenza particolare. Ma questo mondo della "rappresentazione" è solo un'apparenza, un "velo", essendo ogni forma individuale solo un'effimera incarnazione dell'Universale. Infatti il mondo, oltre il velo delle apparenze, non è una sommatoria di cose, ma una totalità di relazioni dinamiche in equilibrio. Le cose, al di là dell'apparenza, non sono entità chiuse e autosufficienti ma vivono di relazioni, sono il prodotto di relazioni, sono relazioni in se stesse. Come scrive Mondrian, *"l'apparenza naturale vela l'espressione delle relazioni"*. Ogni cosa esiste solo in relazione al tutto, ossia all'universale, e viceversa. Superare il *tragico* significa cogliere l'universale nel particolare, per scoprire in un Essere armonico e stabile, la dimensione in cui ogni cosa e l'uomo trovano pace e *"riposo"*. La dimensione tragica dell'esistenza umana è nell'insanabile conflitto tra la sua ostinazione a progettarsi a partire da sé (fatalmente destinata al disinganno), e il fatto che la sua verità ultima è nella sua appartenenza al Tutto, nel superamento di sè in quanto individualità separata.

Ma il tragico oltre a rimandare a una condizione "metafisica" che attiene alla condizione umana in generale, è anche il sintomo di una particolare condizione storica, di un "malessere" tipico dell'uomo moderno. La dolorosa constatazione di un conflitto fra individuale e universale, di una sorta di "perdita dell'armonia" è un'esperienza tipica della modernità, già evidenziata da Hegel alla fine del XVIII secolo e che si perpetua nelle laceranti "dicotomie" che caratterizzano la società e la cultura del XIX secolo. Tutto un filone della critica alla società industriale (in cui esponenti più influenti in arte e architettura sono John Ruskin e William Morris) si era impegnato nel corso del XIX a mettere in evidenza tali contraddizioni. La modernità afferma ed esalta sempre più il valore dell'individuo, afferma il principio dell'autodeterminazione del singolo, contro le vecchie forme di costrizione sociale tipiche delle società premoderne "ascrittive", ma contemporaneamente l'individuo è lasciato in balìa di apparati (economici, burocratico-amministrativi, ecc.) il cui potere di controllo si estende a ogni aspetto della sua esistenza. L'individuo non si sente più parte integrante di un tutto "organico", sia esso la Società o la Natura, è solo e tuttavia sa di essere sostanzialmente "eterodiretto". La tragicità di questa condizione risiede nel fatto che gli stessi processi di modernizzazione che portano alla liberazione dell'individuo dalle vecchie forme di costrizione, sono causa di nuove forme di dipendenza. Come scrive Max Scheler *"Nel senso più esplicito il tragico si dà quando una e una medesima forza, che consente a una cosa di realizzare un elevato valore positivo .... diviene essa stessa causa di annientamento proprio di tale cosa"*[6].

2. Un'utopia della modernità

Mondrian e il De Stjil, per ritrovare l'armonia perduta, non guardano al passato, come Ruskin e Morris, ma piuttosto al futuro. Ritengono di vivere in un'epoca decisiva per la storia dell'umanità; l'affermazione in ogni campo dello spirito scientifico, con la sua ricerca di leggi oggettive, è per loro un sintomo inequivocabile dell'evoluzione del mondo moderno in direzione di una sempre maggiore consapevolezza dell'universale. Ma per uscire dal dominio del "tragico" bisogna portare fino in fondo questo processo, liberandosi dalle scorie dell'individualità che sussistono nella società, come nelle forme culturali e artistiche. Dunque essere "moderno" per Mondrian non significa accettare acriticamente la modernità, ma proporre un progetto che si potrà realizzare, solo se questa avrà il coraggio di compiersi.

Già nel 1890 Georg Simmel descrivendo la condizione di scissione fra individuale e universale tipica della modernità, ne indicava la possibilità di superamento non nel rifiuto, ma nella comprensione del senso profondo dei processi in corso: *"Il singolo appare tanto prosaico quanto sgradevole nel suo odiare e cacciare denaro e piacere, nell'angustia dello specialismo, nella chiusura dell'egoismo, e anche telefoni e funivie, le ciminiere delle fabbriche e le sterminate strade uniformi della metropoli si vorrebbe ritenere fra le cose più lontane al mondo dalla poesia. Ma questa impressione dura soltanto finché si rimane imprigionati nella visione individualistica. Se alziamo lo sguardo verso le grandi relazioni da cui questi singoli fenomeni scaturiscono e che contribuiscono al loro futuro sviluppo, vediamo allora un processo culturale incommensurabile che li comprende con necessità, dentro il quale ogni singolo fenomeno che di per sé stesso è infimo e avverso, acquista una sua collocazione significativa. Così come la singola parola di per sé è insignificante e prosaica, mentre nel contesto della poesia contribuisce a compiere l'opera d'arte e da questo tutto viene illuminata, investita dallo splendore poetico di un significato più profondo; così ogni individuo, ogni particolarità della nostra cultura, richiedono soltanto di essere considerati come membri del grande insieme per riscattare il significato e la possibilità di una visione poetica che sembrano perduti"*[8]. Emerge già in questo brano l'intuizione che le qualità estetiche specifiche della modernità si manifestano come prevalere dell'universale sul particolare, delle relazioni sull'oggetto isolato.

Nell'utopia di De Stjil si riconosce l'immagine di un mondo guidato da una razionalità intesa come spazio condiviso di relazione e di scambio, spazio aperto e dinamico in cui costruire una nuova armonia degli uomini fra loro e con il mondo, non più basata come in passato sui legami di fede o di sangue. Allo spazio frammentato e diviso da una molteplicità di confini, proprio delle società ascrittive, si sostituisce uno spazio isotropo e liberamente percorribile, basato sulla razionalità come "valore" e linguaggio universale. Si tratta dell'utopia di un mondo razionalizzato, ma insieme libero, proprio perché non chiuso in "forme" limitate (sociali, culturali, estetiche, ecc.) ; in esso un uomini nuovi, liberi dal peso dell'individualità e della Storia, si sentiranno parte di un "universo relazionale" nel quale riconosceranno il proprio fondamento comune e allo stesso tempo la possibilità della propria piena realizzazione. Nel mondo futuro, scrive Mondrian, l'uomo non sarà *"nulla in sé, non sarà che parte del tutto, ed è allora che, avendo perduta la vanità della sua piccola e meschina individualità, sarà felice in questo Eden che avrà creato"*[9]. C'è tuttavia qualcosa di vagamente minaccioso in questa utopia razionalisticache concepisce l'individualità quasi come una "colpa" che si può espiare solo negandosi, si avverte una forte dimensione irrazionalistica. Come osserveranno Horkeimer e Adorno ne *La dialettica dell'Illuminismo* il predominio assoluto della razionalità rischia di rovesciarsi nel suo contrario.

Il rinnovamento della concezione e della funzione dell'arte è inteso come parte integrante di tale processo di emancipazione dall'individualismo, descritto nei termini di una lotta fra una *"vecchia coscienza*

del tempo" e una *"nuova coscienza del tempo"*. Il primo dopoguerra vede
l'acuirsi, in tutta Europa, dei conflitti fra vecchio e nuovo in concomitanza col diffondersi di uno spirito di ricostruzione e rinnovamento
nell'ambito di un generale "ritorno all'ordine". Ricordiamo che il primo numero di De *Stjil* viene pubblicato nello stesso mese in cui scop-
pia la rivoluzione in Russia. Vi è in De Stjil una forte tensione etica
e "politica", ma non l'idea che l'arte possa essere strumento diretto
della lotta politica[10]. Nel primo manifesto di De Stjil, del 1918, si legge
*"1. Vi è una vecchia coscienza del tempo e ve n'è una nuova. La prima tende verso
l'individualismo. La nuova tende verso l'universale. La battaglia dell'individualismo contro l'universale si rivela nella guerra mondiale sia nell'arte della nostra
epoca. 2. La guerra distrugge il vecchio mondo con il suo contenuto: la dominazione
individuale in ogni campo. 3. L'arte nuova ha messo in luce il contenuto della
nuova coscienza del tempo: proporzioni bilanciate fra l'universale e l'individuale.
4. La nuova coscienza del tempo è pronta a realizzarsi in tutto, anche nella vita
esterna. 5 Le tradizioni, i dogmi e le prerogative dell'individuo ("il naturale") si
oppongono a questa realizzazione. 6. Lo scopo dei fondatori della nuova arte plastica è di fare appello a tutti coloro che credono nella riforma dell'arte e della cultura
per annientare tali ostacoli, nello stesso modo in cui loro stessi hanno annientato,
nella loro arte, la forma naturale che ostacola un'autentica espressione dell'arte,
ultima conseguenza di ogni cognizione artistica. 7. Gli artisti di oggi, spinti in tutto
il mondo dalla medesima coscienza, hanno partecipato nel campo spirituale alla
guerra contro la dominazione dell'individualismo, il capriccio"* [11].

3. Il compito e la "morte" dell'arte

Per Mondrian, in ogni epoca, compito dell'arte è sempre stato
quello di eliminare, anche se solo per un breve istante, il *tragico* dall'e-
sistenza, consentendoci di contemplare la realtà, attraverso una sua
rappresentazione, come totalità armonica di relazioni, come ritmo. Di
cogliere l'individuale alla luce dell'universale, in armonia con le sue
leggi. E' questo ciò che si è sempre chiamato "bellezza".
Ma la rappresentazione della realtà visibile e l'espressione lirica
dell'individualità dell'artista, a cui si è sempre limitata l'arte, si muovono comunque nella dimensione del "tragico", perché non riescono a
cogliere l'universale se non attraverso il "velo" del particolare (l'oggetto particolare in un caso, la soggettività dell'artista nell'altro). Per

realizzare in pieno sé stessa, l'arte deve *"opporsi alla dominazione dell'individuale nelle arti plastiche e cioè alla forma e al colore naturali, alle emozioni"*[12]. In altri termini non deve essere né rappresentare un oggetto, nè esprimere un soggetto, ama cercare di cogliere l'Universale in se stesso.

Ma per fare questo non basta rinunciare alla rappresentazione e all'espressione. L'arte deve arrivare al punto di essere il campo di relazioni puramente astratte, deve superare il concetto di "forma limitata", anche se intesa in senso astratto e non mimetico-rappresentativo. Solo facendosi "astratta" oltre ogni forma limitata, ossia diventando nient'altro che *"l'espressione esatta di relazioni bilanciate"*[14], l'arte può esprimere senza veli l'universale in se stesso come pura relazione e puro ritmo. Deve tagliare i ponti con il mondo delle forme individuali, perché *"la forma, in quanto limitata, impedisce l'espansione: è questa la vera definizione del tragico"*[13]. Quindi non di tratta solo di rinunciare ad imitare la natura e farsi astratta, ma fare in modo che la stessa arte astratta in sè stessa non torni a dare vita a nuovi oggetti, come forme, facendosi "morfoplastica". Potremmo dire che quella a cui pensa Mondrian è una sorta di astrazione di secondo grado.

Messa da parte la vecchia funzione mimetica l'arte astratta per Mondrian non rinuncia affatto alla funzione conoscitiva, a suo tempo evidenziata da Fiedler. Mondrian, si definisce non a caso "astratto-realista", in contrapposizione all'astrattismo "spiritualista" di Kandinsky.

Alla funzione conoscitiva, ancora come in Fiedler, si lega immediatamente quella "formativa o "educativa", in quanto l'arte, insegnando a vedere, a cogliere le relazioni e non fermarci alle cose particolari, contribuisce a formare la sensibilità di un *"uomo nuovo"*, sempre più consapevole dell'universale in ogni aspetto dell'esistenza, individuale e collettiva.

Infine sul piano psicologico l'astrazione assoluta consente, nella contemplazione dell'opera, il "riposo" dal mondo delle forme individuali dominato dal Tragico e l'accesso a un mondo di entità universali e assolute, proprio come Worringer aveva argomentato in *Astrazione ed Empatia* a proposito dell'arte dello Stile (non a caso da lui indicata come la possibilità più adeguata per l'arte futura della modernità).

Mondrian spinge l'astrazione del linguaggio pittorico fino al limite estremo, *"fin sull'orlo dell'abisso"*. Il passo ulteriore verso l'astrazione, potrà soltanto essere astrarre da quel residuo di individualità che è il quadro nella sua realtà di oggetto materiale. Ed è proprio la "morte dell'arte" la prospettiva utopica del De Stjil. Tuttavia, secondo Mondrian, ancora a lungo l'arte resterà il luogo privilegiato in cui si manifesterà la «bellezza» assente dalla vita. Quando in un futuro, lontano ma possibile, la bellezza come armonia di relazioni, sarà realizzata nella vita, nel mondo degli oggetti, nel paesaggio, nelle relazioni fra gli uomini, allora l'arte impregnerà di sé l'intera realtà umana e scomparirà in quanto campo di attività e oggetto separato, perché sarà venuta meno la necessità della sua funzione compensatoria. Scrive Mondrian: "*Una volta creata la pura plastica, non si può andare oltre, in arte. Ma sarà l'arte sempre necessaria? Non è l'arte solo un mero espediente, finché la bellezza è assente dalla vita stessa? La bellezza realizzata nella vita …. Nel futuro che deve più o meno essere possibile, considerando il cammino del progresso umano che possiamo osservare, se il nostro sguardo non è troppo superficiale. Allora in modo naturale la vita getterà l'arte nell'abisso verso il cui orlo si sta già muovendo oggi. Ma ci vorrà tempo prima che l'arte giunga alla fine, e a lungo l'arte continuerà a riconciliarci con la vita imperfetta che conosciamo… Quando l'arte sarà gettata nell'abisso il suo vero contenuto permarrà. L'arte sarà trasformata, sarà realizzata prima nel nostro ambiente fisico, poi nella società… nella nostra intera vita, che allora diventerà pienamente umana. Il Neoplasticismo sta preparando tutto questo… probabilmente ci vorranno secoli, prima che nasca un futuro più equilibrato e di conseguenza realmente bello*" [15].

Dunque l'orizzonte di de Stijl è l'Architettura, nel senso della celebre definizione di William Morris, ossia intesa come formatività applicata all'intero ambiente fisico e sociale. Alle singole arti si sostituirà la «costruzione» come processo unitario che si manifesta a diverse scale; un processo razionale, guidato da criteri universali e oggettivi e quindi espressione autentica di ordine e bellezza. Nell'ambito di tale prospettiva, la pittura di Mondrian svolge la funzione di progetto puro, ossia libero da una particolare finalità, che elabora "in vitro" un linguaggio astratto applicabile alla costruzione dell'ambiente, alle diverse scale.

La coesistenza dell'ideale di un'architettura razionale con una forte proiezione utopica è all'origine di tensioni all'interno del movimento neoplasticista, che emergono allorché ci si confronta con l'architettura concreta. Si pensi alla differenza di vedute fra Van Doesburg e Oud. Il primo, con un approccio sostanzialmente idealista e formalista, impone all'architettura il linguaggio neoplasticista, astratto e riduzionista, e critica il secondo per aver adottato i mattoni a vista (del tutto "razionali" in termini economici e costruttivi), in quanto incompatibili con l'ideale neoplastico di assoluta astrazione formale.

Alla luce di queste tensioni latenti si comprende meglio il senso della posizione "prudente" di Mondrian, che non ha fretta di imporre il linguaggio neoplasticista al di fuori della pittura, ma proietta in un futuro imprecisato, e quindi in condizioni nuove della società, della cultura e della tecnica, l'auspicata sintesi fra Arte e Vita.

4. *Il percorso verso l'astrazione assoluta*

Mondrian compie in prima persona, nel corso della sua evoluzione stilistica, quel passaggio dalla figurazione all'astrazione, nel quale riconosce il filo conduttore dell'arte moderna in generale. Partito dal naturalismo, passa al vangoghismo, al fauvismo e al cubismo, prima di approdare allo "Stile".

Questo cammino verso l'astrazione è emblematicamente rappresentato dalla celebre serie degli *Alberi*, dipinta fra il 1909 e il 1912. Con un processo di progressiva riduzione e stilizzazione, si passa da una rappresentazione quasi realistica dell'albero a un'immagine che sembra prescindere completamente dal referente oggettivo, ma che in realtà rivela la trama ritmica delle relazioni essenziali che lo strutturano.

L'incontro con il Cubismo, fra il 1912 e il 1914, durante la sua permanenza a Parigi, è decisivo per Mondrian. Le acquisizioni del cubismo analitico sono da lui assunte come la base da cui partire per procedere oltre, verso l'astrazione assoluta. Se già in precedenza la tendenza analitica e verso l'ordine geometrico sono forti nella sua pittura, il cubismo accelera la sua evoluzione in questa direzione.

Mondrian considera il Cubismo il punto più avanzato raggiunto dalla pittura prima del Neoplasticismo. Il suo grande merito era stato di averla "*fatta finita con l'apparenza naturale delle cose, e in parte anche con la forma limitata*"; ma il cubismo restava per Mondrian una "*morfoplastica*", costruzione di forme individuali, e quindi non traeva le conseguenze estreme delle sue stesse scoperte. Per questo occorreva procedere oltre il cubismo, verso l'astrazione pura, per superare non solo l'imitazione della natura, ma anche il concetto di "forma limitata".

Opere come *Composizione 14* del 1913 sviluppano il cubismo in direzione di una maggiore astrazione. La costruzione dell'immagine con tratti neri orizzontali e verticali, così come le piccole campiture di colore uniforme, rimandano al cubismo analitico, ma non c'è più traccia dell'oggetto rappresentato, che invece dava ancora «corpo» ai dipinti cubisti. Appare chiaro che l'oggetto, se pure c'è stato all'origine del processo creativo, a Mondrian non interessa se non per la struttura astratta che se ne può estrarre.

Nella *Composizione 10*, del 1915, un molo e l'oceano sono ridotti a piccoli tratti neri orizzontali e verticali disseminati su un fondo bianco, talvolta toccandosi e talvolta incrociandosi. Nella *Composizione 1916* la facciata di una chiesa è sintetizzata in una trama ortogonale e campiture colorate. Il soggetto si è eclissato e ciò che resta sono solo valori puramente plastici e ritmici. Anche il colore subisce una progressiva riduzione limitandosi a poche tinte piatte.

Resta il problema della "composizione" di questi elementi minimi.

In *Composizione in blu* del 1917 i tratti neri e le aree colorate fluttuano in uno spazio bianco, creando una composizione dinamica, ma che conserva ancora traccia dell'individualità nei singoli elementi e un accenno residuo al rapporto «naturalistico» fra figura e sfondo. Questo rapporto e le fomr individuali spariscon in *Scacchiera* del 1919, dove i singoli elementi colorati si inseriscono in una maglia regolare ortogonale, ma in sè statica. Lo stile maturo di Mondrian, si può dire che sviluppi questa ricerca, cercando di immettere l'equilibrio dinamico di un quadro come *Composizione blu* nella maglia di *Scacchiera*, che perde la sua uniformità senza rinunciare all'ortogonalità.

Così lo stesso Mondrian sintetizza i passi successivi su questa strada: "*Nei primi quadri lo spazio faceva ancora da sfondo. Cominciai a specificare le forme: verticali e orizzontali divennero rettangoli. Questi apparivano ancora forme distaccate contro uno sfondo, il colore era ancora impuro. Sentendo in ciò una mancanza di unità, accostai i rettangoli: lo spazio divenne bianco, nero o grigio. La forma divenne rossa, blu o gialla. Unire i rettangoli equivaleva a far proseguire le verticali e le orizzontali del periodo precedente su tutta la composizione. Era evidente che i rettangoli, come ogni forma particolare si imponevano e andavano neutralizzati attraverso la composizione. In effetti i rettangoli non sono un fine in se stessi, ma una logica conseguenza delle linee che li determinano; nascono spontaneamente dall'intersezione delle orizzontali e delle verticali*" [16].

5. *Lo Stile*

Nel 1919 nasce lo «stile» che Mondrian adotterà per oltre vent'anni: composizioni basate sull'esclusivo uso di linee nere orizzontali e verticali e campiture uniformi di colori primari rosso, blu e giallo, oltre ai «non colori» bianco e nero.

Come abbiamo accennato, si tratta del punto di arrivo di una ricerca che, progressivamente e con rigore estremo, non solo elimina ogni riferimento "naturalistico"all'oggetto della rappresentazione o alla soggettività dell'autore, ma nega (come ultimo residuo di individualità) anche la forma limitata. Ricordiamo quanto afferma Mondrian su questo punto decisivo per il suo linguaggio: *"la forma limitata impedisce l'espansione: è questa la vera definizione del tragico"* e quindi in pittura lo scopo deve essere *"l'abolizione di ogni forma particolare"*[17]. E' una dichiarazione di principio a favore dell'astrazione assoluta, non solo al di là dei linguaggi storici, ma della Storia in quanto tale, come quella dimensionein cui le particolarità e le differenze individuali prendono forma e si alimentano, dilatandosi fuori misura fino ad entrare in conflitto fra loro e con l'Universale.

Mondrian mira a eliminare dal suo linguaggio pittorico ogni" scoria" di individualità e arbitrarietà, dovunque si nascondano. Lo scopo è una pittura fatta solo di relazioni astratte e universali, che sia assoluta oggettività. L'utopia estetica di Mondrian è quella di un linguaggio assolutamente astratto, e in quanto tale assolutamente Universale.Una lingua che non è la lingua di nessuno, di nessuna cultura storica o individuo in particolare, ma che può essere per questo la lingua di tutti, di una nuova umanità pacificata sulla base della propria fondamentale e distintiva razionalità. Oltre il "velo" del mondo limitato delle forme individuali, la pittura di Mondrian vuole insegnare a vedere il mondo come è realmente, processo dinamico e aperto, ma allo stesso tempo armonico e equilibrato, in cui la relazione viene prima dell'oggetto, a porsi su un piano in cui non c'è più conflitto fra individuale e universale.

I requisiti che un tale linguaggio deve possedere sono rigorosi, sia per quanto riguarda la natura degli elementi che per la loro composizione. Bisogna innanzitutto spingere la riduzione linguistica fino al punto che restino solo elementi minimi, ossia non riducibili ulteriormente, basati solo su una propria necessità oggettiva. Solo così essi saranno realmente astratti (cioè autonomi rispetto a ogni funzione rappresentativa) e universali (ossia oggettivi e non suscettibili di interpretazioni e variazioni arbitrarie, da parte dell'artista o dell'osservatore).

Una importante riduzione linguistica in senso antinaturalistico era stata già operata dai cubisti, con l'eliminazione dello spazio prospettico e la costruzione dell'immagine esclusivamente attraverso un reticolo di tratti neri e un tessuto di piccole pennellate parallele tendenti al monocromo. Mondrian riduce ulteriormente questi elementi nel senso della massima oggettività.

Elimina del tutto la linea curva, ancora non bandita dai cubisti, in quanto elemento infinitamente variabile nella sua forma (e quindi soggettivamente interpretabile), associato inconsciamente alle forme organiche della natura (e quindi portatore di una residuale valore rappresentativo). Resta la sola linea retta, ma questa non è più un tratto di lunghezza variabile e arbitraria, ma una linea di larghezza costante e di lunghezza oggettivamente definita dalle relazioni con gli altri elementi del quadro. Virtualmente infinita quando si estende fino ai margini della tela, definita dalle dimensioni di questa quando si ferma a una distanza prefissata dal suo limite, oppure di lunghezza pari alla distanza fra le rette che collega tra loro. Anche la relazione fra le rette deve essere oggettiva. L'unica relazione fra due rette che possieda questa qualità è l'angolo di 90 gradi che è univocamente determinato, mentre ogni angolo acuto o ottuso è solo uno dei possibili in una serie infinita e quindi soggettivamente interpretabile.

Più difficile da dimostrare la necessità che queste linee fra loro ortogonali debbano essere orizzontali e verticali. Si è voluto vedere in questo un residuo rappresentativo di provenienza teosofica: il rapporto fra orizzontale e verticale sarebbe l'immagine della dualità e delle opposizioni che reggono in generale la vita dell'universo: il maschile e il femminile, l'esterno e l'interno, il materiale e lo spirituale. Si potrebbe però anche dire che limitarsi alle verticali e orizzontali, è semplicemente il modo che la pittura ha, finché accetta di materializzarsi in un oggetto (il quadro) che è parte del mondo fisico, di corrispondere, nel modo più elementare e oggettivo possibile, alle leggi universali da cui tale mondo è governato, prima fra tutte la legge di gravità. In questo contesto "terrestre" le linee rette si sviluppano ciascuna secondo una propria legge, quella della perfetta orizzontalità o verticalità.

Riguardo al colore Mondrian applica un'analoga riduzione. Come insegnava la teoria dell'*Einfühlung* il colore è di per sè portatore di un potenziale espressivo ed emotivo che occorre neutralizzare. Bisogna inoltre escludere i colori che rimandino alla concretezza della natura e quindi portatori di un immediato contenuto rappresentativo. Infine bisogna escludere quei colori che, nascendo dalla combinazione di altri colori, si prestino (esattamente come gli angoli non retti) a un più e un meno, e dunque ad una variazione e interpretazione soggettiva. Bisogna usare colori puri che esistono in sé (indipendentemente da qualsiasi intenzione rappresentativa o espressiva), ossia i colori fondamentali: giallo, rosso e blu, insieme al bianco e nero (non colori).

Passando alla "composizione", questi elementi minimi devono essere utilizzati in modo da non individuare forme chiuse e autonome. Queste, in fondo, sono ancora delle individualità, per quanto astratte. Ogni forma chiusa che tenda a limitare il campo delle relazioni è esclusa dall'universo formale di Mondrian. In nessun momento l'angolo retto in Mondrian è una chiusura dello spazio, ma al contrario "apre" continuamente lo spazio, rendendolo dinamico e flessibile. Tutto quello che si vede all'interno dei limiti della tela nasce dalla relazione tra le rette; le aree rettangolari colorate o bianche non sono mai entità a sé stanti, ma il risultato di una relazione, cioè dell'intersezione tra linee. Il quadro stesso ci appare non come una forma chiusa nei limiti della cornice, ma come un frammento di un mondo più ampio. Mentre la geometria euclidea utilizza i triangoli (figure chiuse) per misurare lo spazio, le linee rette sono intensificazioni dello spazio in tutte le direzioni. Un quadro di Mondrian è una sorta di "cartografia" di un mondo "deterritorializzato", senza chiusure e confini ma solo con trassegnato da direttrici di espansione.

Una volta selezionati gli elementi base (linee nere orizzontali e verticali, colori primari e non colori) e individuata la regola fondamentale della loro composizione (la negazione della forma chiusa), occorre precisare il vero fine della composizione. Per Mondrian il Neoplasticismo "*è il limite dell'espressione plastica. Gli elementi plastici – linee rette e colori primari- sono incapaci di essere ulteriormente interiorizzati, e la composizione sarà sempre necessaria per neutralizzare questi elementi*"[18]. L'obbiettivo della composizione per Mondrian è la ricerca di puri «rapporti equilibrati». Alla fine, ogni traccia di individualità, ogni forma limitata sparisce e resta solo il puro ritmo: "*quando ogni cosa è espressa nella linea e nel colore, e tutte le relazioni della composizione sono equilibrate. In questa condizione non ci sono più figure, ma solo relazioni ritmiche … Allora i piani rettangolari (che sono formati da una pluralità di linee rette in opposizione ortogonale e che sono necessari a determinare il colore) sono dissolti a causa del loro carattere uniforme, ed emerge solo il ritmo, lasciando i piani come "nulla"*[19].

Ma questo equilibrio non può basarsi per Mondrian sulle ricette "classiche" della simmetria o della modularità. Queste da un lato rimandano all'organizzazione delle strutture organiche e quindi attraverso di esse si insinua un residuo rappresentativo; dall'altro in esse l'universale non si armonizza con l'individuale ma lo "prevarica", subordinandone forma e posizione ad un certo ordine formale.

Invece nella realtà profonda della vita esiste una "armonia dei contrari" per la quale l'Universale e l'Individuale non si negano a vicenda, ma si manifestano l'uno atttraverso l'altro. E questa "armonia" non può essere mai colta nè rappresentata in sé stessa, ma può scaturire solo come ritmo, relazione. Lo scopo di Mondrian è produrre nella composizione un equilibrio e un'armonia nuovi, antinaturalistici, dinamici e aperti, basati sull'asimmetria e sul bilanciamento di elementi contrapposti, equilibrati grazie a relazioni di posizione, dimensione e colore.

Un quadro di Mondrian ci fa entrare in un mondo armonico e pacificato. Ma non si tratta per questo di un mondo statico, ma di un mondo ritmico, in cui l'armonia nasce dalla relazione fra elementi ciascuno dotato di una propria chiara identità, libero di seguire la propria legge oggettiva. Se è vero che la Forma compiuta è il cuore di ogni idea classica di arte e che la negazione della forma compiuta e autosufficiente è il principio fondamentale della pittura di Mondrian, allora possiamo dire che egli persegue un fine classico (l'armonia) con mezzi anticlassici.

Così un tracciato lineare decentrato viene bilanciato da un rettangolo dipinto in un certo colore, a sua volta equilibrato da altri rettangoli diversamente colorati, posti a calcolate distanze in direzione orizzontale o verticale. Mondrian passava ore a spostare una linea, a cambiare di posizione un rettangolo colorato, a ridimensionarlo in funzione dell'equilibrio dinamico che intendeva raggiungere. Le regole che si era imposto non gli impedivano affatto una continua sperimentazione.

L'estrema riduzione linguistica manifesta così la sua funzione. Una volta arrivati alla massima astrazione e oggettività, gli elementi del linguaggio (linee e colori) "arretrano", rinunciando ad attirare su di sè l'attenzione dell'osservatore e resta, come vero contenuto dell'opera, nient'altro che il ritmo (*"l'espressione plastica della vita"* come lo definisce Mondrian), continuamente variato e differenziato, che nasce dalle loro relazioni. E' questo ritmo l'oggetto vero dell'invenzione e della ricerca dell'artista, e solo questo (e non gli elementi del linguaggio) ciò che differenzia un'opera di Mondrian dall'altra. Tutto il suo lavoro creativo, non consiste nell'invenzione formale o cromatica, ma nella creazione di sempre nuove impalpabili relazioni bilanciate , ossia di un ritmo, sulla base di pochi elementi dati. Ed è in questa dimensione del puro ritmo che l'osservatore deve essere capace di installarsi, in modo da acquisire l'abitudine quel punto di vista più universale che è quello dell' "uomo nuovo" oltre il Tragico.. Così la pittura, contribuisce alla formazione di una nuova sensibilità per ciò che è astratto, attenta alle relazioni, a leggere il particolare sempre in rapporto con l'Universale; la pittura come strumento per la nascita di un mondo nuovo.

Insomma un quadro di Mondrian è un oggetto concreto che ha spinto l'astrazione del suo linguaggio fino a negare l'individualità della forma, per fare compiere all'osservatore l'esperienza del puro ritmo, ossia della relazione in quanto tale, e quindi dell'universale in qualto tale: *"si tratta di creare per i nostri sensi una realtà concreta e vivente, sebbene distaccata della transitoria realtà della forma. Per questo i chiamerei il Neoplasticismo, "superrealismo", in contrasto con il realismo e il surrealismo"* [20].

Ritroviamo così la dimensione utopica del neoplasticismo. I quadri di Mondrian, sono prefigurazioni di un mondo utopico, ma più concretamente intendono essere strumenti per la realizzazione dell'utopia. Paradigmi per l'architettura, "metaprogetti" che insegnano un nuovo modo di progettare, ma anche esperienza percettiva che insegna a concepire il mondo come spazio relazionale e aperto oltre le chiusure e i limiti del «tragico». Sono l'immagine e insieme già un frammento concreto di un mondo animato da un'etica nuova dell'equilibrio fra individuale e universale.

Mondrian è convinto che la sua pittura abbia operato una riduzione assoluta oltre la quale, restando nella pittura, non si può andare. Il Neoplasticismo è per lui il compimento della storia della pittura *"il contenuto del Neoplasticismo è la creazione del puro ritmo, e quindi il Neoplasticismo è vera pittura. Perché la volontà e il tentativo di realizzare i ritmo, a dispetto della forma, è sempre stato il contenuto della pittura*".[21]

De Fusco mette in evidenza la dimensione specificamente "linguistica" del Neoplasticismo: *"De Stjil, quali che siano le sue premesse spiritualistiche, risulta la tendenza che al di sopra di tutte le altre è riuscita ad organizzare la formalizzazione di un linguaggio pittorico il più vicino a quella della lingua. Infatti, coi pochi elementi sopra descritti e con le poche regole combinatorie cui abbiamo accennato, il Neoplasticismo costruì un vero e proprio codice... col quale riuscì a conformare potenzialmente infiniti "messaggi", cioè opere, non solo pittoriche e plastiche, ma anche architettoniche, di arredamento, di grafica, ecc."* [22].

Mondrian si trasferisce a New York allo scoppio della seconda guerra mondiale. É affascinato dal pulsare ritmico della vita di questa città e dalla sua musica, il *jazz*. Riconosce un'analogia fra il ritmo sincopato del *boogie-woogie*, con la sua forza dirompente rispetto agli schemi della musica popolare tradizionale e il suo personale sforzo di eliminare in pittura "il naturale" cercando di ottenere il puro ritmo attraverso un linguaggio astratto. In *Broadway Boogie Woogie* (1942-43), la sua penultima opera, sostituisce dopo vent'anni le linee nere ortogonali con linee prevalentemente gialle che si presentano come bande atomizzate di impulsi cromatici che si intersecano in punti segnati da aree di blu e rosso. Questa volta il ritmo che in cui il dipinto ci immette è quello della metropoli, con le sue luci intermittenti. e il suo traffico incessante.

6. *Mondrian e Van Doesbourg*

Il Neoplasticismo aspira ad essere un linguaggio universale suscettibile di essere impiegato in ogni campo della costruzione, a ogni scala. Esemplari in questo senso sono il *Cafè De Unie* di Pieter Oud (1890-1963) del 1924, e la *casa Schroeder* (1924-24) e la sedia blu e rossa di Gerriet Rietveld (1888-1964).

L'unità di intenti del movimento viene messa in crisi da van Doesburg il quale, nel 1924, introduce nella sua pittura la diagonale a 45°, contestando l'ancestrale sistema ortogonale basato sulla orizzontale e sulla verticale. Questo era secondo lui il residuo di una concezione classica dell'arte, fondata sui valori sacri dell'equilibrio e della stabilità; residuo di una dimensione simbolica di matrice teosofica, con la verticale come principio attivo-maschile e l'orizzontale, principio passivo-femminile dal cui incrocio nasce la vita; e ancora residuo della nostra percezione corporea del mondo, governato dalla legge di gravità.

Nelle sue *Contro-composizioni*, al contrario di Mondrian, van Doesburg non cerca di risolvere le opposizioni, ma di generare delle tensioni fra forme e direzioni diverse; non cerca il riposo e l'equilibrio, ma la tensione e l'instabilità. In tal modo egli intende esprimere una nuova concezione della vita che entra in conflitto con le radici teosofiche dell'arte di Mondrian. Quindi, alla fine, sono due concezioni della relazione fra arte e vita a contrapporsi, il che spiega perché, su questo punto, Mondrian abbia interrotto nel 1924 ogni relazione con Van Doesburg e abbia cessato di collaborare alla rivista De Stjil. Nel 1926 Van Doesburg enunciava su *De Stjil* i nuovi principi del movimento *Elementarista* contrapponendo alla costruzione equilibrata e ortogonale del Neoplasticismo un'espressione instabile, secondo piani inclinati.

Un nuovo strappo avviene nel 1930. Questa volta il problema non è l'eliminazione di residuali riferimenti al mondo oggettivo, ma del riferimento alla soggettività dell'artista come origine dell'opera. Fino ad allora le composizioni di Mondrian e di Van Doesburg si basavano su un approccio sensibile e intuitivo, nel quale i rapporti tra superfici e tra colori erano definiti e valutati dall'artista in termini puramente visivi. Con *Composizione aritmetica* del 1930, l'intuizione non entra più in gioco nella composizione; questa è interamente determinata da una regola oggettiva che determina proporzione e posizione degli elementi. Secondo un ideale asse diagonale, Van Doesburg dispone in basso a destra un quadrato di superficie pari a un quarto di quella della tela quadrata, poi ripete tre volte questa forma in maniera omotetica nel quarto superiore sinistro della tela. Risultando automaticamente e necessariamente da una regola prestabilita, quest'opera è riconducibile alla tendenza dell'arte d'ispirazione costruttivista a identificare l'opera con il progetto.

NOTE

[1] J. Nigro Covre, *Mondrian e De Stijl*, Giunti, Firenze 2008, p. 5.
[2] De Stjil, anno II, n.1, novembre 1918, p. 1.
[3] Sul tema delle componenti irrazionaliste del pensiero di Mondrian la Nigro Covre scrive *"E' stato da tempo rilevato il debito di Mondrian nei confronti della filosofia dell'idealismo tedesco e del romanticismo [...] ma Goethe era stato al centro dell'attenzione di Steiner, che Mondrian ha letto; e soprattutto, va tenuto presente che l'equilibrio fra due principi opposti, nonché il percorso dell'umanità verso la conquista dello Spirto, sono esattamente il fondamento delle dottrine teosofiche"*. J. Nigro Covre, *Arte contemporanea. Le avanguardie artistiche*, Roma 2014, pp. 111-112.
[4] Secondo la teosofia, come scrive la Nigro Covre *"il mondo è concepito come un tutto unitario, retto da determinate leggi e principi matematici, in cui i poli opposti tendono alla ricomposizione e all'armonia cosmica: così per esempio, è per il principio maschile e quello femminile, per lo spirito e la materia, che non è altro che una polarità dell'essenza spirituale dell'uomo."*. J. Nigro Covre, *Mondrian e De Stjil*, Giunti, Firenze 2008, pp.19-20.
[5] Cit. in J. Nigro Covre, *Mondrian e De Stijl*, Giunti, Firenze 2008, p. 22.
[6] Cit. in G. Garelli, *Filosofie del tragico*, Mondadori, Milano 2001, p. 49.
[7] Piet, Mondrian, *Realtà naturale e realtà astratta. Saggio in forma di dialogo.* tr. ing. in M. Seuphor, *Piet Mondrian life and work*, H. N. Abrams Inc., New York 1956, p 304.
[8] G. Simmel, *Rembrant come educatore*, 1890, tr. it. in *Estetica e Sociologia*, Armando editore, Roma 2006, p. 52.
[9] Cit. in O. Morisani, *L'astrattismo di Piet Mondrian con appendice di scritti dell'artista*, Venezia, Neri Pozza 1956, p. 199.
[10] Nel terzo Manifesto del De Stjil questo concetto viene espresso in maniera inequivocabile: *"Le ridicole I, II, e III Internazionale socialista furono solo esteriorità. L'internazionale dello spirito è interiore"*. *Manifesto III, verso la formazione di un nuovo mondo*, (non firmato), cit. in M. De Micheli, *op. cit.*
[11] *De Stjil*, anno II, n.1, novembre 1918, *Primo manifesto del De Stjil*, 1918, p.2, tr. it in M. De Micheli, *Le avanguaride artistiche del Novecento*, cit, p. 419.
[12] *Ivi*, p. 417.
[13] P. Mondrian, *Realtà naturale e realtà astratta*, cit. , p. 346.
[14] *Ivi*, p. 337.
[15] P. Mondrian, *De l'art abstrait, response de Piet Mondrian*, in *Cahiers d'Art*, n.VI, n. 1 1931, pp. 41-43.
[16] P. Mondrian , *Plastic art and pure plastic art and other essays*, 1941-1943, Wittenborn art book, 2008, p. 15.
[17] Ivi, p. 16.
[18] P. Mondrian, *De l'art abstrait, response de Piet Mondrian*, pp. 41-43
[19] *Ibidem.*
[20] *Ibidem.*
[21] *Ibidem.*
[22] R. De Fusco, *Storia dell'arte contemporanea*, Laterza, Bari 2010, p. 146.

Piet Mondrian
L'abero rosso, 1908
olio su tela, cm. 70 x 99

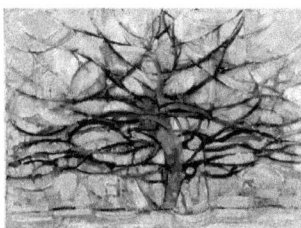

Piet Mondrian
L'abero grigio, 1911
olio su tela, cm. 78 x 107

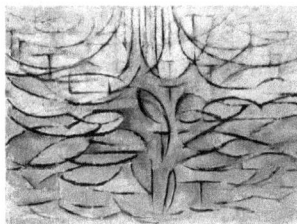

Piet Mondrian
Melo in fiore, 1912
olio su tela, cm. 78 x 106

Piet Mondrian
Composizione 14, 1913
olio su tela, cm. 86 x 75

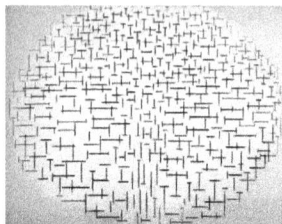

Piet Mondrian
Molo e oceano, 1915
olio su tela, cm. 85 x 108

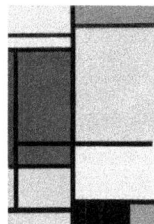

Piet Mondrian
Composizione blu, 1917
olio su tela, cm. 50 x 44

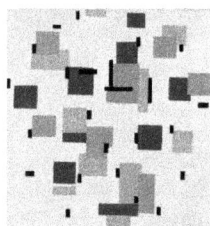

Piet Mondrian
Scacchiera, 1919
olio su tela, cm. 84 x 102

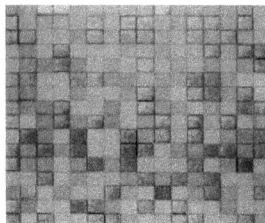

Piet Mondrian
Composizione con rosso, blu, nero, giallo e grigio, 1921
olio su tela, cm. 76 x 52

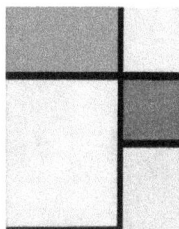

Piet Mondrian
Composizione n. II con rosso e blu, 1929
olio su tela, cm. 40 x 32

Piet Mondrian
Composizione in rosso, blu e giallo, 1937-42
olio su tela, cm. 40 x 32

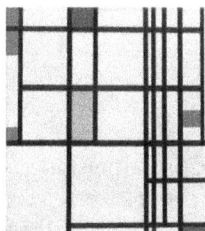

Piet Mondrian
Broadway Boogie Woogie, 1942-43
olio su tela, cm. 127 x 127

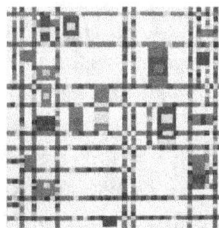

Theo van Doesburg,
Contro-Cmposizione XIII, 1925–26
olio su tela, cm. 50 x 50

Il Costruttivismo

1. *Vladimir Tatlin*

1.1 *I rilievi pittorici*

Vladimir Tatlin (1885-1953) è la figura di riferimento del Costruttivismo russo. Si forma fra il 1900 e il 1910 come pittore di icone; successivamente lavora come marinaio e carpentiere. Esordisce come artista d'avanguardia nell'ambito del *cubo-futurismo*. Nel 1914 si reca a Parigi dove visita lo studio di Picasso, il quale lavorava in quel periodo alle sue prime composizioni in altorilievo.

Di ritorno a Mosca realizza i «rilievi pittorici». Sono la combinazione di materiali "poveri" (legno, tela, corda, lamiera, ecc.), assemblati su una base di legno. L'approccio costruttivista di Tatlin si rivela già in queste sue prime opere astratte, che esibiscono provocatoriamente la loro natura di «*materiali reali nello spazio reale*», radicalizzando l'idea cubista del "quadro-oggetto". Si tratta di una presa di posizione contro lo spazio «altro» della pittura, non solo nel senso dello spazio illusionistico della prospettiva, ma anche del «vuoto» suprematista popolato solo dalla pura sensibilità plastica. L'opera d'arte è per Tatlin costruzione nello spazio della realtà e non rappresentazione in uno spazio illusorio. In questo mutamento dell'idea di spazio, affermato in modo perentorio da Tatlin, Clement Greenberg riconosce il momento chiave del passaggio dall'arte figurativa a quella astratta: "*Il quadro ora è diventato un oggetto di un ordine spaziale che è letteralmente lo stesso dei nostri corpi, e non più il veicolo di un equivalente immaginato di quell'ordine. Ha perso il suo "interno" ed è diventato quasi tutto "esterno", tutta la superficie del piano. Lo spettatore non può fuggirvi dentro, dallo spazio in cui si trova; al contra-*

rio, il quadro astratto, o quasi astratto lo restituisce a quello spazio con tutta la sua brutale "letteralità" [...] E' dunque il linguaggio spaziale della pittura astratta che causa la maggior parte dell'insoddisfazione che proviamo nei suoi confronti, non l'assenza in sé di immagini riconoscibili?[1].

Anche la scelta di materiali "poveri" è una presa di posizione polemica contro l'idea tradizionale di arte; esprime un punto di vista materialista contro la tradizionale esaltazione della dimensione «sacrale» dell'opera d'arte, secondo una concezione idealista ed elitaria.

1.2 I controrilievi

Alla mostra *"0,10. Ultima mostra futurista"*, del 1915, Tatlin presenta i suoi «rilievi pittorici», insieme a opere di un nuovo tipo, i "controrilievi" e i "controrilievi angolari".

I controrilievi sono ancora assemblaggi di materiali ordinari, ma qui il fondo, cioè la base in legno, ultimo residuo di un piano di proiezione, è scomparso. I controrilievi sembrano fluttuare nello spazio sfidando la forza di gravità, a dispetto del peso evidente del materiale. Ingegnosi sistemi di cavi metallici e funi mantengono le strutture lontane dal muro o sospese nell'angolo fra due pareti. La sperimentazione introdotta con i rilievi pittorici è qui sviluppata con coerenza. L'opera guadagna, anche in senso fisico, la sua indipendenza e lo statuto di "oggetto reale nello spazio reale". Il sistema di sospensione e di ancoraggio alle pareti, ribadisce inoltre la concezione dell'oggetto come costruzione tecnica, «macchina», per quanto priva di scopo pratico.

Nella stessa mostra Malevich presentava il suo «*Quadrato nero su fondo bianco*». Tatlin e Malevich sono personalità antitetiche e la polarizzazione delle tendenze dell'astrattismo russo già si manifesta in questa mostra collettiva, nella quale le opere dei suoi capofila sono collocate in sezioni separate.

Dopo la rivoluzione del 1917, Tatlin assume un ruolo attivo nella riorganizzazione delle istituzioni artistiche nella nascente società comunista. I suoi *rilievi pittorici* e *controrilievi* rivelano ora tutta la loro valenza «politica» , come negazione della concezione «borghese» dell'arte intesa come «autoespressione», e perentoria affermazione dell'arte come "lavoro" basato su valori oggettivi. Tatlin insegnò nei nuovi istituti di formazione artistica, prima a Mosca fra il 1918 e il 1920 e poi a San Pietroburgo, fra il 1919 e il 1924. In qualità di membro della *Commissione per i musei* contribuì alla nascita, nel 1923, del *Museo della cultura artistica* a San Pietroburgo, il cui scopo non era esibire i prodotti dell'arte del passato, ma costituire un centro di riferimento per la sperimentazione nel campo dell'arte contemporanea. Il museo fu organizzato secondo l'orientamento dominante nell'*Istituto di cultura artistica di Mosca (Inchuk)* dove, a seguito di un acceso dibattito, erano state emarginate le teorie psicologiste ed espressioniste di Kandinskij (il suo primo direttore), a favore dei principi materialistici e politicamente impegnati di Rodchenko e del circolo costruttivista di Mosca.

1.3. *Il Monumento alla Terza Internazionale*

Il materialismo di Tatlin non esclude affatto la dimensione comunicativa e simbolica. Emblematico a questo proposito è il progetto per il *Monumento alla Terza Internazionale*, realizzato in risposta al *Programma di Propaganda Monumentale* lanciato da Lenin del 1918 con lo scopo di sostituire ai monumenti eretti in onore dello Zar, nuove opere che celebrassero la rivoluzione socialista.

Del 1919 sono i bozzetti preparatori a cui segue, nel 1920, un modello in legno alto sette metri.

Tatlin immagina una struttura in ferro di oltre quattrocento metri di altezza, costituita da una doppia spirale avvolgentesi attorno a un traliccio inclinato. Questa struttura avrebbe dovuto ospitare al suo interno, come sospesi, tre corpi vetrati con funzioni diverse.

Ciascuno di tali corpi doveva girare su se stesso con una velocità propria: il superiore, cilindrico, avrebbe compiuto un giro completo in un giorno ed era destinato a ospitare i centri d'informazione e stampa; si concludeva in alto con una stazione radio emisferica le cui antenne svettavano alla sommità del monumento; il corpo intermedio, piramidale, con un ciclo di rotazione di un mese, avrebbe ospitato le funzioni esecutive di governo; quello inferiore, cubico, con un ciclo di un anno, sarebbe stato la sede dell'assemblea legislativa.

L'edificio, nel suo insieme funzionava, materialmente e simbolicamente, come una gigantesca "emittente" che, procedendo dalla base alla sommità, trasformava i principi del comunismo in leggi, atti decisionali e infine in messaggi diffusi in tutto il mondo attraverso le sue antenne e materializzati visivamente da un sistema di proiezioni luminose colorate, che avrebbe prolungato idealmente la torre nello spazio.

All'estetica astratta e industriale, legata all'ingegneria, si unisce qui una fortissima carica simbolica. Il vetro è simbolo della "trasparenza" delle nuove istituzioni. Il diverso periodo di rotazione dei corpi vetrati era il simbolo della volontà delle nuove istituzioni di assecondare il divenire della società secondo il ritmo di ciascuno dei suoi diversi ambiti. La doppia spirale sarebbe parsa provenire dalla terra e svilupparsi verso le stelle, simboleggiando il movimento progressivo di emancipazione dell'umanità, con un andamento che avrebbe richiamato allo stesso tempo la crescita organica delle forme naturali.

La torre, nel suo insieme, stabiliva relazioni non solo simboliche ma anche fisiche con la Terra. La sua altezza sarebbe stata una frazione esatta del meridiano terrestre; la sua inclinazione (la medesima dell'asse terrestre) la orientava verso la stella polare come una bussola che indica la direzione da seguire; il periodo di rotazione degli elementi trasparenti al suo interno corrispondeva a quelli astronomici del moto terrestre.

Sulla sommità sarebbe stato posto uno stendardo con questa esortazione: "*Ingegneri, create forme nuove*". Per Tatlin l'ingegnere doveva essere il vero protagonista della nuova arte costruttiva. Egli rappresentava la tecnica, la logica oggettiva, il mondo del necessario contro l'arte borghese intesa come "distrazione", arbitrarietà e fuga dalla realtà. Ma questo non significava negazione dello spirito creativo, e il tal senso la torre di Tatlin è anche simbolo della fiducia nelle illimitate potenzialità creative di una tecnica liberata dalla soggezione alla logica del profitto, ma anche, come vedremo, dai limiti di un "pensiero tecnico" sostanzialmente passivo e routinario.

1.4. *Design e Utopia*

Dopo la rivoluzione Tatlin abbandona l'arte "non applicata" e si dedica esclusivamente alla progettazione di oggetti di utilità sociale, realizzati rispettando rigorosamente la logica della costruzione e del materiale. Ma il suo approccio al design non è mai puramente tecnico-funzionale. L'utilità sociale poteva e doveva per lui manifestarsi a livelli diversi. Un progetto utopico come il Monumento alla Terza internazionale o quello per una stufa rispondevano allo stesso scopo: contribuire ad una vera e radicale "rivoluzione" che doveva compiersi contemporaneamente nei modi di pensare e nei valori, nell'organizzazione economica e sociale, nella vita quotidiana. Così una carica "utopica" animava anche la progettazione degli oggetti d'uso più comuni.

Tatlin si dedicò in particolare a quei campi del design in cui la dimensione costruttiva e il rapporto diretto con il materiale sono essenziali. Progettò sempre con un approccio sperimentale, cercando di impostare il problema da capo, senza farsi condizionare dalle soluzioni tradizionalmente accettate e cercando di immaginare forme nuove di uso. Fra i suoi progetti ricordiamo una stufa con massimo rendimento, un cappotto con fodere staccabili per essere utilizzabile in varie condizioni climatiche, una sedia in legno curvato capace di flettersi con il peso e il movimento della persona seduta, quasi un prolungamento naturale del suo corpo.

Il *Letatlin* è il progetto che meglio esprime il suo approccio al design. Si trattava di un aliante per il volo singolo (una sorta di deltaplano) realizzato assemblando svariati materiali: pergamena, sughero, cavo d'acciaio, legno e osso di balena (quest'ultimo destinato a conferire maggiore robustezza nei punti di giunzione della struttura, sollecitati maggiormente). Il nome nasce dalla combinazione del nome Tatlin con la parola russa "let" che significa «volo». Tatlin basò la progettazione del *Letatlin* sullo studio del volo e della struttura di uccelli e insetti e ne realizzò vari prototipi fra il 1929 e il 1933.

La logica costruttiva, il rispetto delle qualità del materiale, e il fine dell'utilità sociale erano applicati qui a un bisogno immateriale e spirituale: in definitiva al desiderio di libertà che il volo aveva sempre incarnato. Scrive Tatlin *"il sogno è vecchio quanto Icaro... anch'io volevo restituire all'uomo la sensazione del volo. Questa ci è sottratta dal volo meccanico dell'aeroplano. Non possiamo sentire il movimento del nostro corpo nell'aria".* Come in Malevic, anche in Tatlin, la libera espansione della sensibilità nello spazio, il volo, ritorna come simbolo di libertà da vecchi condizionamenti, di un rinnovamento della società e dei modi di pensare; ma il fluttuare delle forme colorate nel vuoto bianco dei quadri suprematisti, in Tatlin si fa possibilità concreta di volare, a disposizione di tutti.

Questo progetto è l'emblema dell'approccio insieme materialista e visionario di Tatlin al design: "sperimentazione" radicata nel materiale, nella tecnica costruttiva e nella funzione, ma allo stesso tempo aperta all'utopia.

La presenza di una componente ulteriore (definibile a seconda dei casi, utopica, simbolica, espressiva ecc.) oltre quella costruttiva funzionale è per De Fusco la caratteristica distintiva del Costruttivismo sovietico. Scrive De Fusco a tal proposito: *"Ma che cosa in definitiva contrassegna il Costruttivismo? Non la fondazione di uno stile come vogliono gli Olandesi, né la ricerca di una integrazione fra qualità e quantità come vogliono i Tedeschi che vivono nel paese più industrializzato, ma la realizzazione della già citata formula utilitarismo + rappresentatività. Tatlin e compagni nutrono, accanto a quella funzionale, anche l'esigenza della monumentalità, di una valenza ideologico-espressiva, di un "qualcos'altro" derivante dal clima rivoluzionario. Ed è probabile che proprio questa componente simbolico-semantica li renderà sospetti di eresia quando la Rivoluzione entrerà nella ben nota fase burocratica e accademica, quando fra avanguardia culturale e politica si creerà quel divario non ancora colmato".*[5]

Mentre gli olandesi del De Stijl cercano lo Stile e i tedeschi della Bauhaus una integrazione fra qualità e quantità, i costruttivisti russi nelle loro opere astratte introducono una carica ideologico-espressiva, una componente simbolico-semantica che produce una singolare tensione con la matrice formalista del movimento.

Come nota De Fusco, questa forte attenzione alla valenza simbolica della forma, si collega direttamente al clima rivoluzionario. In quel momento ogni gesto, ogni oggetto quotidiano diventavano il simbolo di un nuovo inizio, di un modo nuovo di intendere i rapporti fra gli uomini, e degli uomini con le cose. Ogni gesto aveva una dimensione "fondativa", voleva recare in sé la memoria di questo inizio, farsi "monumento" (etimologicamente "ciò che ci fa ricordare"). Così in quel periodo iniziale della rivoluzione, se il monumento si assimila a un oggetto utilitario carico di valenza simbolica e rappresentativa, all'inverso l'oggetto utilitario reca in sé una dimensione monumentale.

1.5 *Pensare la complessità*

L'articolo *L'arte verso la tecnologia?* pubblicato nel catalogo della sua mostra tenutasi a Mosca nel 1932, in cui vengono esposti i disegni e modelli del *Letatlin*, chiarisce quanto la posizione di Tatlin sia distante da una positivistica e ingenua mitizzazione della Tecnica e della figura dell'ingegnere.

Tatlin non intende affatto rinunciare alla creatività, ma ridefinirla: essa non è più invenzione gratuita, ma "pensiero della complessità" applicato alla progettazione di oggetti socialmente utili. Ciò implica definire in maniera corretta il rapporto fra Arte e Tecnica. La "morte dell'arte", il dedicarsi da parte degli artisti alla produzione di oggetti utili, non vuol dire per Tatlin abdicare alla creatività, assoggettandosi alla tecnica e alla prassi routinaria dell'ingegnere. Significa invece immettere nel pensiero tecnologico una dimensione sperimentale e creativa che solitamente gli manca. Significa creare forme nuove per meglio rispondere ai bisogni nuovi della società. Scrive Tatlin" *L'approccio dell'artista alla tecnologia può conferire nuova vita ai metodi di lavoro stagnanti dell'ingegnere, che sono oltretutto, in contraddizione con le funzioni dell'epoca della ricostruzione.*", ossia un'epoca che ha la possibilità e la necessità di sperimentare in ogni campo.

Agli ingegneri imputa una sorta di pigrizia mentale, una mancanza di creatività che si riflette sul piano formale, nella monotonia di strutture con "*un carattere chiuso e schematico. Normalmente si assiste al gioco fra semplici forme rettilinee e altre curve, altrettanto semplici*". Anche quando gli architetti moderni hanno adottato il linguaggio della tecnica non sono andati oltre questo tipo di forme che riflettono impostazioni "*primitive del pensiero artistico. L'effetto finale è "monotonia nelle soluzioni tecniche e costruttive; ciò finisce per chiudere l'artista, nell'ambito di un uso dei materiali, a quelli già noti*". Tatlin rifiuta quella sorta di passiva mìmesi delle forme dell'ingegneria che caratterizza un certo modernismo.

Occorre "*un tipo di pensiero, più complesso, sintetico e vitale*", capace di gestire la complessità delle relazioni fra i livelli diversi che coesistono nell'oggetto: il materiale, la dinamica delle tensioni, la funzione, ecc. e che sia in grado di produrre le forme nuove in cui questi trovano una sintesi. Solo questo nuovo pensiero capace di affrontare in modo creativo i problemi posti dalla tecnica, dal materiale e dalla funzione, sarà *"capace di comprendere il principio fondamentale "dell'organica connessione fra materiale e concentrazione delle forze, In realtà è solo come risultato di una certa somma di relazioni dinamiche che una forma emerge con carattere di necessità in un contesto vitale"*.

Una nuova figura di progettista è delineata da Tatlin, oltre la dicotomia ottocentesca fra artista e ingegnere. Il progettista moderno deve essere in grado di pensare l'oggetto nè come pura forma, nè come mera soluzione tecnica, ma come sintesi di relazioni complesse.

Il campo aeronautico interessa Tatlin proprio perché qui il problema dell'elaborazione della forma si connette direttamente e strettamente con quello dello studio delle tensioni del materiale. Forme nuove, come superfici a curvatura variabile, determinate da movimenti complessi di rotazione, possono nascere da questo approccio.

Il progetto del *Letatlin* si iscrive in questa ricerca. Nel tema della macchina volante individuale convergono una nuova concezione della creatività come forma di "pensiero complesso" e utopia sociale: il *Letatlin* presenta la forma dinamica più complessa, ma allo stesso tempo *"può divenire un oggetto d'uso quotidiano per le masse sovietiche"*.

2. La galassia costruttivista

2.1. Il Costruttivismo in Russia

Lo sviluppo del Costruttivismo, nato in Russia dopo la rivoluzione del 1917, si lega alle sperimentazioni di Tatlin, Pevsner, Gabo, Rodchenko, Lissitzky e dei fratelli Steinberg.

L'anno del trionfo del Costruttivismo è il 1920, quello in cui Tatlin realizza il grande modello in legno del Monumento per la III Internazionale e in cui si aprono due scuole il cui orientamento didattico sarà connotato in senso costruttivista: l'*Inchuk* (Istituto di cultura artistica) e il *Vchutemas* (Ateliers tecnico-artistici superiori).

I primi gruppi costruttivisti si formarono all'interno della sezione di arte monumentale dell'*Inchuk*. Questo istituto fu diretto inizialmente da Kandinsky il quale, in base alla propria concezione astratto-e-spressionista, mirava a sottoporre l'operazione artistica a un'indagine psico-fisiologica che consentisse di definire un codice linguistico astratto capace di dare espressione a un contenuto spirituale. Questo orientamento fu ben presto osteggiato dagli studenti raccolti attorno ad Aleksandr Rodchenko: si formò, all'interno dell'Istituto, una corrente dissidente che nel novembre del 1920 si costituì come *Gruppo di lavoro di analisi oggettiva*. Ciò portò alle dimissioni di Kandinsky nel gennaio del 1921.

Il gruppo di Rodchenko contrapponeva alla visione di Kandinskij (giudicata come ancora legata al simbolismo di fine Ottocento e alla concezione borghese dell'arte come espressione individuale), l'idea dell'arte come lavoro costruttivo, alieno da implicazioni emotive e spiritualistiche, funzionale alle esigenze della società. Tale indirizzo aveva le sue radici nel lavoro avviato da Tatlin alcuni anni prima.

Le tesi costruttiviste furono sviluppate nelle sperimentazioni didattiche condotte nell'ambito dell'*Inchuk* e del *Vchutemas*. Per i limiti del contesto economico e produttivo, l'esperienza del movimento costruttivista in Russia è rimasta per lo più allo "stadio del laboratorio", riuscendo a ottenere risultati concreti in termini produttivi solo nel campo tessile e della ceramica.

Già nel 1920 avviene la prima scissione del gruppo costruttivista, con i fratelli Pevsner da un lato e i "produttivisti" vicini a Tatlin, dall'altro. Per tutti l'arte era "lavoro tettonico", cioè costruttivo e non rappresentativo, ma divergevano le visioni riguardo al ruolo sociale dell'arte.

Con il *Manifesto del realismo* (1920) i fratelli Antoine e Naum Pevsner (quest'ultimo noto con lo pseudonimo di Naum Gabo) riaffermano lo spirito del Costruttivismo, come arte della costruzione radicata nello spazio concreto della vita e non in quello fittizio della rappresentazione. Ma ciò non li porta a dissolvere l'arte nell'utile, nella tecnica, ma a immaginarla come una presenza diffusa nella realtà dello spazio sociale, dimensione essenziale in una società che volesse essere veramente creativa in ogni campo. "*L'arte dovrebbe assisterci dovunque la vita trascorre e agisce: al banco, a tavola, al lavoro, in riposo, al gioco, nei giorni feriali e in vacanza, a casa e nella strada, in modo che la fiamma del vivere non si estingua nell'umanità*". I due artisti realizzano costruzioni in vetro, plastica, fili e lamiere il cui tema è la sperimentazione di "ritmi cinetici" (contrapposti ai "ritmi statici" dell'arte tradizionale), riconosciuti come *"forme basilari della nostra percezione del tempo reale"*[3], sintesi di spazio e tempo.

Il riferimento alla tecnica dell'ingegnere e l'impegno diretto al servizio della nuova società comunista sono invece centrali per il Gruppo Produttivista, orientato non all'autonoma ricerca formale, ma ad una trasformazione dell'ambiente fisico e sociale, coerente con il progetto politico comunista. Per esso solo l'arte utile (il design, l'architettura, la grafica, ecc.) ha ancora diritto di esistere e la logica tecnica dell'ingegnere deve farle da guida. Va riconosciuto che la mitizzazione della tecnica e della figura dell'ingegnere era una tentazione forte nella fase storica in cui la Russia guardava all'industrializzazione a tappe forzate dell'economia e alla meccanizzazione del lavoro agricolo, come un passaggio urgente e imprescindibile per la trasformazione in senso socialista della società. Nel programma del Gruppo Produttivista, redatto nel 1920 da Rodcenko e Stefanova, scritto pochi mesi dopo il *Manifesto del realismo*, si legge: *"Compito del gruppo produttivista è l'espressione comunista del lavoro costruttivo materialista. Il gruppo si occupa della soluzione di tale problema basandosi su ipotesi scientifiche e sottolineando la necessità di sintetizzare l'aspetto ideologico e formale in modo da indirizzare il lavoro sperimentale sulla via dell'attività pratica"*. Il programma si conclude con le seguenti parole d'ordine:

« *1. Abbasso l'arte, viva la tecnica.*

2. La religione è menzogna, l'arte è menzogna.

3. Si uccidono anche gli ultimi resti del pensiero umano, legandolo all'arte.

4. Abbasso il mantenimento delle tradizioni artistiche, viva il tecnico costruttivista.

5. Abbasso l'arte, che solo maschera l'impotenza dell'umanità.

6 L'arte collettiva del presente è la vita costruttiva!»[4]

I costruttivisti organizzano a Mosca, nel 1921, due esposizioni: la mostra dell'associazione *Obmokhou* e quella dal titolo *"5x5=25"*. Nel 1930 la decisione di chiudere il *Vchutemas*, sancisce ufficialmente la fine dell'alleanza fra Costruttivismo e politica culturale del regime.

2.2 Suprematismo e Costruttivismo

Le due principali correnti dell'avanguardia russa, il Suprematismo e il Costruttivismo sono legate dalla comune matrice formalista e questo consente che si stabiliscano tra di esse molte convergenze, nonché il passaggio di artisti dall'una all'altra.

I "padri" dei due movimenti, Malevich e Tatlin, compiono un percorso iniziale simile: partiti dall'esperienza cubo-futurista approdano allo spazio tridimensionale e all'architettura. Inoltre in entrambi vi è un costante riferimento alla sensibilità, a un "sentimento creatore", anche se alle implicazioni filosofiche del Suprematismo di Malevic, Tatlin contrappone un approccio materialista e sperimentale.

Ciò che distingue nettamente Malevich da Tatlin e, in generale, il Suprematismo dal Costruttivismo è la posizione riguardo al tema dell'utilità sociale e della tecnica. L'utilità sociale e la tecnica sono al centro dell'attenzione dei costruttivisti (con sfumature non irrilevanti che vanno dal "pensiero complesso" e dalla carica utopica di Tatlin, alla positivistica mitizzazione della tecnica dell'ingegnere in alcuni produttivisti). Per il Suprematismo, invece, la tecnica e in generale la dimensione dell'utile sono solo una concretizzazione storicamente relativa della sensibilità. Quindi è dalla sensibilità umana come dato permanente e non da una meccanica assunzione dei vincoli sempre variabili della tecnica e della funzione, che ogni attività produttrice di "forme" deve partire.

2.3 L'Internazionale costruttivista

Suprematismo, Costruttivismo e Neoplasticismo conoscono, negli anni Venti, una larga diffusione, in Europa centrale e in particolare in Germania. Artisti, gruppi e scuole ne adottano, riformulano e fondono le sollecitazioni dando vita a una vera e propria "Internazionale costruttivista», rinsaldata da incontri, redazione di manifesti in comune e pubblicazione di riviste.

Il Costruttivismo internazionale nasce ufficialmente nel maggio del 1922, al *Congresso internazionale degli artisti progressisti* di Dusseldorf, soprattutto grazie all'impegno di Theo Van Doesbourg (che rappresentava la rivista *De Stijl*), del tedesco Hans Richter (che rappresentava i gruppi costruttivisti di Romania, Svizzera, Scandinavia e Germania) e del russo El Lizzitzky (della rivista *Vesch - Oggetto*)

La dichiarazione comune di intenti fu pubblicata lo stesso anno sul n.4 della rivista *De Stijl*. In essa si affermava l'opposizione nei riguardi della soggettività in arte (la cosiddetta *"tirannia dell'individuale"*), l'impegno per una *"sistematizzazione dei mezzi espressivi"*, e l'idea dell'arte come *"metodo di organizzazione che si applichi alla totalità della vita"* e *"strumento di progresso universale"*. Nel Settembre del 1922 il gruppo pubblicò il *Manifesto del Costruttivismo internazionale*.

La Germania, anche per la sua collocazione geografica, al centro dell'Europa, fra Olanda e Russia, fu il cuore di questo rinnovamento, punto di scambio e di incrocio delle correnti astrattiste. Importanti in questo stabilirsi di relazioni a scala europea, furono i frequenti soggiorni in Germania di Theo van Doesbourg e di EL Lissitzky, oltre alle grandi mostre internazionali, fra cui la *Prima mostra dell'arte russa* tenutasi a Berlino nel 1922.

La Bauhaus di Gropius, dopo un esordio in chiave espressionista, fortemente segnato dalla figura di Johannes Itten, si orienta verso il Costruttivismo. Anche artisti della generazione espressionista, come Kandinsky e Klee evolvono verso una maggiore attenzione alla dimensione costruttiva del dipinto. Tuttavia, per il passaggio della Bauhaus alla "fase costruttivista", è decisivo l'arrivo a Weimar di Van Doesbourg e dell'ungherese Lazlo Moholy-Nagy. Il primo opererà al di fuori della scuola, mentre, il secondo ne diventerà insegnante a partire dal 1923.

2.4. *El Lissitzky e il "Proun"*

El Lissitzky (1890-1941), architetto, pittore, grafico, fotografo, fu una figura di primo piano della "Internazionale Costruttivista". Viaggiò spesso fuori della Russia partecipando ad associazioni, mostre collettive, iniziative editoriali.

Determinante per lui fu il rapporto, fra il 1919 e il 1921, con Malevich, presso la scuola d'arte di Vitebsk, dove entrambi insegnarono nel momento di massimo successo del Suprematismo.

Lissitzky fece parte del gruppo UNOVIS e adottò con entusiasmo il Suprematismo come grammatica a partire dalla quale sviluppare la progettazione nei più diversi campi.

Il potenziale generativo, virtualmente illimitato, del linguaggio suprematista suggerisce a Lissitzky la creazione del concetto di *Proun*, da lui introdotto nel 1919 ed illustrato in un testo del 1920-21[6] e successivamente in un articolo pubblicato nel numero di *De Stijl* del giugno 1922[7].

L'origine del termine *Proun* non è mai stata chiarita da Lissitzky. Un modo utile per comprendere cosa fosse il *Proun* è pensarlo come un "meta-oggetto", un'idea nuova di oggetto, da cui possono nascere oggetti di ogni tipo. Dunque Lizzitsky, per rinnovare radicalmente il mondo degli oggetti, ritiene necessario rinnovare prima di tutto il nostro modo di pensare l'oggetto in quanto tale.

Concretamente i *Proun* di Lissitzky sono disegni, stampe e dipinti nei quali le forme piatte dei dipinti di Malevich diventano volumi e le sue composizioni bidimensionali diventano ambigue viste assonometriche, capaci di evocare architetture fluttuanti nello spazio.

I *Proun* sono "oggetti suprematisi", allo stesso tempo architettura, design, pittura e grafica, una forma innovativa pensiero costruttivo suscettibile di applicazione in ciascuno di questi campi. Lissitzky afferma che il *Proun* è una *"stazione di transito fra pittura e architettura*[8]*"* , o anche che il *Proun* «*inizia come una superficie piana, si trasforma in un modello dello spazio tridimensionale e prosegue con la costruzione di tutti gli oggetti del vivere quotidiano"*[9].

Nell'articolo pubblicato su *De Stijl*, Lizzitsky riafferma la posizione di fondo del costruttivismo: *"L'artista, da riproduttore si è trasformato in costruttore di un nuovo universo di oggetti*[10] e dichiara che il termine *Proun* indica *"la costruzione di una nuova forma"*[11]. Per Lizzitsky questa nuova idea si annuncia già negli sviluppi della matematica e della fisica contemporanea, dove ormai si parla di funzioni e non di oggetti, di variabili e non di numeri; lo spazio di queste scienze non è quello euclideo tridimensionale e statico, popolato di oggetti concreti (numeri, oggetti geometrici), ma è invece uno spazio pluridimensionale, dinamico e astratto in cui sussistono solo relazioni fra variabili; ogni entità concreta è in realtà definita da una funzione. *"Il rapporto delle grandezze è proporzione, la dipendenza è l'essenza delle funzioni. I rapporti possono ingrandirere ridursi. Le funzioni possono solo trasformarsi. E' questa l'essenza del contrasto fra il vecchio e il nuovo mondo, tra le vecchie e nuove forme plastiche. Ogni proporzione presume una costanza dell'elemento (gli ordini classici), ogni trasformazione presume una variabilità (suprematismo). Le opere della vecchia arte si possono ingrandire o ridurre, la nuova arte, si può trasformare"*[12]. Secondo Lizzitsky l'universo moderno è "trasformazionale" e non più "proporzionale" come quello classico.

Malevich, con il suprematismo, era stato, secondo Lizzitsky, il primo a compiere in pittura il passaggio a questa nuova visione non oggettiva, ma "trasformazionale" dello spazio. Il *Proun* è lo sviluppo della ricerca suprematista oltre la pittura in direzione dello spazio reale. *"Oggi stando nello spazio su queste impalcature, dobbiamo incominciare a caratterizzarlo. Il vuoto, il caos, l'irrazionale, diventano spazio, cioè ordine, determinatezza, natura, se introduciamo in esso i segni caratterizzanti di un certo tipo e in proporzione determinata in e tra di loro. La costruzione e la scala dei segni caratterizzati conferiscono allo spazio una determinata tensione. Cambiando i segni caratterizzanti cambiamo la tensione dello spazio, che è costituito da uno stesso e medesimo vuoto."*[13]

Il Proun è una realtà dinamica e aperta, non chiusa e statica; un oggetto definito da una regola di trasformazione (da una "funzione" in senso matematico) e non da una forma. Questa pertanto non è più intesa come limite che individua e separa, ma realtà che evolve secondo una certa regola. Il *Proun* è una forma, che ha in sè il principio dellla trasformzaione e si crea nel momento stesso in cui si appropria dello spazio. In questa concezione e implicita una valenza politico-sociale: il *Proun* intende anticipare e contribuire a costruire un futuro in cui gli uomini possano sperimentare nuove dimensioni di libertà, movimento e attiva partecipazione al mondo.

Ma come si passa dal *Proun* (disegno o dipinto che sia) alla realtà? In altri termini come questa ricerca «di base», puramente astratta, consente di pensare e sperimentare relazioni che possano valere anche nello spazio reale e con i materiali concreti dell'architettura?

Lissitzky risponde che in pittura le tensioni dinamiche fra le parti dell'oggetto derivano dall'energia del colore (il "materiale" della pittura), e che il *Proun* (inteso come immagine disegnata) usa i colori come una sorta di "misuratore" di quelle relazioni che in un'architettura si possono produrre in modi diversi. «*La forza del contrasto o l'accordo di due gradazioni di nero, di bianco o di grigio può render l'accordo o il contrasto di due materiali tecnici, come per esempio l'alluminio e il granito o il cemento e il ferro. Questa analogia di rapporti si estende ulteriormente a tutti i campi dell'arte e della scienza. Il colore diventa un "barometro" del materiale e conduce ad elaborazioni completamente nuove*"[14].

In definitiva, secondo un approccio suprematista che richiama le posizioni di Malevic è la sensibilità incarnata nella nuova idea di forma con le sue tensioni e la sua energia, che genera non solo la funzione concreta (come funzione pratica, destinazione d'uso), ma anche il materiale. «*Così il Proun dà origine, attraverso una nuova forma, ad un nuovo materiale. Se tale forma non può essere per esempio realizzata col ferro potrà esserlo però con uno dei vari tipi di acciaio esistenti, o con un acciaio che ancora non esiste, non essendosene ancora presentata la necessità. Così il progettista del propulsore ad elica sapeva che in laboratorio i tecnici avrebbero trovato un materiale adeguato alle esigenze statiche e dinamiche della forma data*[15].

Tipicamente suprematista è quella sorta di autonomia e priorità che viene attribuita da Lissitzky alla dimensione della sensibilità, rispetto alla funzionalità, quando afferma: «*Il Proun fa nascere l'esigenza dell'utilità. Lo scopo è ciò che rimane dietro di noi. La creazione compie la realtà e diventa esigenza. La forma del Proun è di creare degli scopi. In questo sta la libertà dell'artista di fronte alla scienza*"[16]. Ritorna alla mente la professione di fede anti-funzionalista di Malevich quando, pochi anni prima, aveva affermato che l'origine dell'aeroplano è nella sensazione della velocità che ha cercato di prendere forma e non nella necessità di «*spedire lettere commerciali fra Berlino e Mosca*». Lissitzky non nega il criterio della corrispondenza della forma allo scopo, ma per lui (sulle orme di Malevich) non è la forma che nasce dalla funzione, ma la funzione a nascere dalla forma, o più precisamente dal bisogno che la sensibilità ha di concretizzarsi in una forma; un bisogno che è ancora una «funzione», ma di ordine superiore e più universale rispetto a ogni funzione particolare storicamente determinata.

Definendo la nuova figura di progettista, Lissitzy intende andare oltre l'artista tradizionale, ma anche oltre l'ingegnere, essendo entrambe le figure il frutto di una dicotomia tipicamente ottocentesca, non più accettabile, fra campi e dimensioni della cultura e della realtà che non possono essere separati. Se del primo rifiuta l'individualismo, l'idea dell'arte come espressione soggettiva, dell'altro rifiuta la mentalità sostanzialmente passiva, abituata ad applicare a problemi nuovi soluzioni già note, insomma la mancanza di creatività. In questo vi è piena concordanza con la posizione di Tatlin.

La capacità di sintesi, la creatività, il coraggio di uscire dai binari tracciati dalla consuetudine, sono qualità tipiche dell'artista necessarie-all'ingegnere tanto quanto la competenza, per affrontare i temi sempre più complessi posti dall'evoluzione della società. Lizzitsky lo dichiara con convinzione *"il nostro tempo possiede una quantità rilevante di componenti nuove le cui proprietà meccaniche e dinamiche sono anch'esse nuove. E le linee della loro conformazione funzionale, i nuovi obbiettivi, debbono essere tracciate in una forma nuova. Questa forma nuova la costruiscono coloro che sono stati pittori. Perché tra tutti i produttori di cultura ad essi, più che ad altri, è riuscito di uscir fuori dal vecchio, che era divenuto una pelle troppo angusta per svilupparsi liberamente"*[17].

Riassumendo. Nell'accanito dibattito sul rapporto fra Arte e Società che si svolge nei circoli costruttivisti, Lizzitsky afferma che il valore autenticamente rivoluzionario dell'arte è in una ricerca che modifichi il modo di concepire gli oggetti. E' questo, come abbiamo cercato di mostrare, il senso del *Proun*. E' questa priorità e autonomia di una ricerca priva di scopo immediato, ma capace di aprirci a un nuovo modo di concepire il nostro rapporto con lo spazio e con le cose, che differenzierà sempre il «Costruttivismo» di Lissitzky dal «produttivismo» di Rodchenko. Lizzitsky afferma con enfasi il valore concretamente rivoluzionario di una ricerca come la sua: *"non possiamo sapere come si configurerà il mondo nuovo. Certo esso non sarà edificato né con le nostre nozioni né dalla nostra tecnica. Sarà edificato da una forza diritta ed esatta, come la via del sonnambulo dinanzi alla quale tutto il resto arretra ignominiosamente"*[18].

L'architettura restò sempre una parte importante dell'attività di Lissitzky, ma nessun suo progetto architettonico fu mai realizzato. Le sue più importanti realizzazioni in campo architettonico furono allestimenti espositivi. La cosiddetta *stanza Proun* fu allestita da Lissitzky a Berlino nel 1923, in occasione della *Grosse Berliner Kunstausstellung*. In essa il linguaggio suprematista è applicato allo spazio reale, trasformando una stanza di metri 3 x 3 in una singola e coerente opera d'arte. Forme astratte suprematiste erano applicate alle pareti bianche in modo da sollecitare una percezione dinamica, guidata in senso antiorario da elementi lineari che collegavano tra di loro le pareti successive. Il ritmo accuratamente calcolato degli elementi intendeva creare una esperienza spazio-temporale in cui i visitatori avrebbero letteralmente "camminato dentro l'immagine" in un suprematista vuoto bianco, nel quale fluttuavano forme astratte che stabilivano tra loro un libero gioco di relazioni rimandi e tensioni, a cui il visitatore stesso avrebbe partecipato.

Lissitzky applicò il linguaggio suprematista alla grafica, dimostrandone il potenziale comunicativo anche con riferimento a temi di attualità politica. Un esempio celebre è il manifesto di propaganda disegnato nel corso della Guerra Civile (1918-21), dal titolo «*Con il cuneo rosso batti i bianchi*», basato sul motivo geometrico di un triangolo rosso su fondo bianco che penetra in un cerchio bianco su fondo nero. La forma dinamica e tagliente del triangolo dal colore rosso (massimamente energetico) penetrava nella forma del cerchio, statica e priva di colore. Era evidente il significato politico: l'energia rivoluzionaria dei bolscevichi (i «Rossi») contro il tradizionalismo statico e reazionario delle truppe controrivoluzionarie dei «Bianchi».

Nel 1920 il collettivo UNOVIS pensò a un sistema basato su piattaforme mobili lungo un traliccio inclinato emergente da una base cubica, un'idea di forme dinamiche nello spazio capace di "suscitare" diversi possibili usi, seondo una logica tipicamente suprematista. A partire da questo concetto Lissitzky elaborò nel 1924 il progetto della *tribuna di Lenin*. Anche qui un chiaro messaggio politico era contenuto nella tensione in avanti della tribuna agganciata al traliccio e capace di sfidare le leggi della gravità; enfatico riferimento alla lotta fra il dinamismo del nuovo e l'inerzia del vecchio.

Forse il progetto architettonico più famoso di Lissitzky è quello per i "grattacieli orizzontali" o *Wolkenbügel* («nuvola di ferro»), per Mosca (1925). Qui il tema del *Proun* e dei piani fluttuanti nello spazio, liberi dalla soggezione alla gravità, portato a scala colossale, genera nuovi modi di abitare lo spazio della città.

2.5. *Aleksandr Rodchenko*

L'esempio di Malevich e di Tatlin, con le loro opere esposte alla mostra *0,10*, del 1915, fu per il giovane Rodchenko l'indicazione della strada da seguire, quella dell'arte astratta e costruttiva, ma è fin dall'inizio più attratto dal «materialismo» di Tatlin, che dal «misticismo» di Malevich.

Già nel 1916, con la sua partecipazione alla mostra *Magazin*, organizzata da Tatlin, si evidenzia quello che resterà un tratto distintivo della sua idea di arte: la ricerca della massima oggettività.

Il rifiuto radicale e sistematico dell'arte come espressione individuale lo porta da subito ad escludere la dimensione soggettiva del "tocco" nella pittura o nel disegno, a favore di una realizzazione attuata attraverso l'intermediazione di un'apparecchiatura meccanica. Nella mostra *Magazin* espone una serie di disegni fatti di linee rette e curve (realizzate con la riga e con il compasso) che, intersecandosi, individuavano aree riempite con campiture di colore uniforme.

Oggettività per Rodchenko significa anche escludere, come già aveva fatto Tatlin, ogni rimando a uno spazio che non fosse quello reale, ogni allusione a una dimensione «altra» rispetto alla materialità concreta dell'opera. Così nel 1918, a Malevich che arriva alla massima smaterializzazione con la sua serie di *Bianco su bianco*, Rodchenko risponde con la serie *Nero su nero*, nella quale, invece, ad essere in evidenza è proprio la materialità della superficie pittorica. Ciò che distingue le varie figure, ottenute dalle intersezioni di cerchi di varie dimensioni, sono infatti le diverse textures e i diversi effetti di superficie ottenuti con l'impiego di varie pitture industriali di colore nero.

Fino a un certo momento permane ancora in tutti i costruttivisti la convinzione che l'opera d'arte possa essere un oggetto a sé stante, svincolato da ogni funzione pratica immediata. Nel maggio del 1921 ha luogo a Mosca la terza esposizione dell'*Obmokhou* (*Società dei giovani artisti*) che espone opere costruttiviste prive di finalità pratica. Rodchenko espone qui le sue *Costruzioni sospese*, realizzate a partire da una forma geometrica base (cerchio, quadrato, un triangolo, un esagono, ecc.) ritagliata in strisce concentriche di uguale larghezza e verniciate in alluminio per riflettere la luce. Una volta sospese al soffitto, queste forme assumono autonomamente configurazioni tridimensionali che fluttuano liberamente nello spazio riflettendo la luce. E' un passo ulteriore verso l'oggettività; qui la forma nasce quasi da sé, secondo una legge generativa che l'artista ha stabilito coerentemente con le caratteristiche del materiale.

Nella stessa direzione andavano già le sue *Costruzioni modulari*, del 1920. Anche qui sono le regole oggettive di assemblaggio degli elementi a definire le possibili conformazioni dell'oggetto.

Come abbiamo già ricordato, nel clima degli anni immediatamente successivi alla rivoluzione si fa sempre più forte il dibattito interno ai costruttivisti russi sul rapporto fra Arte e Società. Per alcuni, come Rodchenko, Tatlin, Popova, Vesnin, non bastava aver cambiato il modo di fare arte, ma doveva cambiare anche il ruolo dell'artista nella società. L'arte non poteva essere più pensata come un'attività svolta nell'"isolamento di un *atelier*, ovvero campo autonomo, separato dagli altri campi della produzione, (e non bastava nemmeno attribuirle una funzione propedeutica di «ricerca di base»). Il contributo creativo degli artisti doveva integrarsi direttamente nei diversi campi della produzione di oggetti utili per la società, all'interno di un sistema di lavoro collettivo e collaborativo: l'arte non doveva essere più speculazione estetica, ma una forma di lavoro.

Se Malevich aveva portato la pittura fino sull' «orlo dell'abisso», i produttivisti fanno il passo successivo e accettano di «morire» come artisti in senso tradizionale per diventare «designers», membri di gruppi di lavoro in fabbriche, istituzioni educative, teatri, laboratori, ecc. Nel clima dei primi anni della Rivoluzione, in una fase di sperimentazione che coinvolge, prima ancora che l'arte, l'intera società, sembra potersi attuare la prospettiva a cui in quegli stessi anni gli olandesi del De Stjil pensavano come a una possibilità proiettata in un più o meno utopico e lontano futuro: la «morte dell'arte» come campo di attività separato.

La mostra «*5x5=25*», del settembre del 1921, sancisce ufficialmente l'abbandono dell'attività artistica in senso tradizionale da parte di Rodchenko. Rendendo una sorta di ultimo e ambiguo omaggio alla pittura, egli espone un trittico costituito da tre monocromi nei colori fondamentali (giallo, blu e rosso) dal titolo «Ultimo dipinto», con il quale intende affermare che la pittura è «oggetto reale nello spazio reale» e in quanto tale, non è, alla fine, che un piano colorato. Nel 1939 Rodchenko, in un manoscritto dal titolo "*Lavorare con Majakovsky*", esplicita la sua intenzione iconoclasta: «*Ho portato la pittura alla sua logica conclusione e mostrato tre tele, rossa blu e gialla. Ho affermato: tutto è compiuto. Colori primari. Ogni piano è un piano e non c'è rappresentazione*».[19]

Questa mostra segna per Rodchenko anche la fine della fase «del laboratorio», quella in cui si elaboravano idee teoriche di oggetti e si esploravano nuove possibilità compositive e formali in astratto, lontano dalla realtà; d'ora in poi si tratterà di integrarsi nella produzione.

Vicino al teorico Alexei Gan e al poeta Maiakovsky, Rodchenko diventa dal 1921 capofila del gruppo produttivista. Progetta chioschi di propaganda, posters, copertine di libri, tessuti, arredi, costumi "socialisti", lavora per il cinema. Collabora regolarmente con Majakovsky per le copertine e le illustrazioni dei suoi libri. Disegna le copertine del periodico *Lef* (fronte di sinistra delle arti) e del suo seguito, *Novy-Lef*. Fra il 1923 e il 1925 progetta oltre 150 manifesti e confezioni di prodotti per compagnie di Stato.

Ebbe una grande eco il club operaio da lui progettato per il padiglione di Melnikov all'Esposizione delle arti decorative e industriali moderne di Parigi del 1925. il club era inteso non più come uno spazio privato e di élite, ma come uno spazio pubblico e aperto dove i lavoratori potessero rilassarsi e studiare fuori dell'orario di lavoro. Includeva aree per giochi, lettura, spazi per proiezioni cinematografiche e conferenze. L'ambiente comunicava un senso di oggettività, schiettezza, chiarezza, igiene, economia e organizzazione, in sostanza intendeva trasmettere l'immagine positiva della vita nella nuova società socialista. Alla logica costruttiva che guidava il disegno degli arredi corrispondevano la solidità del materiale (il legno) e una palette di colori limitata al bianco, nero grigio e rosso che unificava l'insieme e toglieva al legno ogni connotazione "naturalistica".

L'incontro con la fotografia è in un certo senso "nel destino" di Rodchenko. Si tratta di un mezzo a lui molto congeniale proprio per la sua natura «oggettiva», per il fatto cioè che la produzione dell'immagine avviene in modo «automatico», attraverso l'intermediazione di un'apparecchiatura. Ma la tecnica non esclude la creatività, anzi le dà sostanza e concretezza.

Lo scrittore e critico Viktor Šklovskij (fra i fondatori della scuola formalista) negli anni Venti sviluppava la teoria dello «straniamento», secondo la quale il principale scopo dell'arte era recuperare l'immediatezza dell'esperienza, rendendo non familiare ciò che è familiare, facendocelo vedere come per la prima volta.

Scrive Šklovskij: "*Se ci mettiamo a riflettere sulle leggi generali della percezione, vediamo che diventano abituali, le azioni diventano meccaniche [...] L'oggetto passa vicino a noi come imballato, sappiamo che cos'è, per il posto che occupa, ma ne vediamo solo la superficie. Per influsso di tale percezione, l'oggetto si inaridisce, dapprima solo come percezione, poi anche nella sua riproduzione [...] Così la vita scompare trasformandosi in nulla. L'automatizzazione si mangia gli oggetti, il vestito, il mobile, la moglie, la paura della guerra. Se tutta la vita complessa di molti passa inconsciamente, allora è come se non ci fosse mai stata. Ed ecco che per restituire il senso della vita, per "sentire" gli oggetti, per far sì che la pietra sia di pietra, esiste ciò che si chiama arte. Scopo dell'arte è di trasmettere l'impressione dell'oggetto come "visione", e non come riconoscimento: procedimento dell'arte è il procedimento dello "straniamento" degli oggetti e il procedimento della forma oscura che aumenta la difficoltà e la durata della percezione, dal momento che il momento percettivo, è fine a sé stesso e deve essere prolungato; l'arte è una maniera di "sentire" il divenire dell'oggetto, mentre il "già compiuto" non ha importanza nell'arte*"[20].

Nelle fotografie di Rodchenko avviene qualcosa di simile. C'è un'intenzione «politica» di liberazione dello sguardo dalle costrizioni e dalla passività dell'abitudine.

Molti dei suoi scatti ottengono questo risultato essenzialmente assumendo un punto di vista diverso da quello consueto (corrispondente alla nostra stazione eretta) e facendoci guardare la realtà da una prospettiva insolita. Le inquadrature sono dall'alto, dal basso, oblique, ecc. e così le foto ci appaiono prima di tutto come composizioni astratte, nelle quali riconosciamo soltanto in un secondo momento una certa scena o soggetto; la conseguenza è che le figure umane, l'ambiente e gli oggetti, vengono percepiti (contro ogni abitudine consolidata), prima di tutto come parti di una struttura astratta, come costruzione, rapporto fra linee, piani, volumi. La realtà viene percepita termini nuovi, "costruttivisti" e non più "naturalistici".

NOTE

[1] C. Greenberg, *Astratto e figurativo*, 1964, in *Clement Greenberg L'avventura del modernismo*, Johan e Levi, Milano, 2011, p. 104.

[2] V. Tatlin, *Iskusstvo v tekhniku*, 1932, nel catalogo della mostra di Tatlin del 1932 a Mosca, tr. it. in M. De Benedetti, A. Pracchi, *Antologia dell'architettura moderna*, pp. 676-677.

[3] N. Gabo, A. Pevsner, *Manifesto del realismo*, 1920, tr. it. in M. De Micheli, *Le avanguardie artistiche del Novecento*, Feltrinelli, Milano 2005, pp.406-408.

[4] V. Rodchenko e B. Stepanova., *Programma del gruppo produttivista*, 1920, tr. It. in M. De Micheli, *op. cit.*, p. 404.

[5] R. De Fusco, *Storia dell'arte contemporanea*, Bari 2010, pp. 305-306.

[6] E. Lissitzky, *Proun. 1920-1921*, tr. it in V. Quilici, *L'architettura del Costruttivismo*, Laterza, Bari 1978, pp. 94-108.

[7] E. Lissitzky, *Proun*, in *De Stjil*, V, 1922, tr. it. in F. Russoli, R. Negri, L'arte moderna, L'astrattismo, Fabbri, 1967, pp.352-353.

[8] *Ibidem.*

[9] *Ibidem.*

[10] *Ibidem.*

[11] *"la costruzione di una nuova forma" Ibid.*

[12] E. Lissitzky, *Proun. 1920-1921*, tr. it in Vieri Quilici, *L'architettura del Costruttivismo*, p. 97.

[13] *Ivi*, p. 102.

[14] E. Lissitzky, *Proun*, in *De Stjil*, V, 1922, tr. it. in F. Russoli, R. Negri, *L'arte moderna, L'astrattismo*, Fabbri, 1967, pp.352-353

[15] *Ibidem.*

[16] *Ibidem.*

[17] E. Lissitzky, "Proun. 1920-1921, tr. it in V. Quilici, op. cit., p. 101.

[18] E. Lissitzky, "Proun. 1920-1921, tr. it in V. Quilici, op. cit., p. 108.

[19] A. Rocdhenko, *"Working with Majakovsky"* ms.1939, cit in V. A. Rodchenko, Rodchenko, *Painting, Drawing, Collage*, Design, Photography, MoMA, New York 1998.

[20] V. Šklovskij, *L'arte come procedimento*, in *I formalisti russi*, Einaudi, Torino 1968, pp. 81-82.

Vladimir Tatlin
Rilievo pittorico, 1915
materiali vari

Vladimir Tatlin
Controrilievo angolare, 1915
materiali vari

Vladimir Tatlin
Monumento alla III Internazionale, 1919-20
modello in tegno, m. 7 di altezza

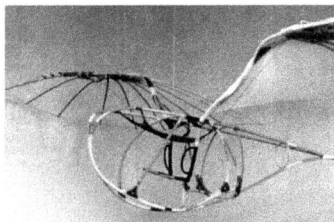

Vladimir Tatlin
Letatlin, 1929-33

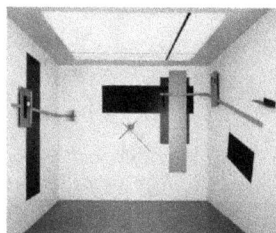

El Lissitzky
Proun, 1922
olio e tempera su legno, cm. 70 x 62

El Lissitzky
Stanza Proun, 1923
ricostruzione

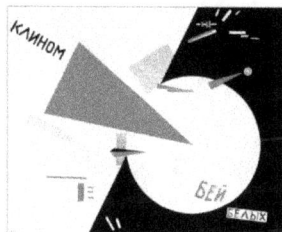

El Lissitzky
Il cuneo rosso batte i bianchi, 1921
litografia

El Lissitzky
Tribuna di Lenin, 1924
prospettiva di progetto

Aleksandr Rodchenko
Nero su nero, 1918
olio su tela, cm. 82 x 80

Aleksandr Rodchenko
Costruzione sospesa, 1921
compensato con vernice alluminio

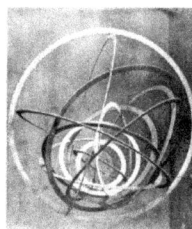

Aleksandr Rodchenko
Club operaio, 1925
ricostruzione

Aleksandr Rodchenko
Donna con una Leica, 1935
stampa fotografica

Il Surrealismo

1. Il Surrealismo come progetto "rivoluzionario"

Il Surrealismo cronologicamente è l'ultima delle "avanguardie storiche". Nasce ufficialmente nel 1924, anno di pubblicazione del *Primo manifesto del Surrealismo*, a firma del poeta e scrittore André Breton (1891-1966). Questi ne rappresenta la figura di riferimento dal punto di vista teorico e in qualche modo anche l'intransigente custode dell'ortodossia.

Dal 1924, il *Bureau des recherches surréalistes* e la rivista "*La révolution surréaliste*" sono gli organi ufficiali del movimento, il cui campo d'azione si estende ai settori più svariati, dall'arte alla letteratura, dall'antropologia alla politica. Nel 1930 *La révolution surréaliste* muta nome in *Le surréalisme au service de la révolution*. La rivista continua ad essere pubblicata sino al 1933. Nel 1932, intanto, era avvenuta una scissione del gruppo, con la defezione del poeta e scrittore Louis Aragon, schierato su posizioni staliniste incompatibili con il trotzkismo di Breton.

Le tesi surrealiste intercettano bisogni e tendenze emergenti nelle società occidentali a diversi livelli, tanto che si può dire che negli anni Trenta, il Surrealismo non è solo un movimento artistico ma un "clima culturale". Ciò non è esente da rischi. In "*Posizione politica del Surrealismo*" scriveva Andrè Breton nel 1935: "*Il più grande danno che minaccia forse il Surrealismo oggi è che ogni sorta di prodotti più o meno discutibili tendono a nascondersi sotto la sua etichetta*". Secondo De Fusco si tratta di un rischio di banalizzazione che nasce però da un limite intrinseco al movimento e che consisterebbe sostanzialmente nel fatto di aver messo "*tanta carne a cuocere, ossia di aver proposto tutta una serie di problematiche e di temi che agitavano e sollecitavano la cultura europea fra le due guerre, ma spesso nei termini di una sorta di "pseudo-cultura", fatta di prestiti di seconda e terza mano. E paradossalmente il suo successo, di allora e di oggi, sembra dovuto al fatto che, tutto sommato, proprio di una pseudo-cultura esso si è fatto portatore ed espressione"*[1].

Il contesto storico-culturale in cui nasce il Surrealismo è la "crisi della coscienza europea" seguita alla prima guerra mondiale, la prima guerra "industrializzata". Ma le interpretazioni del senso storico di questa tragedia sono divergenti. Per alcuni si era trattato di un'esperienza collettiva, in fondo salutare, che, sgombrando il campo da vecchi equivoci e concezioni sorpassate, preludeva alla concreta realizzazione della modernità. Per altri, la guerra aveva reso drammaticamente evidente l'illusorietà dell'ottimismo positivista del XIX secolo, della sua fiducia incondizionata nel potere taumaturgico e progressivo della Ragione e allo stesso tempo aveva evidenziato, con la mobilitazione generale, la guerra di trincea, l'impiego di armi di un tipo nuovo come i gas asfissianti, l'irrilevanza crescente dell'individuo in una società di massa totalmente razionalizzata: insomma gettava ombre cupe sul "progetto moderno" come prospettiva di autentica emancipazione umana. Ma la critica "antirazionalista" dei surrealisti si radicalizza fino a denunciare quel "disagio della Civiltà" di cui Freud parlò nel suo omonimo saggio del 1929: la Civiltà in quanto tale, con le sue regole e convenzioni, mantiene il suo ordine artificiale solo opprimendo la vita, negando valore a dimensioni fondamentali e profonde dell'esistenza.

Nei Surrealisti si manifesta quella stesso spirito di ribellione, in primo luogo dai limiti di una cultura e di una morale borghese convenzionale e costrittiva, che era stata già dei Dadaisti, ma essi non si limitano, come questi ultimi, ad una negazione iconoclasta. Intendono proporre un'alternativa, grazie al contributo dell'arte, della scienza e della politica.

Il Surrealismo ambisce ad essere un vero e proprio progetto rivoluzionario di liberazione, sia dal punto di vista individuale che politico-sociale: le sue figure di riferimento sono Sigmund Freud, come teorico della libertà individuale, e Karl Marx, come teorico della libertà sociale. La coesistenza fra queste due anime presenti nel progetto surrealista, quella individualista e quella politica, non era facile, come dimostra il conflitto fra Breton e Aragon. La questione nodale era la relazione fra la rivoluzione surrealista e la rivoluzione politica e in genere fra Arte e Politica. La politica culturale staliniana tendeva a ridurre l'arte a strumento di propaganda, secondo i canoni del "realismo socialista", rendendo addirittura ideologicamente sospetta qualsiasi ricerca nel campo del linguaggio. Trotskji (oppositore di Stalin) propugnava una "rivoluzione permanente" che bene si legava, sul piano della teoria politica, a quell'idea della forza inconscia e inesauribile del desiderio che Freud riconosceva come la realtà profonda dell'io. In quest'ottica la rivoluzione artistica era parte essenziale del processo rivoluzionario ed era piuttosto la politica a dovere fare proprio il dinamismo creativo dell'arte.

Il momento di massima convergenza del movimento con la politica attiva è l'incontro di Breton con Trotskji. Il punto di arrivo del pensiero di Breton sui rapporti fra arte e rivoluzione è il manifesto che non a caso reca il titolo *Per un'arte rivoluzionaria indipendente*, scritto proprio in collaborazione con Trotsky nel 1938.

2. Dalla realtà alla surrealtà

La teoria di Freud è dunque uno dei cardini del Surrealismo. Essa afferma che il nostro io cosciente si trova a dover mediare fra due potenze contrapposte: un *super-io* nel quale interiorizziamo le regole e costrizioni sociali, e una parte profonda e socialmente repressa, l'inconscio, in cui si manifestano gli istinti fondamentali della specie (l'istinto sessuale di riproduzione, e l'istinto alla difesa della prole, ossia l'aggressività), che Freud denomina di Amore e di Morte.

Per i surrealisti occorre liberare l'inconscio, fare emergere tale parte sommersa per restituire all'uomo la sua integrità e potenza, che secoli di pregiudizi e di inibizioni hanno conculcato. Nella Dichiarazione del 27 gennaio 1925 si afferma che *"il Surrealismo è un mezzo di liberazione totale dello spirito e di tutto ciò che gli assomiglia"*[2]. Queste forze profonde, una volta liberate, metteranno in crisi le vecchie certezze e contribuiranno nello stesso tempo a creare un mondo più aperto e inclusivo.

Coerentemente con la sua natura di progetto rivoluzionario, le dimensioni distruttiva e costruttiva coesistono nel Surrealismo. Breton lo dice espressamente *"sarebbe assurdo attribuirgli un senso unicamente di-*

struttore o costruttore; il punto in questione [quel punto che il Surrealismo vuole determinare al là di ogni contraddizione] è a fortiori quello in cui la distruzione e la costruzione, cessano di potere essere brandite l'una contro l'altra".[3]

La forza distruttiva del Surrealismo sta nella capacità di minare le certezze consolidate, mostrando agli uomini "*la fragilità delle loro convinzioni, e su quali fondamenta instabili, su quali caverne, hanno costruito le loro traballanti abitazioni*"; come scrive Breton nel 1929 "*il Surrealismo mira più di tutto a provocare, dal punto di vista intellettuale e morale, una crisi di coscienza più vasta e grave possibile*"[4] e da questo si misurerà il suo successo o il suo fallimento storico.

Una volta liberate le forse dell'inconscio grazie a quella "crisi di coscienza", la realtà della vita individuale e sociale diventerà una "surrealtà" in cui coesisteranno tutte le dimensioni dell'umano. Nel 1929, nel *Secondo Manifesto del Surrealismo* si legge: "*Tutto induce a credere che esiste un punto dello spirito da cui la vita e la morte, il reale e l'immaginario, il passato e il futuro, il comunicabile e l'incomunicabile, l'alto e il basso, cessano di esser percepiti come contraddizioni. Ora, invano si cercherebbe nell'attività surrealista un altro movente che non sia la speranza di determinare questo punto*"[5]. La finalità del Surrealismo come progetto rivoluzionario non è portarci fuori dalla realtà, ma restituire a questa la sua integrità, senza più aree rimosse e represse, innervandola di tensione rivoluzionaria, grazie al potenziale eversivo dell'inconscio.

Il saggio di Breton sulla pittura si conclude con una riflessione sulla natura della surrealtà: "*Tutto ciò che amo, tutto ciò che penso e sento, mi porta a una particolare filosofia dell'immanenza secondo la quale la surrealtà sarebbe contenuta nella realtà stessa senza esserle né superiore né esterna [...]. Si potrebbe quasi parlare di un vaso comunicante tra il contenente e il contenuto*"[6]. Dunque la surrealtà non è un'idealizzazione, un sogno, un al di là, ma è la realtà in senso pieno. Queste intuizioni saranno, in seguito, alla base di un altro fondamentale saggio bretoniano del 1932, centrato sul rapporto tra surrealtà, inconscio e psicoanalisi, e intitolato *Les vases communicants*. Compito rivoluzionario dell'arte "surrealista" è proprio stabilire concretamente la comunicazione fra piani della realtà che la società tiene rigidamente separati.

3. *Il Surrealismo e la pittura*

Il Surrealismo nasce come movimento letterario e, in una prima fase, taluni ritenevano non potesse esistere una vera pittura surrealista. A questi rispose Breton con un saggio del 1928 dal titolo *Le Surréalisme e la peinture*, affermando non solo la possibilità, ma anche l'esistenza di fatto di una pittura surrealista. Figuratività, automatismo, straniamento caratterizzano in generale la pittura surrealista.

Breton riconobbe come surrealisti *ante-litteram* Giorgio De Chirico (con le sue opere metafisiche degli anni '10), Picasso, Picabia e Duchamp; inoltre promosse l'opera surrealista di artisti emergenti come Max Ernst, Andrè Masson e Juan Miró.

In effetti dopo il 1935 si fece sempre più evidente, all'interno del movimento surrealista, una prevalenza della pittura sulle altre forme espressive, con l'emergere di personalità come Dalì, Ernst, Tanguy, Arp, Giacometti, Magritte, Man Ray e Mirò.

4. *Procedimenti surrealisti*

Per i surrealisti occorrono procedimenti nuovi che siano in grado allo stesso tempo di distruggere e costruire, di liberarci dalle costrizioni della ragione o della morale, ma anche di alimentare forme nuove di creatività e produttività. "*Automatismo*" è la parola chiave della poetica surrealista. Si tratta di un procedimento (che ricorda la tecnica psicanalitica delle libere associazioni mentali), con cui ci si mette "in ascolto" del proprio inconscio, in uno stato il più possibile passivo e ricettivo, astenendosi dall'esercitare un controllo razionale o morale sul flusso del pensiero e delle immagini.

Come scrive Breton: "*Surrealismo è automatismo psichico puro mediante il quale ci si propone di esprimere sia verbalmente, sia per iscritto o in altre maniere, il funzionamento reale del pensiero; è la dettatura del pensiero con l'assenza di ogni controllo esercitato dalla ragione, al di là di ogni preoccupazione estetica e morale [...] il Surrealismo si basa sulla fede nella realtà superiore di alcune forme di associazione prima d'ora dimenticate, fede nell'onnipotenza del sogno, nel gioco disinteressato del pensiero. Tende a eliminare tutti gli altri meccanismi psichici e a sostituirvisi nella soluzione dei principali problemi della vita"*[7].

Attraverso l'automatismo psichico si contesta il dominio indiscusso della logica, si fanno saltare gli schemi consueti della percezione e del pensiero. Come scrive Mario de Micheli, *"sovvertire i rapporti fra le cose, contribuendo in tal modo, per quanto possibile a far precipitare quella crisi di coscienza generale che è lo scopo primo del Surrealismo"*[8]. Ma allo stesso tempo il procedimento dell'automatismo favorisce l'emergere di una nuova logica, di inedite associazioni capaci di rivelare verità profonde e impreviste. In questo senso l'automatismo non è mai puramente distruttivo, ma tende sempre a costruire, a rivelare una logica nuova e imprevista.

Il risultato sarà una "surrealtà", o come dice ancora De Micheli *"un mondo in cui l'uomo trovi il meraviglioso, un regno dello spirito ove si sciolga da ogni gravezza e inibizione, da ogni complesso, attingendo una libertà impareggiabile, incondizionata.... in questo meraviglioso è concessa un'anticipazione di quella libertà totale che si pone nella prospettiva della fusione del sogno con la realtà, o della realtà col sogno, fusione che renderà finalmente agli uomini la loro integrità"*[9].

Nel suo articolo del 1933 dal titolo *Come si forza l'ispirazione* Max Ernst, per descrivere il procedimento surrealista, si riferisce a una frase del poema i "Canti di Maldoror" di Lautréamont: *"Bello come l'incontro casuale di una macchina da cucire e di un ombrello su un tavolo operatorio"*. Come in un rapporto di amore, nelle immagini surrealiste il rapporto fra le cose diventa "gratuito": le cose valgono solo per se stesse, e liberate dalla soggezione al valore di uso o di scambio. Scrive Ernst: *"Una realtà compiuta di cui l'ingenua destinazione ha l'aria d'essere stata fissata per sempre (l'ombrello) trovandosi di colpo in presenza di un'altra realtà assai diversa e non meno assurda (una macchina per cucire) in un luogo dove tutte e due devono sentirsi estranee (un tavolo operatorio) sfuggirà per questo stesso fatto alla sua ingenua destinazione e alla sua identità; essa passerà dal suo falso assoluto, per il giro di un relativo, ad un assoluto nuovo, vero e poetico: l'ombrello e la macchina da cucire fanno l'amore. Il meccanismo del procedimento mi sembra svelato da questo semplicissimo esempio. La trasmutazione completa, seguita da un atto puro come quello dell'amore, si produrrà forzatamente tutte le volte che le condizioni saranno rese favorevoli dai fatti dati: accoppiamento di due realtà in apparenza inconciliabili su un piano che in apparenza non è conveniente per esse"*[10].

La liberazione dell'inconscio quindi è allo stesso tempo processo di liberazione delle cose. Queste riacquistano, grazie al procedimento surrealista, quella pluralità di sensi che la dittatura della "ragione strumentale" annulla, riducendo la nostra conoscenza a una sorta di "istruzioni per il loro uso corretto" delle cose. Scrive Mario de Micheli *"Comunque la pittura surrealista parte da un principio basilare, cioè dalla presa di coscienza del "tradimento" delle cose sensibili: le "cose" non danno più emozione e consolazione all'uomo, sono fissate nella schiavitù di una società sbagliata, esse stesse schiave della logica convenzionale, sottomesse alla grigia usura delle abitudini"*[11].

L'immagine surrealista è un attentato alle certezze del principio di identità e non contraddizione, il quale vorrebbe ogni cosa sempre sé stessa e non altro. In questo il procedimento surrealista ricorda il sogno. Nel sogno posso essere allo stesso tempo, spettatore e protagonista, adulto e bambino, riconoscere una cosa e sapere che si tratta di un'altra cosa, ecc. Tutte le cose in realtà sono polivalenti. Ad esempio un bicchiere è un oggetto per bere, ma può diventare un vaso per fiori, uno stampo, un caleidoscopio, un'arma impropria, ecc. Il Surrealismo tende a liberare questo potenziale. L'oggetto acquisisce la possibilità di poter essere non solo quello che le regole della logica o le convenzioni della società impongono, ma anche altro, appropriandosi di nuovi modi di essere.

Ricordiamo solo alcune delle svariate tipologie di oggetti surrealisti. Alla base c'è sempre la rottura della relazione "ovvia" fra oggetto e funzione e, a partire da ciò, l'apertura di possibilità nuove di uso e di senso per l'oggetto. *Oggetti transustanziati,* (come nel sogno a volte un oggetto non vale per sé, ma come simbolo di qualcos'altro, così nei quadri surrealisti alcuni oggetti passano dallo statuto di cosa a quello di simbolo e come tali ritornano in opere diverse); *oggetti da progettare,* (oggetti trovati e riutilizzati in un senso nuovo, come relitti la cui scoperta casuale equivale all'ispirazione poetica); *oggetti macchine,* ("macchine senza scopo" la cui funzione è solo produrre il piacere dell'artista e stimolarne la creatività, come è il caso della ruota di bicicletta di Duchamp del 1916); *oggetti stampo* (costituiti dalla sovrapposizione di forme e funzioni, in genere frutto di stati alterati di coscienza).

5. Max Ernst

Max Ernst (1891-1976) è colui che forse meglio incarna la ricerca surrealista in pittura, per la sua incessante sperimentazione di tecniche e procedimenti finalizzati a mettere in pratica l'automatismo psichico.

Fra il 1919 e il 1920 adotta il *collage*, tecnica particolarmente congeniale all'immaginario surrealista. Attraverso composizioni ottenute utilizzando immagini disparate estratte dal loro contesto (ritagli di cataloghi, riviste scientifiche, romanzi popolari, pubblicità, ecc.) Ernst non si accontenta di produrre accostamenti incongrui o assurdi, ma invita a un percorso mentale, suggerisce un "racconto" in cui aleggia un respiro cosmico, un'ansia romantica di totalità, che si accompagna a una costruzione dell'immagine sempre estremamente rigorosa.

Ne *L'aeroplano assassino (1920)*, un aeroplano con braccia umane (pronte a ghermire la preda come gli artigli di un uccello predatore) sorvola quello che probabilmente è un campo di battaglia, sul quale due uomini portano via un ferito. L'immagine mostra insieme la realtà oggettiva dell'aereo da guerra, ma anche ciò che esso significa per chi ne è vittima: un mostruoso rapace. Mostra il presente, ma anche ciò che è stato e che può essere, ciò che si vede e ciò che si teme. Quella che viene mostrata è una surrealtà, insieme reale e mentale.

La tendenza surrealista a costruire "concatenamenti" di idee a partire dall'accostamento di immagini incongrue è spinta da Ernst fino a realizzare dei veri e propri *romanzi-collage*. Nel 1929 pubblica *La donna dalle cento teste*, nel 1930 *Il sogno di una bambina che voleva entrare al Carmelo* e nel 1934 *Una settimana di bontà*. Sono "romanzi" in cui non esiste la trama, intesa come sequenza logica di eventi, ma che consistono in una successione di scene di estrema intensità, accompagnate da didascalie e che sembrano alludere a una qualche progressione narrativa, attraversata dai temi dell'erotismo, della violenza, dell'isteria, del misticismo. Ogni cosa in queste immagini ci appare gravida di un senso segreto, come se una storia terribile e angosciosa venisse raccontata direttamente al nostro inconscio.

Nel 1925, mentre continua a lavorare ai suoi *collage*, Ernst sperimenta una nuova tecnica, il *frottage*, che consiste nello strofinare una matita morbida su un foglio di carta poggiato su una superficie ruvida, in modo da ricavare sulla carta, con un procedimento del tutto automatico, l'impronta della superficie sottostante. Ernst parte da un passo di Leonardo da Vinci il quale, nel *Trattato della pittura*, invitava all'osservazione delle macchie sui muri, delle nubi, della cenere del focolare, dei ruscelli, stimoli preziosi per l'opera del pittore. Le forme casuali che appaiono sul foglio, così come le macchie sul muro o le nuvole, suggeriscono all'artista associazioni con figure in continua metamorfosi.

Rispetto alla tecnica del *collage*, nel *frottage*, l'elemento casuale prende il sopravvento. Ernst ritiene di aver scoperto, con il *frottage*, l'analogo in pittura della scrittura automatica surrealista, un mezzo per ottenere una fusione di soggettivo e oggettivo, attività e passività, caso e controllo. Egli applica questa tecnica in modo sistematico per la prima volta al ciclo di incisioni *Histoire naturelle* pubblicata nel 1926 e poi nelle serie delle *Foreste* (1926-28) e delle *Orde* (1927). Così Ernst descrive in un'intervista il suo procedimento: "*Dapprima ottengo automaticamente, mediante il "frottage" e altri procedimenti gestuali un fondo caotico, poi, mediante un intervento della mente, cerco di interpretare questo caos, di dargli forme e significati ambigui, paranoici, favolosi, contraddittori, secondo una logica capovolta*". Si noti l'affinità con il procedimento della "dimensione invertita" di Klee, ma con la differenza che qui il punto di partenza non è il rigore dell'astrazione, ma il caso. Nel *frottage* le forme nascono e si trasformano in modo del tutto imprevedibile. L'artista le coglie in un certo momento della loro metamorfosi e le indirizza verso un senso. Le figure sembrano emergere dal caos, ma sempre sul punto di sprofondare in esso. L'identità delle cose resta sempre instabile. Il fascino perturbante di queste immagini sta nel fatto che nella loro incertezza e casualità riconosciamo quella stessa dimensione di incertezza che accompagna la nostra identità.

Nella pittura di Ernst il Surrealismo rivela in pieno il suo potenziale «costruttivo», la capacità di dare vita a mondi più inclusivi, vere e proprie surrealtà in cui conscio e inconscio, realtà e sogno coesistono. Secondo Mario de Micheli, il massimo della potenza evocativa Ernst lo raggiunge in temi come le foreste o le città. In una continua metamorfosi le cose si trasformano: "*il legno diventa mare, l'anello diventa sole, la tappezzeria diventa una muraglia di alberi, una foresta pietrificata, una serie di fregi l'agglomerato di una città. A tutti i modi che Ernst mette in atto per provocare la sua ispirazione, egli sa rispondere con le risorse inesauribili della sua fantasia popolata di fantasmi, Questi quadri non ci fanno rimpiangere i soggetti tradizionali della pittura. Ernst è un pittore energico, serrato. Qualcosa di strano, una sotterranea metamorfosi, una celeste avventura, un presentimento dell'infinità spaziale, un brulicare di energie terrestri urgono dentro le sue tele. Sembra davvero che egli elabori una visione di fantascienza in scala poetica.*

Passato e futuro si congiungono nelle sue immagini, rovine arcaiche e alberi antropomorfi, uccelli d'antracite e soli prismatici: un mondo artificiale e al tempo stesso misteriosamente vivente"[12].

6. René Magritte

In Renè Magritte (1898-1967) il quadro è una sorta di paradosso in immagini. Il problema non è la riconoscibilità letterale, ma il senso di ciò che è rappresentato. Magritte non compie alcuna ricerca innovativa in termini formali, anzi adotta un linguaggio volutamente "ingenuo", che tende a rappresentare il mondo quotidiano nella sua apparente banalità. Ciò che conta per lui è il processo mentale che una immagine fa scattare nella mente dell'osservatore, mettendo in crisi, proprio attraverso l'ovvietà della rappresentazione figurativa, la logica apparentemente solida e rassicurante della sua rappresentazione del mondo.

Quadro emblematico di questo approccio è *"Il tradimento dell'immagine"* (1929). Vi è raffigurata una pipa con la didascalia *"questa non è una pipa"*. Immediato è il riferimento alle ingenue figure dei vecchi abbecedari, ma qui la didascalia invece di dirci il nome della cosa rappresentata, nega la relazione fra figura, nome e cosa. Magritte ci fa riflettere sul fatto che l'immagine di un oggetto, e più in generale la nostra rappresentazione del mondo, anche se letterale come in questo caso, è sempre qualcosa d'altro, una realtà a parte.

Lo stesso tema è sviluppato in due dipinti del 1933 e del 1935 dal titolo *"La condizione umana"*. Scrive Magritte: *"Misi di fronte a una finestra, vista dall'interno d'una stanza, un quadro che rappresentava esattamente la parte di paesaggio nascosta alla vista del quadro. Quindi l'albero rappresentato nel quadro nascondeva alla vista l'albero vero dietro di esso, fuori della stanza. Esso esisteva per lo spettatore, per così dire, simultaneamente nella sua mente, come dentro la stanza nel quadro, e fuori nel paesaggio reale. Ed è così che vediamo il mondo: lo vediamo come al di fuori di noi anche se è solo d'una rappresentazione mentale di esso che facciamo esperienza dentro di noi."*[13] Un certo disagio deriva dal fatto che, osservando questo quadro, non si è in condizione di sapere se si sta vedendo il paesaggio o il quadro che lo rappresenta e, d'altra parte, nulla ci assicura che il paesaggio fuori della finestra corrisponda a quello rappresentato, come tendiamo a dare per scontato. Per Magritte questa è proprio l'incertezza della condizione umana. Viviamo sempre immersi nella nostra rappresentazione del mondo che, come uno schermo di cui non si conosce la trasparenza, ci svela la realtà nello stesso momento in cui ce la nasconde, proprio come la tela dipinta, davanti alla finestra. Noi crediamo che questa rappresentazione coincida con il mondo stesso, ma in realtà non sappiamo quanto il nostro "quadro" corrisponda alla realtà del paesaggio-mondo in cui viviamo.

Ne *L'Impero delle luci* (realizzato in più versioni a partire dal 1950) Magritte accosta due condizioni della luce, che non possono mai coesistere nella realtà: la metà superiore è vista in pieno giorno, quella inferiore di notte. Scrive Magritte: «*Nell'Impero delle luci ho rappresentato due idee diverse, vale a dire un notturno e un cielo come lo vediamo di giorno. Il paesaggio fa pensare alla notte e il cielo al giorno. Trovo che questa contemporaneità di giorno e notte abbia la forza di sorprendere e di incantare. Chiamo questa forza poesia*». Siamo qui di fronte non tanto alla volontà di suscitare un ragionamento, quanto di produrre l'incanto che nasce nel momento in cui la realtà ci appare più vasta e profonda di come la vediamo comunemente. In questo caso un "corto-circuito temporale", ci trasferisce in una sorta di "iper-tempo" che include tutti i tempi, in una sorta di incerta eternità.

A proposito del dipinto "*La firma in bianco*" del 1965, Magritte scrive: "*Le cose visibili possono essere invisibili. Se qualcuno va a cavallo nel bosco, prima lo si vede, poi no, ma si sa che c'è, nella Firma in bianco, la cavallerizza nasconde gli alberi e gli alberi la nascondono a loro volta: Tuttavia il nostro pensiero comprende tutte e due, il visibile e l'invisibile. E io utilizzo la pittura per rendere il pensiero visibile.*" Il dipinto, con la sua frammentazione in diversi piani spaziali accostati, ci ricorda che la nostra percezione della realtà è sempre una costruzione in cui concorrono non solo quello che vediamo, ma anche quello che sappiamo e pensiamo (desideriamo, temiamo, ricordiamo, immaginiamo, ecc.). La realtà della nostra percezione non corrisponde all'oggettività di una immagine fotografica ma è in realtà più simile a l'immagine "assurda" di questo dipinto, a una "surrealtà" pluridimensionale.

Lo stesso tema è presente in *"Chiaroveggenza"* del 1936, dove Magritte ritrae se stesso nell'atto di riprodurre un uovo, mentre sulla tela sta prendendo forma un uccello in volo. In questo autoritratto possiamo riconoscere anche una dichiarazione di poetica surrealista: il pittore è come un "veggente" che vede e rappresenta una realtà molto più vasta del semplice "dato oggettivo".

7. Salvator Dalì

Come Magritte, Salvator Dalì (1904-1989) dipinge in modo figurativo, ma la sua intenzione è diversa. Magritte rappresenta un mondo quotidiano nel modo più banale possibile e lo fa diventare un enigma. Dalì invece cerca di rappresentare il sogno, e più in generale le dimensioni patologiche e paranoiche della psiche, nel modo più lucido possibile, di produrne una sorta di "istantanea fotografica".

Parlando del suo quadro forse più noto, *La persistenza della memoria* (1931), Dalì racconta: *"Era sera, mi sentivo stanco e avevo un leggero ma di testa, cosa per me assai rara. Dovevamo andare al cinema con amici ma io decisi di non andare. Gala sarebbe andata con loro e io sarei andato a letto presto. Avevamo accompagnato il nostro pasto con un Camembert [formaggio a pasta molle] e dopo che tutti erano andati via io era rimasto a lungo seduto al tavolo a meditare sui problemi filosofici della super-morbidezza che il formaggio offriva alla mia meditazione. Mi alzai e andai al mio studio, dove accesi la luce, al fine di lanciare un ultimo sguardo, come mia abitudine, al dipinto a cui stavo lavorando. Il quadro rappresentava un paesaggio vicino a Port Lligat, le cui rocce erano illuminate da un trasparente e malinconico crepuscolo. In primo piano si vedevano gli ulivi con i rami tagliati e senza foglie. Sapevo che l'atmosfera che ero riuscito a creare in quello scorcio serviva come ambientazione per qualche idea, per qualche immagine sorprendente, ma non sapevo ancora di cosa si sarebbe trattato. Stavo per spegnere la luce quando istantaneamente "vidi" la soluzione. Vidi due morbidi orologi, uno dei quali era appeso dolorosamente ai rami dell'ulivo"*[44].

Il tempo regolare e uniforme scandito dall'orologio è un simbolo trasparente della vita moderna e della sua organizzazione razionale. Gli orologi diventati molli contraddicono questa regolarità e ci parlano della relatività del tempo vissuto, fluido ed elastico, non meccanicamente regolare e uniforme; un tempo che si deforma, diventando più lento o più veloce in base al nostro stato d'animo; un tempo che si consuma e deteriora come un formaggio molle lasciato sul tavolo di notte e mangiato dalle formiche.

8. *Joan Mirò*

Di Joan Mirò (1893-1983) scrive Renato De Fusco *"Del tutto personale è il Surrealismo di Joan Mirò [...] abbandonò i modi del suo esordio cubista, per approdare ad una pittura di liberi e fantastici segni di un gioioso astrattismo e di un infantile simbolismo. Opere quali il Paesaggio catalano (1923) e il carnevale di Arlecchino (1924), sono una sorta di catalogo di motivi ripresi e rielaborati in dipinti successivi."* Si può definire Mirò una sorta di surrealista "naive" all'interno di un gruppo di artisti fortemente intellettualizzati.

André Breton ne tratteggia la figura in *Le Surrealisme e la Peinture*. Scrive Breton *"Non c'è forse in Joan Mirò che un desiderio, quello di abbandonarsi per dipingere, e soltanto per dipingere (il che per lui è il solo campo in cui siamo sicuri che dispone di mezzi), a quel puro automatismo a cui non ho mai cessato, da parte mia, di fare appello, ma di cui temo che Mirò per sé stesso abbia molto sommariamente verificato il valore. Forse per questo, lo riconosco, egli può passare per il più surrealista di tutti noi"*.

Nonostante quanto possa apparire a prima vista, Mirò non è un pittore "astratto" come ad esempio Kandinsky. La "necessaria" dimensione figurativa della pittura surrealista è presente anche Mirò, anche se non nel senso del "realismo fotografico" di Dalì o del "realismo ingenuo e letterale" di Magritte. Mirò è figurativo come lo è un bambino, il quale disegna sempre "qualcosa", per quanto l'immagine, alla fine, si possa discostarsi anche molto dall'apparenza oggettiva delle cose.

Ad esempio nel *Paesaggio catalano* (1924) attorno alla figura stilizzata e ironica del cacciatore con pipa e fucile, la linea ondulata allude a montagne, i colori caldi al paesaggio mediterraneo.

Nel *Carnevale di Arlecchino* (1924), il pittore ritrae la propria vita *bohemien* attraverso la figura di Arlecchino, maschera sempre alle prese con amori non corrisposti e con lo stomaco vuoto. Arlecchino è rappresentato dal cerchio sulla sinistra, con un'espressione triste e i colori rosso e blu che rimandano al suo costume tradizionale a rombi multicolori. Al cerchio sono associati elementi tipici della maschera come la chitarra, i baffi, la barba, il cappello, e la pipa. Intorno ad Arlecchino sembra in corso una festa gioiosa e strana, con tutti i tipi di creature ibride (alcune delle forme antropomorfe sono oggetti, ad esempio, la scala ha orecchio e un occhio). Miró a proposito di questo dipinto ha dichiarato nel 1978: *"Nella tela ci sono cose che si troveranno successivamente in altre opere: la scala, un elemento di fuga ed evasione, ma anche di elevazione, animali e, soprattutto, insetti, che ho sempre trovato molto interessanti, la sfera scura che appare a destra è una rappresentazione del globo, perché in quei giorni ero ossessionato da una sola idea: 'devo conquistare il mondo!'. Il gatto, che era sempre al mio fianco. Il triangolo nero che appare nella finestra rappresenta la Torre Eiffel. Ho cercato di approfondire il lato magico delle cose. "[15]*

NOTE

[1]   R. De Fusco, *Storia dell'arte contemporanea*, Laterza, Bari 2010, p. 228.

[2]   *Declaration du 27 janvier 1925*, manifesto a stampa, Parigi 1925.

[3]   A. Breton, *Second manifeste du surrealisme*, in "La Rèvolution surrealiste", a.V, n.12 , 1929, p. 1.

[4]   *Ivi*, pp. 1.

[5]   *Ivi*, pp. 1-17.

[6]   A. Breton, *Le surrèalisme et la peinture*, 1928, tr. it. *Il Surrealismo e la pittura*, Milano 2004.

[7]   A. Breton, *Manifeste du surréalisme*, 194, tr. It. *Primo Manifesto del Surrealismo*, in M. De Micheli, *Le avanguardie artistiche del Novecento*, Milano 2005, p.340.

[8]   M. De Micheli, op. cit., p. 184.

[9]   *Ibidem*.

[10]   M.Ernst, *Comment on force l'inspiration*, in "Le surréalisme au service de la révolution", Paris, n.6, maggio 1933, p. 43.

[11]   M. De Micheli, op. cit., p. 184.

[12]   M. De Micheli, op. cit., p. 194.

[13]   Cit. in H. Torczyner, *René Magritte: signes et images*, Paris, Draeger, 1977, p. 216.

[14]   S. Dali, *La vie secret de Salvador Dalí*, tr. ing. *The secret life of Salvador Dalí*, Dover, New York 1993, pp. 338-339.

[15]   Cit. in P. Gimferrer, *Mirò catalan universal*, Paris, 1978.

Max Ernst
L'aeroplano assassino, 1920
collage

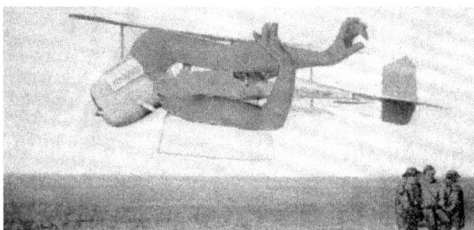

Max Ernst
Illustrazione da *Una settimana di bontà,* 1934
collage

Max Ernst
Histoire naturelle, 1926
frottage

Max Ernst
Orde, 1927
frottage

René Magritte
Il tradimento dell'immagine, 1929
olio su tela, cm. 65 x 93

René Magritte
La condizione umana, 1933
olio su tela, cm. 100 x 81

René Magritte
L'impero delle luci, 1950
olio su tela, cm. 195 x 131

René Magritte
La firma in bianco, 1965
olio su tela, cm. 81 x 65

René Magritte
Chiaroveggenza, 1966
olio su tela, cm. 54 x 65

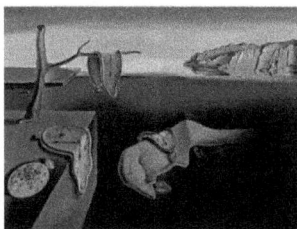

Salvador Dalì
Persistenza della memoria, 1931
olio su tela, cm. 24 x 33

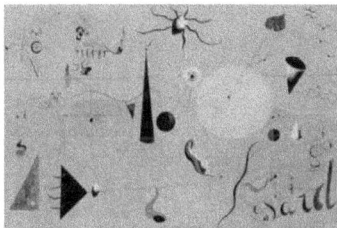

Joan Mirò
Paesaggio catalano, 1924
olio su tela, cm. 65 x 100

Joan Mirò
Il carnevale di Arlecchino, 1924
olio su tela, cm. 166 x 90

APPENDICE

Walter Benjamin: *L'opera d'arte nell'epoca della sua riproducibilità tecnica*

Walter Benjamin presenta questo suo saggio del 1935 come una raccolta di *"tesi sopra le tendenze dello sviluppo dell'arte nelle attuali condizioni di produzione"* [1].

Il problema è comprendere che ne è dell'arte in una società industriale e di massa come quella moderna; ovvero se e in che temini i mutamenti della società implichino una ridefinizione dell'arte, dei suoi modi di produzione/fruizione e della sua funzione sociale.

Benjamin parte dalla constatazione è che la nascita della società di massa determina un duplice mutamento nel nostro rapporto con gli oggetti: 1) un mutamento nel modo di produrli; 2) un mutamento nel modo di relazionarsi con essi.

La conclusione è che l'arte è investita in pieno da questi mutamenti, cambiando di natura, diventando qualcosa di diverso rispetto al passato. La fotografia, e ancora di più il cinema, sono assunti come esempi di ciò che l'arte può diventare nell'epoca della sua riproducibilità tecnica e del potenziale politicamente "rivoluzionario" di tale trasformazione. All'opposto la concezione tradizionale dell'arte si rivelerebbe, nel contesto della società industriale e di massa, come funzionale a una strategia "fascista" di manipolazione e controllo delle masse.

1. *La concezione tradizionale e il valore «cultuale» dell'arte*

La concezione tradizionale dell'arte, a cui Benjamin si riferisce, è quella mimetico-rappresentativa, basata sui *"concetti di creatività e di ge-*

nialità, di valore eterno e di mistero"[2].

Secondo Benjamin l'artista tradizionale di fronte alla realtà si pone come un *mago*. Il mago trasforma la realtà senza bisogno di operare materialmente, mantenendo rispetto a essa una distanza, semplicemente imponendole la sua autorità. Allo stesso modo l'artista tradizionale che concepisce l'arte come mìmesi, imitando la realtà la conserva nella sua totalità di oggetto così come si dà alla percezione naturale, e tuttavia la trasforma . Questa trasformazione consiste nella trasposizione della realtà imitata in una dimensione "altra"; dallo spazio reale a quello della rappresentazione, dal piano dell'esistenza materiale a quello dei valori estetici e spirituali.

Al *mago-artista* corrisponde un atteggiamento di tipo contemplativo e sostanzialmente passivo da parte del fruitore. Questi, soggiogato dall'autorità dell'artista, si lascia affascinare e rapire dall'opera, che lo trasporta nella sua dimensione, con il miraggio di una conoscenza segreta altrimenti inaccessibile. La fruizione dell'opera d'arte è, intesa come un'esperienza per pochi eletti ed eminentemente individuale.

All'origine di questa concezione c'è, secondo Benjamin, il fatto che l'arte è nata in relazione al culto, in un ambito rituale e religioso: l'immagine di culto, non una immagine qualsiasi, ma quel particolare oggetto fisico nella sua unicità è vissuto come una sorta di chiave di accesso al divino. Anche dopo che questa funzione originaria è venuta meno, l'arte ha sempre conservato tale impronta "cultuale"; prima di essere un mezzo di comunicazione fra gli uomini, è vista come un mezzo di comunicazione fra l'uomo e una dimensione "altra": religiosa, metafisica o anche, in tempi più recenti, storico-culturale o puramente estetica.

Per questo, afferma Benjamin, il discorso sull'arte ricorre ancora oggi a metafore di origine mistico-religiosa per descrivere l'esperienza estetica: l'artista come creatore, l'ispirazione come invasamento divino, il "religioso" raccoglimento che caratterizza la contemplazione dell'opera d'arte.

2. La società di massa e il nuovo rapporto con gli oggetti

Nella società moderna è mutato il nostro modo di produrre gli oggetti ma anche la nostra relazione con essi.

In una società di massa la forma tipica della produzione è basata sulla riproducibilità tecnica degli oggetti, ossia sulla produzione industriale di multipli che possano essere fruiti contemporaneamente da molti individui.

Avere a che fare con un mondo fatto di "repliche" e non di "oggetti unici" ha fatto sviluppare nell'uomo moderno una nuova sensibilità per gli oggetti, che si manifesta fondamentalmente in due maniere: come disinteresse per la singola cosa in quanto tale e come bisogno della massima vicinanza e accessibilità.

Circondati da oggetti prodotti industrialmente che valgono per noi solo come esemplari di una categoria, sviluppiamo una *"sensibilità per ciò che nel mondo è dello stesso genere"* [3] e non per quello che è individuale. Di un prodotto industriale ci interessa molto poco che sia proprio quell'esemplare, ma ci importa molto di più che si attenga alle prestazioni generali dei prodotti del suo tipo. Questa sensibilità finisce per estendersi anche a ciò che è unico: quest'ultimo non vale per le sue qualità irriproducibili, ma per il fatto di appartenere alla categoria delle cose "uniche", per cui in tal modo la nostra sensibilità moderna *"attinge l'uguaglianza di genere anche in ciò che è unico"*. [4]

Il secondo mutamento è il bisogno/pretesa che gli oggetti siano sempre immediatamente disponibili (ossia che la "lontananza", di qualsiasi natura, sia di fatto annullata); in effetti lo scopo primo della produzione in massa è realizzare attraverso i suoi multipli una sorta di ubiquità del prodotto.

3. L'arte tradizionale nella società di massa: l'obsolescenza del valore cultuale e la perdita dell'aura

Anche la circolazione delle opere d'arte, così come di tutti gli altri prodotti, in una società di massa, ossia una società che voglia rendere ogni oggetto ubiquo e immediatamente disponibile, richiede la riduzione al minimo della distanza fra opera d'arte e fruitore. In questo contesto il *valore cultuale* dell'opera d'arte, legato al segreto, al mistero, alla fruizione individuale, diventa obsoleto. Prevale il *valore espositivo*, ossia la capacità dell'opera di circolare ed essere vista il più possibile, la sua accessibilità.

In una società di massa le opere d'arte sono fenomeni socialmente significativi solo a condizione di diventare esse stesse prodotti di massa, se accettano di essere in qualche modo riproducibili, di rientrare in un universo di "immagini" sempre immediatamente disponibili ed esplorabili a piacimento. Questo implica importanti conseguenze sulla concezione dell'arte: l'opera d'arte deve rinunciare alla propria unicità di oggetto e alla propria distanza sacrale.

Ma per Benjamin questa non è tanto una perdita quanto l'occasione di una radicale trasformazione del modo di intendere l'arte: "*la riproducibilità tecnica dell'opera d'arte emancipa per la prima volta nella storia del mondo quest'ultima dalla sua esistenza parassitaria nell'ambito del rituale. L'opera d'arte riprodotta diventa in misura sempre maggiore la riproduzione di un'opera d'arte predisposta alla riproducibilità*" [5].

La riproduzione tecnica di un'opera d'arte (ad esempio la foto di un dipinto), rispetto all'originale, allo stesso tempo perde e guadagna qualcosa.

L'opera riprodotta perde ciò che dipende dalla sua unicità dalla sua presenza fisica, ossia l'*aura*, e guadagna in termini di accessibilità. Benjamin definisce l'aura come «*apparizione unica di una distanza, per quanto questa possa essere vicina*» [6]. Per spiegarla fa l'esempio degli oggetti naturali: "*Seguire, in un pomeriggio d'estate, una catena di monti all'orizzonte oppure un ramo che getta la sua ombra sopra colui che si riposa - ciò significa respirare l'aura di quelle montagne, di quel ramo*" [7].

L'opera d'arte tradizionale, proprio attraverso la sua fisicità e presenza materiale (e dunque attraverso quello che necessariamente nella riproduzione viene perduto), cioè "*l'hic et nunc dell'opera d'arte – la sua esistenza unica è irripetibile nel luogo in cui si trova*" [8], ci mette in contatto con una dimensione ulteriore e inavvicinabile [9].

In origine, quando l'arte svolgeva una funzione cultuale, questa dimensione ulteriore era quella del Sacro. Successivamente è avvenuta una secolarizzazione[10] dell'arte. Tuttavia l'aura è rimasta come contrassegno dell'opera d'arte e consiste ora per noi nel fatto che quell'opera, l'oggetto che è lì fisicamente di fronte a noi, è stato testimone oculare di una storia, è stato materialmente prodotto dalla mano dell'artista, presente di fronte a tutti coloro che lo hanno ammirato e in tutti i luoghi che lo hanno ospitato: è il testimone della continuità ininterrotta di una tradizione che è arrivata fino a noi. L'opera d'arte oggi ci mette in diretto contatto non tanto con un mondo trascendente, quanto con un mondo storico.

In questo senso proprio l'autenticità, come *"quintessenza di tutto ciò che, fin dall'origine di essa, può venir tramandato, dalla sua durata materiale alla sua virtù di testimonianza storica"*[11], attestato di unicità irripetibile, e garanzia del valore della testimonianza, è per noi oggi il valore dell'opera d'arte in quanto originale. Come scrive Benjamin *"con la secolarizzazione dell'arte, l'autenticità si pone al posto del valore cultuale."*

Ridotta a immagine riprodotta tecnicamente, l'opera d'arte tradizionale perde la sua aura, ma guadagna in termini di accessibilità, in un duplice senso: è a disposizione di chiunque in qualsiasi momento; può essere analizzata in modi (dettagli, ingrandimenti, analisi spettrografiche, ecc.) che solo la sua acquisizione per mezzo di un'apparecchiatura tecnica consente.

4. *Il cinema: una nuova arte basata sulla riproducibilità tecnica*

Nel cinema si realizza un nuovo modo di produzione e di fruizione dell'opera d'arte.

Per quanto riguarda la produzione, cambia il rapporto dell'artista con la realtà. Mentre l'artista tradizionale è una sorta di *mago*, il regista è una sorta di *chirurgo*. Attraverso l'occhio della macchina da presa egli penetra operativamente nella realtà, la analizza, la frammenta, moltiplica i punti di vista, si sofferma su un dettaglio, salta da un oggetto all'altro, l'accelera e la rallenta, ecc.; in una parola la esplora sottoponendola a una sorta di *test*.

Per quanto riguarda la fruizione dell'opera, lo spettatore non è più in passiva contemplazione; la rapida successione delle immagini non gli lascia il tempo di riflettere e diventa il suo stesso pensiero. Se l'artista-regista è un *chirurgo*, lo spettatore al cinema è nella condizione di un *esperto-distratto*. Immedesimandosi con l'occhio macchina da presa ne acquisisce in qualche modo i "poteri" e sottopone la realtà a un test, ma nello stesso tempo, è continuamente trascinato dal flusso delle immagini e quindi è in una condizione di permanente "distrazione". Invece della contemplazione passiva e della concentrazione tipiche del rapporto tradizionale con l'arte, l'opera d'arte moderna richiede un atteggiamento attivo e competente, ma anche mobile e "distratto" ossia pronto al cambiamento continuo di prospettiva, entrambi fattori indispensabili per esplorare il reale in modo attivo .

Come esempio di un'arte che si percepisce nella distrazione, Benjamin indica l'architettura, mostrando come quella che può sembrare una modalità degradata della fruizione dell'opera d'arte, sia tipica della forma d'arte che non è mai venuta meno nel corso della storia. Nell'architettura il rapporto con l'opera, la comunicazione con il fruitore, si compiono attraverso meccanismi psicofisici che sfuggono alla sua consapevolezza, ma plasmano profondamente il suo rapporto con l'ambiente.

5. *L'inconscio ottico e il potenziale rivoluzionario del cinema*

Il cinema pone lo spettatore non nello stato passivo di chi subisce una fascinazione, ma di chi partecipa, attraverso l'apparecchiatura, a un'analisi, a una esplorazione della realtà. Più che trasportarci in una dimensione altra ci fa entrare dentro la realtà.

IN termini specifici cinema, sottoponendo il reale a un test, fa emergere *l'inconscio ottico*, ossia qualcosa che esiste nella realtà, ma di cui non abbiamo coscienza perché sfugge alla nostra percezione ordinaria (perché ci mancano le capacità di analisi proprie del mezzo meccanico di riproduzione). Così Benjamin definisce l'inconscio ottico *"Col primo piano si dilata lo spazio, con la ripresa al rallentatore si dilata il movimento. E come l'ingrandimento non costituisce semplicemente chiarificazione di ciò che si vede comunque, benché indistintamente, poiché esso porta in luce formazioni strutturali della materia completamente nuove, così il rallentatore non fa apparire soltanto motivi del movimento già noti: in questi motivi noti ne scopre di completamente ignoti, «che non fanno affatto l'effetto di un rallentamento di movimenti più rapidi, bensí quello di movimenti propriamente scivolanti, plananti, sovrannaturali». Si capisce cosí come la natura che parla alla cinepresa sia diversa da quella che parla all'occhio. Diversa specialmente per il fatto che al posto di uno spazio elaborato dalla coscienza dell'uomo, interviene uno spazio elaborato inconsciamente. Se di solito ci si rende conto, sia pure approssimativamente, dell'andatura della gente, certamente non si sa nulla del suo comportamento nel frammento di secondo in cui affretta il passo. Se siamo piú o meno abituati al gesto di afferrare l'accendisigari o il cucchiaio, non sappiamo pressoché nulla di ciò che effettivamente avviene tra la mano e il metallo, per non dire poi del modo in cui ciò varia in relazione agli stati d'animo in cui noi ci troviamo. Qui interviene la cinepresa coi suoi mezzi ausiliari, col suo scendere e salire, col suo interrompere e isolare, col suo ampliare e contrarre il processo, col suo ingrandire e ridurre. Dell'inconscio ottico sappiamo qualche cosa soltanto grazie ad essa, come dell'inconscio istintivo grazie alla psicanalisi".*

Il cinema è uno strumento che ci consente di cogliere ciò che normalmente ci sfugge delle cose, delle persone, delle situazioni; ci fornisce un grado maggiore di consapevolezza e dunque di libertà rispetto al dato di fatto, alle condizioni storiche della nostra esistenza. Scrive ancora Benjamin: *"Mentre il cinema, mediante i primi piani di certi elementi dell'inventario, mediante l'accentuazione di certi particolari nascosti di sfondi per noi abituali, mediante l'analisi di ambienti banali, grazie alla guida geniale dell'obiettivo, aumenta da un lato la comprensione degli elementi costrittivi che governano la nostra esistenza, riesce dall'altro anche a garantirci un margine di libertà enorme e imprevisto. Le nostre bettole e le vie delle nostre metropoli, i nostri uffici e le nostre camere ammobiliate, le nostre stazioni e le nostre fabbriche sembravano chiuderci irrimediabilmente. Poi è venuto il cinema e con la dinamite dei decimi di secondo ha fatto saltare questo mondo simile a un carcere; cosí noi siamo ormai in grado di intraprendere tranquillamente avventurosi viaggi in mezzo alle sue sparse rovine"* [12].

In definitiva della società di massa Benjamin cerca di coglierne le potenzialità "rivoluzionarie" nel senso del superamento di una vecchia società chiusa ed elitaria, proprio grazie alla larga disponibilità e diffusione di beni materiali e culturali, e grazie alle possibilità nuove di comprensione del reale che gli strumenti tecnici mettono a disposizione di tutti.

6. *Le avanguardie artistiche e il nuovo rapporto con l'oggetto*

Benjamin, in conclusione, mette in evidenza come il senso del contributo storico delle avanguardie non sia riducibile all'invenzione di uno stile nuovo, ma consista nella proposta di una nuova concezione dell'arte, sia per quanto riguarda il modo di produrla, che di fruirne e come questa trasformazione sia riconducibile al nuovo rapporto che nella società moderna l'uomo stabilisce con il mondo degli oggetti.

Per Benjamin quello che il cinema sta realizzando è di fatto ciò che le avanguardie artistiche, hanno cercato di fare utilizzando ancora i mezzi tradizionali dell'arte, nati in relazione a una sua funzione rappresentativa e cultuale.

"Uno dei compiti principali dell'arte è stato da sempre quello di generare esigenze che non è in grado di soddisfare attualmente. La storia di ogni forma d'arte conosce periodi critici in cui questa determinata forma mira a certi risultati, i quali potranno per forza di cose essere ottenuti soltanto a un livello tecnico diverso, cioè attraverso una nuova forma d'arte" [13].

Secondo Benjamin queste avanguardie hanno presentito e cercato di mettere in opera, usando ancora i mezzi dell'arte tradizionale, il rapporto nuovo (mediato a ogni livello dall'apparecchiatura meccanica), che l'uomo moderno ha con il mondo. Proviamo a rileggere, a puro scopo esemplificativo, alcuni temi dell'arte d'avanguardia alla luce delle tesi di Benjamin.

• La volontà di eliminare l'aura ricorrendo all'introduzione di frammenti di banalità quotidiana, nei collages cubisti, dadaisti o surrealisti. *"Le loro poesie"* scrive Benjamin *"sono insalate di parole, contengono locuzioni oscene e tutti i possibili e immaginabili cascami del linguaggio. Non altrimenti i loro dipinti, dentro i quali essi montavano bottoni o biglietti ferroviari. Ciò che essi ottengono con questi mezzi è uno spietato annientamento dell'aura dei loro prodotti, ai quali, coi mezzi della produzione, imponevano il marchio della riproduzione"* [14] •La dimensione "operatoria" e antinaturalistica, della pittura cubista e, in generale, la concezione dell'arte come strumento di conoscenza propria di un'ampia parte delle avanguardie. • Un nuovo rapporto fra fruitore e opera d'arte: la fruizione come un modo di entrare nel quadro e partecipare al gioco di forze che il quadro mette in atto, di cui parlavano i futuristi o di cui parla Kandinsky. • L'effetto di shock, di continua distrazione ricercato dai surrealisti che rimanda all' effetto del montaggio nel cinema, con il suo continuo salto da una sequenza all'altra.

Concludiamo con queste note di Benjamin, sui limiti oggettivi di alcune avanguardie artistiche nella misura in cui ancora per loro l'apparecchiatura era ancora qualcosa di rappresentato piuttosto che di agito. *"Come dal Dadaismo, anche dal Cubismo e dal Futurismo si possono trarre importanti conclusioni a proposito del cinema. Entrambi questi movimenti appaiono come tentativi incompleti di tener conto della penetrazione nella realtà da parte della macchina. A differenza del cinema, questi movimenti intrapresero il loro tentativo non mediante l'utilizzazione dell'apparecchiatura per la rappresentazione artistica della realtà, bensí attraverso una sorta di fusione tra una realtà rappresentata e un'apparecchiatura rappresentata. Dove il ruolo preminente, nel Cubismo, è il presentimento della costruzione di questa apparecchiatura, che si basa sull'ottica; nel Futurismo il presentimento degli effetti di questa apparecchiatura, effetti che poi si manifesteranno nel rapido scorrere della pellicola cinematografica"* [15].

NOTE

[1] W. Benjamin, *L'opera d'arte nell'epoca della sua riproducibilità tecnica*, tr. it, Einaudi, Torino, 1982, p. 19.

[2] *Ibidem.*

[3] Ivi. p. 25.

[4] *Ibidem.*

[5] Ivi. p. 26-27.

[6] Ivi. p. 25.

[7] *Ibidem.*

[8] Ivi. p.22

[9] Ivi. p.22

[10] Ivi. nota n.9, p. 49.

[11] Ivi p. 23.

[12] Ivi, pp.41-42

[13] Ivi, p. 42.

[14] Ivi, pp. 42-43.

[15] Ivi, nota n.30, p. 56.

RIFERIMENTI BIBLIOGRAFICI*

AA. VV. *I formalisti russi*, Einaudi, Torino 1968.

Antliff M. , *Inventing Bergson. Cultural Politics and Parisian Anvant-Garde*, Princeton University Press, 1993.

Apollinaire G. , *Chroniques d'art 1902-1918*, Gallimard, Parigi 1960.

Argan G. C. , *Henri Matisse*, catalogo della mostra, Roma 1978.

Argan G. C. , *L'arte moderna, Dall'illuminismo ai movimenti contemporanei*, Sansoni, Firenze 1989.

Bahr H. , *Espressionismo*, Bompiani, Milano 1945.

Barron S. , Dube W. D. , *Espressionismo tedesco: arte e società*, Bompiani, Milano 1997.

Benjamin W. , *L'opera d'arte nell'epoca della sua riproducibilità tecnica*, tr. it, Einaudi, Torino 1982.

Berman M. , *Tutto ciò che è solido si dissolve nell'aria. L'esperienza della modernità*, Il Mulino, Bologna 1999.

Breton A. , *Il surrealismo e la pittura*, Abscondita, Milano 2010.

Calvesi M. , *Le due avanguardie*, Laterza, Bari 2008.

Calvesi M. , *Da Metafisico a psicofisico*, in *De Chirico*, Giunti, Firenze 1988.

Carrà C. , *Tutti gli scritti*, Feltrinelli, Milano 1978.

Cezanne P. , *Lettere*, SE, Milano 1997.

Dalì S. , *The secret life of Salvador Dalì*, Dover, New York 1993.

De Fusco R. , *Storia dell'arte contemporanea*, Laterza, Bari 2010.

De Micheli M. , *Le avanguardie artistiche del Novecento*, Feltrinelli, Milano 2005.

Denis M. , *Du Symbolisme au Classicisme*, Théories. Hermann, Paris, 1964.

De Rosa M. R. , *Estetica e critica d'arte in Konrad Fiedler*, in Aesthetica Preprint, Palermo 2006.

Doran M. , *Cézanne. Documenti e interpretazioni*, Donzelli, Roma 1995.

Franzini E. , Mazzocut-Mis M. , *Breve storia dell'estetica*, Bruno Mondadori, Milano 2003.

Franciscono M. , *Paul Klee: his work and his thought*, The University of Chicago Press, 1991.

Garelli G. , *Filosofie del tragico*, Mondadori, Milano 2001.

Gedion S. , *Spazio, tempo e architettura*, Hoepli, Milano 2004

Greenberg C. , *Clement Greenberg L'avventura del modernismo*, Johan & Levi, Milano 2011.

Kandinky W. , *Punto linea superficie*, Adelphi, Milano 2005.

Kandinsky W. , *Lo spirituale nell'arte*, SE, Milano 2005.

Jankélévitch V., *Georg Simmel filosofo della vita*, Mimesis, Milano 2013.

Klee P. , *Confessione creatrice e altri scritti*, Abscondita, Milano 2004.

Klee P. , *Quaderno di schizzi pedagogici*, Abscondita, Milano 2002.

Le Corbusier, *Verso una architettura*, Longanesi, Milano 1978.

Matisse H. , *Scritti e pensieri sull'arte*, a cura di D. Fourcade, Abscondita, Milano 2003.

Matisse H. , *Matisse on art*, University of California Press, 1995.

Mittner L. , *L'espressionismo*, Bari, Laterza 2005.

Mondrian P. , *Plastic art and pure plastic art and other essays*, 1941-1943, Wittenborn art book, 2008.

Mori G. , *La Metafisica del quotidiano*, in *De Chirico*, Giunti, Firenze 1988.

Morisani O. , *L'astrattismo di Piet Mondrian con appendice di scritti dell'artista*, Neri Pozza, Venezia 1956.

Nietzsche F. , *Così parlò Zarathustra*, Adelphi, Milano 1968.

Nigro Covre J. , *Espressionismo*, Giunti, Milano 1998.

Nigro Covre J. , *L'arte tedesca del Novecento*, Carocci editore, Roma 1998

Nigro Covre J. , *Arte contemporanea: le avanguardie storiche*, Carocci editore, Roma 2014.

Nigro Covre J. , *Kandinskij*, Giunti, Firenze 2012.

Nigro Covre J. , *Malevich*, Giunti, Firenze 2004.

Nigro Covre J. , *Mondrian e De Stijl*, Giunti, Firenze 2008.

Ozenfant A. e Jeanneret C. E, , *La peinture moderne*, Cres & c., Paris 1925.

Papini G. , *Tutte le opere, 1. Poesia e fantasia*, Mondadori, Milano 1958.

Rodchenko V. A. , *Painting, Drawing, Collage,* Design, Photography, MoMA, New York 1998.

Quilici V. , *L'architettura del costruttivismo*, Laterza, Bari 1978.

Ragghianti C. L. , *Le Corbusier a Firenze*, in "*Catalogo della mostra di Le Corbusier a Firenze*", Firenze 1963.

Salvini, R. *La critica d'arte della pura visibilità e del formalismo*, Garzanti, Milano 1977.

Seuphor M. , *Piet Mondrian life and work*, Harry, N. Abrams Inc., New York 1956.

Schopenhauer A. , *Supplementi al "Mondo come volontà e rappresentazione"*, Laterza, Bari 1986.

Serafini G. , *Matisse e il Mediterraneo*, Giunti, Firenze 2011.

Simmel G. , *Arte e Civiltà*, a cura di D. Formaggio e L. Perucchi, ISEDI, Milano 1976.

Simmel G., *Il conflitto della civiltà moderna*, SE, Milano 2008.

Simmel G. , *Filosofia del denaro*, UTET, Torino 2004.

Simmel G. , *Estetica e Sociologia*, Armando editore, Roma 2006.

Worringer W. , *Astrazione e empatia*, Einaudi, Torino 1976.

* Questa bibliografia non pretende ovviamente di essere in alcun modo esaustiva, ma intende solo riportare i testi più importanti consultati nel corso dell'elaborazione di questo volume.

INDICE

Calebasse edizioni,
Via Rocco Scotellaro, 18
85100, Potenza